U0940265

广东社科系列文集

“一带一路”倡议与粤港澳深度合作

粤港澳学术研讨会论文集

王晓◎主编

中国社会科学出版社

图书在版编目（CIP）数据

“一带一路”倡议与粤港澳深度合作：粤港澳学术研讨会论文集／王晓主编．—北京：中国社会科学出版社，2017.11

（广东社科系列文集）

ISBN 978-7-5203-1361-2

Ⅰ.①一…　Ⅱ.①王…　Ⅲ.①区域经济合作—华南地区—文集
Ⅳ.①F127.6-53

中国版本图书馆 CIP 数据核字（2017）第 273977 号

出 版 人　赵剑英
责任编辑　马　明
责任校对　胡新芳
责任印制　王　超

出　　版　中国社会科学出版社
社　　址　北京鼓楼西大街甲 158 号
邮　　编　100720
网　　址　http://www.csspw.cn
发 行 部　010-84083685
门 市 部　010-84029450
经　　销　新华书店及其他书店

印　　刷　北京君升印刷有限公司
装　　订　廊坊市广阳区广增装订厂
版　　次　2017 年 11 月第 1 版
印　　次　2017 年 11 月第 1 次印刷

开　　本　710×1000　1/16
印　　张　19
插　　页　2
字　　数　293 千字
定　　价　79.00 元

凡购买中国社会科学出版社图书，如有质量问题请与本社营销中心联系调换
电话：010-84083683

《“一带一路”倡议与粤港澳深度合作》编委会

目　录

试析广东自由贸易试验区建设的战略定位

陈　恩*

一　引言

近年来，在中国经济进入调整、转型和升级这一新常态的同时，国际上以美欧为代表的西方发达经济体试图通过 TPP（跨太平洋伙伴关系协议）、TTIP（跨大西洋贸易与投资伙伴关系协定）和 TISA（国际服务贸易协定）等谈判，形成新一代高标准、高规格的全球贸易和服务以及投资规则。面对国内经济呈现“三期叠加”的新常态态势和国际经贸规则重构，中国必须建立自由贸易区，构建更高层次、更高水平的经济开放体系，应对新常态、迎接新挑战。而广东因其毗邻港澳的独特地缘区位条件和作为中国改革开放最前沿省份的特殊身份，使广东自贸试验区的建设肩负着特殊使命和呈现鲜明的区域特征，即广东自贸试验区要以深化粤港澳合作为重点，推进粤港澳服务贸易自由化，促进加工贸易转型升级，带动泛珠三角和内陆地区产业转型升级，从而使之建设成为粤港澳深度合作的示范区、21 世纪海上丝绸之路的重要枢纽和全国新一轮改革开放的先行地。据此，本文拟对广东自由贸易试验区建设的战略定位做一初步分析。

* 陈恩，暨南大学特区经济研究所所长、教授。

二　经济“新常态”下的“新开放模式”

改革开放30多年来，广东经济以经济特区建设为引擎，以外向型经济发展为动力，推动经济实现跨越式发展，成为中国经济腾飞和崛起的缩影。随着经济新常态的出现，广东经济转型出现深层次矛盾，改革进入攻坚期和深水区。特别是面对经济下行压力的潜在风险和加快转变经济发展方式上的体制机制弊端，广东经济要从过去的要素驱动转向创新驱动，就必须进行深层次的制度创新，推动广东经济从传统的外向型经济向新的更高层次的开放型经济转型，构建与TPP为代表的最新国际经贸模板相衔接的新自由贸易区模式，建立适应经济发展新常态的广东自由贸易试验区，从而以广东自由贸易试验区建设为平台和引擎，实现广东经济结构的战略性调整和经济发展方式的根本性转变。因此，广东自由贸易试验区与上海、福建等自贸区的相继建立，与改革开放初期深圳、珠海等经济特区的建立具有大致相似的战略意义，它是中国内地特别是广东新一轮改革开放大潮的又一标志性事件。但广东自贸区不是传统意义上的“税收洼地”和“政策洼地”，而是“创新高地”，它要探索经济特区、中国经济与广东经济下一步的改革开放之路，使改革开放30多年来长期累积的深层次问题，通过建立新的机制与平台来进行“先行先试”并加以解决。因此，广东自贸试验区的建立，实际上肩负着经济新常态下，为广东和全国全面深化改革和扩大开放探索新路径、积累新经验的重要历史使命。

三　粤港澳合作的升级版

长期以来广东经济发展和改革开放的最显著特色与优势是毗邻港澳，率先向港澳台侨开放，建立和发展主要是面向港澳台侨的外向型经济。深圳、珠海经济特区的建立首先是面向港澳台侨开放，CEPA及其10个补充协议的实施，也主要是推动粤港澳服务业合作和服务贸易自由化发展。现中央批准设立的广东、福建两大自贸试验区中，与福建自贸区侧重对台合作不同，广东自贸区的一个重要定位，仍是突出港澳特色，发挥港澳优势，主打港澳牌。但与过去经济特区、珠三角经济开放区与港澳间的合作主要是出口加工、货物贸易和旅游、运输物流等传统服务业的互补性合作不同，广东自贸区建立后所拓展的则可能主要是离岸贸易、离岸金融、互联网经济、社会管理合作和投资便利化、服务贸易自由化等高水平、开放型的对接性、融合性深层次合作。广东与港澳地区的经济合作从发展阶段看，20 世纪 80 年代初经济特区的建立开启了以跨境加工贸易合作为主要标志的粤港澳合作 1.0 时代。2003 年及随后签订的 CEPA 及其 10 个补充协议，则进入了以货物贸易零关税、投资便利化等传统服务业合作为主要特征的粤港澳合作 2.0 时代。而以即将挂牌设立的广东自由贸易试验区为主要标志，则使粤港澳合作进入以经贸制度、法律对接，技术、标准一体化和离岸贸易、离岸金融、互联网经济等高端服务业和服务贸易自由化为主导的粤港澳合作 3.0 时代。实际上，广东自由贸易试验区的建立，既是粤港澳合作的升级版，同时也是 CEPA 框架下扩大对港澳地区的高水平、深层次开放，是 CEPA 及其补充协议的机制创新与“先行先试”的综合试验。因为作为过去 10 年来内地与港澳合作的主要制度框架，CEPA 机制的原有开放模式实施虽然取得巨大成效，但却存在“大门打开，小门不开”的深层次问题，导致 CEPA 的主要功能是为粤港澳之间的出口加工业提供低层次的相关服务，港澳地区的其他服务业，特别是高端的优势服务业、生产性现代服务业由于受“小门不开”的制约，并没有实质性地进入内地。而新设立的广东自由贸易试验区的一项重要功能，便是借鉴上海自贸区建立的经验，对接以 TPP 为代表的国际最新经贸规则，创新 CEPA 的实施机制，推进粤港澳技术标准、服务规制与营商环境的深度融合与对接，通过推动三地人员、资金、技术和信息等服务要素便捷流动等举措，来有效解决 CEPA 实施中所谓“玻璃门”“弹簧门”和“大门打开，小门不开”等问题，切实解决 CEPA 落地中碰到的体制壁垒与机制障碍问题，推动 CEPA 实施机制的创新与升级。

四 大珠三角产业升级的新引擎

在当前的经济新常态下，内地和港澳珠三角都同样面临经济转型升级的深层次问题，而广东自由贸易试验区建立的一项重要任务，是用粤港澳合作的转型升级来推动粤港澳经济结构的转型升级，为粤港澳产业转型升级提供新引擎。在当前条件下，不但广东经济面临调整产业结构，转变经济增长方式，创新经济发展动力与机制的艰巨任务，而且港澳产业结构在完成制造业转移、转型后，服务业占比超过93%并居绝对主导地位，但近年来都面临产业升级趋缓、发展空间受限、竞争优势减弱的困局。香港要维护和提升国际金融、贸易、航运中心地位，澳门要解决博彩业一业独大弊端，推动产业发展适度多元化。而推动港澳经济升级转型的最直接最有效途径，是扩充经济发展腹地，对接内地产业链条，降低经济发展的边际成本，提升港澳服务业的规模、水平和国际竞争力，粤港澳三地都面临产业转型升级的共同任务。因此，应以广东自由贸易试验区建立为契机，充分利用港澳服务业发达和科教、研发实力雄厚的优势，依托珠三角制造业发展基础，发挥港澳高端服务业的示范、引领和辐射效应，推动广东转型升级，拓宽港澳服务业发展空间，提升港澳服务业国际竞争力，加快打造先进制造业和现代服务业基地，形成与港澳优势互补的具有国际一流水平的区域现代产业体系。

五　对接国际经贸最新规则的试验园

近年来由于“多哈谈判”受阻，WTO框架下的全球多边自由贸易谈判面临困局，而美国主导制定的“跨太平洋伙伴关系协议”（TPP）正取代WTO成为高水平、开放型的国际经贸新规则和新自由贸易模式，即所谓“面向21世纪的贸易规则”。TPP作为“21世纪条款”的最核心内容，明确规定要在新自由贸易协议谈判中放弃国有企业的任何特权，要实施“准入前国民待遇”和“负面清单管理”，取消东道国对外国直接投资的审批，并对外商投资由审批制改为备案制。在当前形势下，由于实施以TPP为代表的国际经贸新规则已成为欧美国家主导的国际贸易自由化发展的潮流，它必将对中国这样一个正从计划经济向市场经济转型的发展中经济体构成严峻挑战，对以“肯定清单管理”为特色的CEPA实施机制也将产生重大冲击。因此，建立广东自由贸易试验区的一大目标，是借鉴上海自由贸易试验区建设的成功经验，在试验区内对接和实施以TPP等为代表的新自由贸易模式，进行新国际经贸规则的深层次压力测试和进行 CEPA 及其补充协议的机制创新与“先行先试”。在经过总结经验、取得成效后再向广东全省和内地其他省份有序推广。当然，由于广东自贸区的特色是面向“一国两制”下的港澳地区进一步扩大开放，是 CEPA 先行先试的综合试验区。我认为在广东自由贸易区内实施的服务贸易自由化标准可更高，负面清单更少，准入前国民待遇实施更彻底。由于在广东自贸区内实施“负面清单管理”等相关政策的风险可能相对于其他自贸区较低，但其成效更显著，因而相关的过渡期也可能更短。

六　推进“泛珠”合作和“海丝”建设的重要门户

广东自贸试验区地处通江达海、毗邻港澳的珠江口，这一港澳珠三角几何中心的特殊地缘区位，形成了广州南沙、深圳前海和珠海横琴一区三园的独特格局。由于它立足于广州、深圳、珠海这三个经济实力雄厚的国家中心城市和经济特区城市，依托作为国际金融、贸易、航运和博彩、旅游、休闲中心的港澳地区，背靠珠三角、环珠江湾地区，而辐射、延伸到整个珠江、泛珠江流域的我国华南、中南和西南地区。因此，广东自贸试验区不但是粤港澳合作的创新平台和升级枢纽，而且可以成为“9+2”泛珠合作和海上丝绸之路建设的战略平台和重要门户。未来可以在“一区三园”的广东自贸试验区内建立港澳投资专区、珠三角总部经济区，联合建设“9+2”泛珠三角合作基地。特别是广东自贸试验区所在地的珠江口“一区三园”地区，具有发展对外经贸文化交流的悠久历史和深厚积淀。如作为国家文物重点保护单位，位于珠江口门户的上、下横档炮台，在中国古代历史上就是海上丝绸之路广州港的重要源头和地理标志。珠江口的广州港也是中国近代最主要的通商口岸和西方列强用“坚船利炮”打开古老、封闭中国大门，发动鸦片战争的主战场。当然，珠江口的广州、深圳和珠海等城市更是现代中国对外商贸交流的主渠道和建立经济特区、经济开放区，率先向港澳台侨开放的前沿地区。因此，我们应从国际视野、战略格局和顶层设计的国家战略高度来审视和定位广东自贸区在新一轮区域合作和国家“一带一路”建设中的战略地位和独特作用。它不仅是内地向港澳进一步深层次开放的创新平台和粤港澳产业升级的重要引擎，而且还是对接“泛珠”合作和“海丝”建设的枢纽性节点，是推进“海上丝绸之路”建设的重要门户。我们应以广东自贸试验区建立为契机，构建改革开放新格局，积极对接泛珠三角区域合作和海上丝绸之路建设国家战略，打造内地企业“走出去”，进行海上丝绸之路建设的总部基地和港澳台侨企业“请进来”，投资珠三角、泛珠三角现代服务业和先进制造业的枢纽性节点。

创新驱动战略视域下的粤港澳知识产权合作

李　瑞*

粤港澳知识产权合作始于2002年的粤港保护知识产权合作专责小组制度，自2004年起又依托泛珠三角区域知识产权合作联席会议机制，粤港澳知识产权合作才得以逐步走向常态化、制度化。在国家全面实施创新驱动战略的时代大背景下，非常有必要重新检视泛珠三角区域知识产权合作联席会议机制下粤港澳知识产权合作的绩效与缺陷，并进而论证以创新、协调、绿色、开放、共享的发展理念为完善粤港澳知识产权合作提出新构想。

一　泛珠三角区域知识产权合作联席会议机制下的粤港澳知识产权合作

泛珠三角区域知识产权合作联席会议机制是基于为贯彻落实2004年签订的《泛珠三角区域合作框架协议》①，福建、江西、湖南、广东、广西、海南、四川、贵州、云南九个省和香港、澳门两个特别行政区（简称“9+2”）知识产权保护和管理部门决定加强合作，并于2004年12月

* 李瑞，华南农业大学法律系副教授，“双千计划”挂职广东省龙门县人民法院院长助理，法学博士，主要研究知识产权法学。

① 参见《泛珠三角区域知识产权合作协议》的序言。

在广州签订《泛珠三角区域知识产权合作协议》，旨在充分发挥各方的优势和特色，在知识产权领域加强交流与合作，提高知识产权创造、保护、管理和运用的水平，打破地区保护，规范市场经济秩序，加快产业及技术转移，增进地区间投资增长，促进泛珠三角区域经济共同发展。① 在《泛珠三角区域知识产权合作协议》中合作各方同意以知识产权合作联席会议机制为基本的合作平台，并以每年轮选一个省、区为东道主召开一次知识产权合作联席大会暨知识产权合作论坛为常规合作模式。② 至2014年，泛珠三角区域知识产权合作联席会议的年度大会已经举办整整十届。

（一）知识产权合作联席会议机制下历经十届的粤港澳知识产权合作概况

1. 泛珠三角区域知识产权合作联席会议机制的创建

其实在泛珠三角区域知识产权合作联席会议机制开启之前，粤港之间从2002年就已经开始了知识产权合作③，随着泛珠三角区域知识产权合作联席会议机制的创建，广东与香港、澳门的知识产权合作才真正进入制度化、常态化。粤港澳依托泛珠三角区域知识产权合作联席会议机制，在知识产权宣传、培训、交流、执法等方面的合作渐入佳境。

2. 历届泛珠三角区域知识产权合作联席会议的召开及粤港澳合作的演进

首届泛珠三角区域知识产权合作联席会议于2004年12月29—30日由广东省人民政府知识产权办公会议办公室组织在广州召开，取得的重大成果是知识产权合作各方就泛珠三角区域知识产权合作的必要性、泛珠三角区域知识产权合作机制的建立达成广泛共识，成果标志就是《泛珠三角区域知识产权合作协议》的签订。当时，香港、澳门特别行政区政府代表以列席的方式全程参与会议，表达了积极参加泛珠三角区域知识产权合作的愿望。首届泛珠三角区域知识产权合作联席会议的成功召

---

① 参见《泛珠三角区域知识产权合作协议》“第一条合作宗旨”。

② 参见《泛珠三角区域知识产权合作协议》“第五条合作机制”。

③ 广东省人民政府2013年4月23日在广州召开的省政府新闻发布会上广东省知识产权局副局长马宪民如是说。

开，标志着专利、商标、版权政府行政管理部门共同参与区域知识产权合作的正式启动。①

第二届泛珠三角区域知识产权合作联席会议于 2005 年 7 月 25—26 日在四川成都召开，取得的重大成果是香港特别行政区知识产权署和澳门特别行政区经济局与内地 9 省（区）签署了《泛珠三角区域知识产权合作协议》（内地九省区已于 2004 年 12 月 29 日在首届联席会上签署了《泛珠三角区域知识产权合作协议》），标志着知识产权合作平台已覆盖整个“9+2”区域。② 本届大会还就上届联席会议以来开展区域知识产权合作的情况做了归纳总结，并对下一阶段的合作项目提出了建议，“9+2”各方围绕合作项目的开展进行了深入的研究、讨论、交流。自本届泛珠三角区域知识产权合作联席会议后，也正式标志着粤港澳知识产权合作在原有的合作方式、合作管道的基础之上再增添粤港澳知识产权合作新的机制。

第三届泛珠三角区域知识产权合作联席会议于 2006 年 6 月 5—6 日在云南昆明召开，本次联席会议以“知识产权战略与泛珠三角区域发展”为主题，总结了上届联席会议以来区域知识产权合作项目的完成、进展情况；就“9+2”知识产权合作单位知识产权工作取得的合作成果、存在问题进行经验交流；商定了下一阶段区域知识产权合作项目。本届泛珠三角区域知识产权合作联席会议取得的重大成果聚焦于知识产权战略：制定知识产权战略在促进泛珠三角区域发展中的地位和作用；明确泛珠三角区域内知识产权战略实施的主要内容、基本做法和对策研究；推进知识产权战略的实施，加强区域资源整合，优势互补，促进区域经济、科技和社会全面、协调、可持续发展；加强区域内知识产权保护协作，优化投资环境，探索建立区域内相关产业知识产权保护联盟；推进区域内企事业单位知识产权战略研究与制定。③ 自本届泛珠三角区域知识产权合作联席会议后，基本确定了以后每届泛珠三角区域知识产权合作联席会议都应集中在某一个知识产权合作的专题，同时也标志着泛珠三角区

---

① 参见国家知识产权局网页，http：//www. sipo. gov. cn/。

② 参见四川省知识产权局网页，http：//www. scipo. gov. cn/。

③ 参见云南省知识产权局网页，http：//www. ynipo. gov. cn/。

域暨粤港澳知识产权合作走向专题化、具体化、深入化。

第四届泛珠三角区域知识产权合作联席会议于2007年6月13—14日在湖南长沙召开，本次联席会议以“泛珠三角区域知识产权合作与知识产权人才队伍建设”为主题，总结了上届联席会议以来区域知识产权合作项目的完成、进展情况；就“9+2”知识产权合作单位知识产权工作取得的合作成果、存在问题进行经验交流；商定了下一阶段泛珠三角区域知识产权合作的项目。[①] 本届泛珠三角区域知识产权合作联席会议取得的重大成果聚焦于泛珠三角区域内地九省区专利代理信息查询系统的正式开通，这是全国首个区域专利代理信息查询系统。该系统由广东省知识产权局牵头负责，与其他泛珠三角区域各省（区）知识产权局合作共建，该信息查询系统包括泛珠三角区域内地九个省（区）142家在册专利代理机构及789名执业专利代理人的主要信息，查询系统开通之后，一方面可以解决专利申请人与专利代理机构之间信息不对称的问题，为泛珠区域内外专利申请人寻找适合自身需求的专利代理机构，以及为代理人提供便捷、可靠渠道；另一方面也搭建起区域专利代理行业诚信网络平台，对加强专利代理行业监管，促进专利代理行业健康发展都会起到十分积极的作用。[②] 泛珠三角区域内地九省区专利代理信息查询系统，也体现了广东为搭建粤港澳知识产权合作平台将粤港澳知识产权合作推向重实效、务实化而做的积极努力。

第五届泛珠三角区域知识产权合作联席会议于2009年6月11—12日在广西南宁召开，[③] 本次联席会议以“实施知识产权战略，推进区域自主创新和经济发展”为主题，合作各方通过独特的视角、生动的案例、缜密的分析和精辟的语言，对如何推动泛珠三角区域知识产权战略实施、加快区域知识产权事业科学发展、促进区域自主创新和经济社会全面进步，进行了全方位、有深度的研讨。[④] 本届泛珠三角区域知识产权合作联席会议取得的重大成果聚焦于广东省牵头承担的“探索建立泛珠三角区

---

① 参见湖南省知识产权局网页，http://www.hnipo.gov.cn/。

② 参见国家知识产权局网页，http://www.sipo.gov.cn/。

③ 第五届泛珠三角区域知识产权合作联席会议本应该在2008年就举办，但因发生“汶川大地震”举国救灾而延期至2009年才召开。

④ 参见广西壮族自治区知识产权局网页，http://www.gxipo.net/。

域知识产权行政执法协作机制”和“泛珠三角区域有效专利存量调查及分析”两个知识产权合作项目：（1）广东省知识产权局在综合各省（区）局对《泛珠三角区域专利行政执法协作协议》（以下简称《协议》）意见的基础上，对该《协议》进行多次修改和反复研究，并将《协议》（征求意见稿）印发各成员单位第二次征求意见。在对《协议》进行进一步完善后，广东局拟在适当的时候召开泛珠三角区域专利行政执法协作会议，由9省（区）知识产权局签署协议，共同推进泛珠三角区域经济的健康协调发展，开拓泛珠区域合作的新局面；（2）广东省在已有数据和国家知识产权局提供数据的基础上，从地域分布、专利权利人类型、专利技术领域、专利有效率、专利有效期和半衰期等几个方面对60余万条专利数据进行了分析，并起草了《泛珠三角区域有效专利分析》报告。该报告在联席会议上向合作各方参会代表提供，对全面了解泛珠三角区域有效专利持有情况提供重要参考依据。通过这两个知识产权合作项目的实施，广东将粤港澳知识产权合作的质效提升到了一个新的高度，也逐步摸索到了突破粤港澳知识产权合作瓶颈的正确路径。

第六届泛珠三角区域知识产权合作联席会议于2010年7月5—6日在福建福州召开，本次联席会议以“企业—知识产权战略—核心竞争力”为主题，合作各方对实施企业知识产权战略、加强知识产权战略下的泛珠合作、推动区域自主创新等方面的重大问题，进行全方位的深入探讨。[①] 本届泛珠三角区域知识产权合作联席会议取得的重大成果聚焦于泛珠三角区域知识产权合作各方逐渐认识到了企业是创新的主体，企业是实施知识产权战略的载体，而从制度上如何保障企业作为创新主体的地位，从知识产权合作角度如何为企业作为创新主体服务，同样是摆在粤港澳等知识产权合作各方面前的紧迫课题。

第七届泛珠三角区域知识产权合作联席会议于2011年12月5—6日在江西南昌召开，本次联席会议以“知识产权与战略性新兴产业发展”为主题，合作各方一致认为随着全球经济进入调整期，知识产权已成为

---

① 参见福建省知识产权局网页，http://www.fjipo.gov.cn/。

经济发展和增强自主创新能力的重要支撑，知识产权在发展战略性新兴产业方面发挥着导向性和保障性作用。[①] 本届泛珠三角区域知识产权合作联席会议取得的重大成果聚焦于后金融危机时代泛珠三角区域如何加强知识产权合作各方以助推战略性新兴产业的发展，而广东省是战略性新兴产业最为集中的省份之一，加强战略性新兴产业知识产权在粤港澳之间的合作，就显得尤其重要。

第八届泛珠三角区域知识产权合作联席会议于 2012 年 11 月 29 日在海南海口召开，本次联席会议以“专利信息平台建设—促进区域创新发展”为主题，合作各方一致认为专利信息平台建设是泛珠三角区域知识产权合作的重要支撑。[②] 广东省一直将专利信息平台建设作为粤港澳知识产权合作的重要内容，同时也引领着泛珠三角区域知识产权合作的走向。

第九届泛珠三角区域知识产权合作联席会议于 2013 年 10 月 15 日在贵州贵阳召开，本次联席会议以“回顾—展望”为主题，合作各方一致认为，泛珠区域知识产权合作近 10 年来成效显著，在专利技术转移及产业化、专利代理管理、专利信息中心建设及共享、内地九省（区）专利行政执法协作机制的建立、知识产权专家库建设、公务人员交流以及地理标志等特殊领域知识产权保护的研究等方面开展了广泛深入的合作，组织实施合作项目近百个，尤其是在合作机制上有了新探索，有效地运用知识产权制度支撑了泛珠区域经济发展方式的转变。[③]

第十届泛珠三角区域知识产权合作联席会议于 2014 年 10 月 22 日在广东中山召开，本次联席会议讨论并原则上通过了《泛珠三角区域知识产权合作计划（2014—2016 年）》，初步确定下一阶段开展包括创新合作机制、加强区域知识产权保护合作、促进知识产权运用合作、健全知识产权服务合作、加大区域知识产权文化交流等五大领域 19 个具体项目的合作。[④]

---

① 参见江西省知识产权局网页，http：//www. jxipo. gov. cn/。

② 参见海南省知识产权局网页，http：//www. hipo. gov. cn/。

③ 参见贵州省知识产权局网页，http：//kjt. gzst. gov. cn/index. aspx。

④ 参见广东省知识产权局网页，http：//www. gdipo. gov. cn/。

（二）知识产权合作联席会议机制下粤港澳知识产权合作成绩与缺陷

1. 粤港澳知识产权合作的成绩

自2004年12月泛珠三角区域知识产权合作机制建立以来，在广东与香港、澳门知识产权部门的积极推动下，参与各方深入推进合作机制的日趋完善，合作环境不断优化，合作领域不断拓展，合作力度不断加强，合作成果不断扩大，对促进区域内知识产权事业发展、推动区域经济进步和社会繁荣发挥了重要的作用。（1）具体合作项目成效显著。具体合作项目超过100项，包括专利行政执法协作、商标保护合作、版权交流合作、专利信息运用合作等诸多方面。（2）粤港澳知识产权合作平台多元化。粤港保护知识产权合作专责小组、粤澳知识产权工作小组、海关专职联络员机制等具体的知识产权合作平台相继建立并日渐完善、日常运转通畅。（3）粤港澳知识产权管理部门公务员互动交流常态化。依托泛珠三角区域知识产权合作机制，粤港澳知识产权管理公务员的互动交流、考察调研、观摩学习日趋频繁，增进了粤港澳知识产权政府管理的相互理解、信息沟通。（4）粤港澳知识产权边境保护得到强化。从2012年开始，粤港澳海关不定期开展联合专项行动，进行侵权物品进出境专项治理，广东警方还与香港海关建立了案件调查协助机制，粤澳海关合作框架正式成立并签订了合作协议从而使之成为《粤澳合作框架协议》的重要内容。

2. 粤港澳知识产权合作的缺陷

粤港澳知识产权合作已历时13年，尽管取得了可喜的合作成就，不足与缺陷却依然存在，于此从大处而言之：粤港澳知识产权合作一直缺乏长远系统的知识产权合作战略规划，使得粤港澳知识产权合作逐渐显现零散化、盲目化和短视化，此其一。其二，粤港澳知识产权合作三方协调委员会机构一直缺位，使得粤港澳知识产权合作逐渐显现唯我化、长官化和本位化。其三，粤港澳知识产权合作绩效评价机制未能建立，使得粤港澳知识产权合作逐渐显现随意化、应付化和应急化。

二 创新驱动战略与粤港澳知识产权合作

创新是推动一个国家和民族向前发展的重要力量，也是推动整个人类社会向前发展的重要力量。[①] 国家面对经济发展新常态下的趋势变化和特点，必须加快实施创新驱动发展战略，必须将知识产权战略提升为国家战略。创新驱动时代的粤港澳知识产权合作必将别无选择的需要融入国家创新驱动发展战略的实践中去。

（一）创新驱动战略与知识产权

1. 创新驱动战略的基本内涵

实施创新驱动发展战略，就是要推动以科技创新为核心的全面创新，坚持需求导向和产业化方向，坚持企业在创新中的主体地位，发挥市场在资源配置中的决定性作用和社会主义制度优势，增强科技进步对经济增长的贡献度，形成新的增长动力源泉，推动经济持续健康发展。[②] 坚持创新发展，必须把创新摆在国家发展全局的核心位置，不断推进理论创新、制度创新、科技创新、文化创新等各方面创新，让创新在全社会蔚然成风。

2. 知识产权在创新驱动战略中的作用

知识产权制度是实施创新驱动发展战略的重要支撑，创新驱动发展所要求的制度环境和政策法律体系当中严格的知识产权保护制度不可或缺，因此"创新需要知识产权制度的激励和保护，创新驱动与知识产权之间存在必然的逻辑关联。因此，中国经济转型的关键在于创新驱动，而创新驱动的战略支撑在于知识产权保护制度的适时跟进"[③]。

---

① 参见《中共中央 国务院关于深化体制机制改革 加快实施创新驱动发展战略的若干意见》序言。

② 习近平：《加快实施创新驱动发展战略》，2014 年 8 月 18 日，新华网（http：//www.xinhuanet.com/）。

③ 任擎：《知识产权制度是创新驱动发展的战略支撑》，《中国经济时报》2014 年 9 月 25 日第 7 版。

（二）粤港澳知识产权合作新的机遇与挑战

1. 创新驱动战略背景下粤港澳知识产权合作的新机遇

粤港澳知识产权合作之舟航行在实施知识产权国家战略与创新驱动国家战略历史性交汇的长河之上，加之广东省又获准建设“珠三角国家高新区建设国家自主创新示范区”[①]，中央政府层面和广东省政府层面为粤港澳知识产权合作留足政策空间、财政支持、人力资源等，这些都是可以预期的粤港澳知识产权合作新机遇。[②]

2. 创新驱动战略背景下粤港澳知识产权合作的新挑战

随着创新驱动国家战略的实施，粤港澳知识产权合作面临着如何在创新合作机制、获得新突破、提升合作质效、引领知识产权区域合作新典范、营造助推成为知识产权创造、运用和保护良性互动循环的先进示范区域等方面的新挑战。正如学者所言“近年来，长江三角洲、环渤海地区经济发展不断加速，区域创新优势日益彰显，粤港澳经济发展面临着新的压力和挑战”[③]，粤港澳知识产权合作同样面临着国内其他区域创新合作的竞争挑战。

三　创新驱动战略视域下的粤港澳知识产权合作创新构想

创新驱动国家战略的实施，格式化了粤港澳知识产权合作之未来走向，基于历史传承与开拓创新的发展逻辑，笔者为粤港澳知识产权合作提出创新驱动战略视域下的合作新目标、合作新机制与合作绩效评价等新构想。

---

① 《珠三角国家自主创新示范区建设启动》，2015 年 11 月 13 日，广东省科技厅（http：//www. gdstc. gov. cn/）。

② 参见《深入实施国家知识产权战略行动计划（2014—2020 年）》“保障措施”部分。

③ 郭楚、丘杉、刘毅、梁宇红：《探索创新驱动新路　提升粤港澳科技创新能力》，《广东经济》2013 年第 5 期。

（一）创新驱动战略视域下的粤港澳知识产权合作新目标

1. 承继泛珠三角区域知识产权合作的有效机制

按照《内地与香港关于建立更紧密经贸关系的安排》和《内地与澳门关于建立更紧密经贸关系的安排》产生了《泛珠三角区域合作框架协议》，而为贯彻执行《泛珠三角区域合作框架协议》产生了《泛珠三角区域知识产权合作协议》，粤港澳知识产权合作离不开中央政府与香港、澳门设定的信任基础，再加上2010年广东与香港和澳门分别签署《粤港合作框架协议》和《粤澳合作框架协议》，这些安排、协议等都是粤港澳知识产权合作的前提。加之按照《泛珠三角区域知识产权合作计划（2014—2016年）》，既有行之有效的粤港澳知识产权合作平台、合作方式应予以承继，如知识产权管理公务员交流模式、粤港澳海关合作执法专项机制等都可延续完善。

2. 粤港澳知识产权合作新目标

国家实施创新驱动战略后，笔者认为粤港澳知识产权合作的新目标应主要体现为“一个中心，两个基本点”：“一个中心”即围绕创新、协调、绿色、开放、共享的发展理念为中心开展粤港澳知识产权合作；“两个基本点”即着眼于粤港澳知识产权运用合作和粤港澳知识产权保护合作两个点上。

（二）创新驱动战略视域下的粤港澳知识产权合作新机制

1. 创新粤港澳知识产权合作机制

创新驱动战略时代的粤港澳知识产权合作应当以创新方式为基本形态，笔者认为创新粤港澳知识产权合作机制应当从以下几个方面展开。(1) 制定粤港澳知识产权合作战略规划。应以“战略协同、制度创新、优势互补、互助共进”为准则，[①] 以“激励创造、有效运用、依法保护、

---

① 韦铁、何明：《泛珠三角区域知识产权战略合作研究》，《广西社会科学》2011年第11期。

科学管理”的方针，[①] 制定粤港澳知识产权合作系统完备长远的战略规划，为粤港澳知识产权合作规划新蓝图。（2）设立粤港澳知识产权合作三方协调委员会。泛珠三角区域知识产权合作联席会议机制下，粤港澳知识产权合作没有三方协调最高指挥机构，此种情况已经无法适应粤港澳知识产权深度、创新合作的新形势，设立粤港澳知识产权合作三方协调委员会，就显得非常必要。为此，也有学者建议，“建立一个在各法域之上的组织机构‘粤港澳知识产权协调局’。该协调局在整个复式知识产权制度中处于核心的调控位置”[②]。（3）建立公众参与机制。创新驱动战略时代，也是一个“大众创业，万众创新”的时代，粤港澳知识产权合作不能只停留局限在知识产权管理、执法部门的合作上，必须有公众参与的机制。因此，需要“鼓励和引导三地不同民众的参与，这亦是实现可持续发展的重要基础”[③]。（4）创新司法协助安排。大陆、香港和澳门在坚持“一国两制”的司法原则下，为使粤港澳知识产权司法合作产生实质性效果，就需要“借鉴欧盟在统一知识产权法律制度的经验，制定统一的知识产权法律制度，在更大程度上或从根本上突破区域内知识产权的地域性”[④]。统一性的区域性知识产权法制，有利于实施区域性知识产权司法协助。

2. 促进粤港澳知识产权运用合作

粤港澳知识产权合作的目的与核心是促进粤港澳三方知识产权的运用，无论是粤港澳知识产权保护合作，还是粤港澳知识产权服务合作，最终目的和合作实效都需要体现在粤港澳知识产权运用合作上。因此，创新驱动战略时代的粤港澳知识产权合作应当将知识产权的运用合作作为重点和评价粤港澳知识产权合作绩效的重要指标。

---

① 韦铁、何明：《泛珠三角区域知识产权战略合作研究》，《广西社会科学》2011 年第 11 期。

② 梁玉霞、袁嫒：《欧盟统一商标制度对我国内地与港澳知识产权冲突解决的启示》，《前沿》2012 年第 21 期。

③ 郑华峰：《从可持续发展战略看粤港澳合作的区域竞争力》，《社会科学》2010 年第 12 期。

④ 易在成：《粤港澳合作机制中突破知识产权地域性的探讨》，《暨南学报》（哲学社会科学版）2015 年第 1 期。

3. 加强粤港澳知识产权保护合作

粤港澳知识产权保护合作，一直以来是泛珠三角区域知识产权合作联席会议机制下的重点，但比较多的内容都体现在粤港澳知识产权行政保护合作方面。创新驱动战略时代的粤港澳知识产权保护合作，需要既加强粤港澳知识产权行政保护合作，又加强粤港澳知识产权司法保护合作，两翼齐飞，方能真正提升粤港澳知识产权保护合作之实效。

4. 健全粤港澳知识产权服务合作

创新驱动战略时代的粤港澳知识产权保护合作，已然打开粤港澳三地知识产权服务合作之空间，在知识产权申请、知识产权审查、知识产权评估、知识产权质押、知识产权交易和知识产权培训、教育等方面，需要粤港澳三地更加紧密地进行知识产权服务合作。

5. 优化粤港澳知识产权专家库

在泛珠三角区域知识产权合作联席会议机制下，就已经将粤港澳知识产权专家库的建设作为一个合作项目在推动，笔者认为在粤港澳知识产权专家库的基础之上应当设立一个类似常设小组的专家委员会，就像有学者提出的"由粤港澳三地代表组成粤港澳知识产权指导委员会"①，这个常设小组的专家委员会，主要功能在于对粤港澳现有知识产权法律法规进行研究、为粤港澳政府知识产权合作出具政策咨询报告和作为沟通粤港澳知识产权保护部门、知识产权创造主体、知识产权中介服务组织的桥梁。②

6. 加大粤港澳知识产权文化交流合作

知识产权文化是创新驱动战略时代社会文化的重要构成部分和典型文化特征，创新驱动战略时代的粤港澳知识产权合作应当将知识产权文化交流作为夯实粤港澳知识产权合作的社会文化基础，"应在社会发展的时空观思想上建立更高的价值共识"③，从而使得粤港澳知识产权合作迸发内生性、自发性和持久性之效能。

---

① 李广辉、张晓明：《粤港澳知识产权法律制度研究比较》，《国际经贸探索》2009年第6期。

② 杨爱平：《从利益离散型合作到利益聚合型合作》，《当代港澳研究》2011年第6期。

③ 杨竞业：《粤港澳合作发展前景探析》，《南方论丛》2014年第2期。

（三）创新驱动战略视域下的粤港澳知识产权合作绩效评价

1. 构建粤港澳知识产权合作绩效评价机制之目的

为改变在泛珠三角区域知识产权合作联席会议机制下，粤港澳知识产权合作缺乏合作绩效评价而使得合作无约束机制的问题，创新驱动战略时代的粤港澳知识产权合作有必要设置合作绩效的评价机制。目的在于：调动粤港澳知识产权合作参与各方、参与主体强化合作实效的积极性，此其一。其二，推动粤港澳知识产权合作管理、保护部门制定实施奖罚制度。其三，发动粤港澳知识产权合作的公众参与，弥补粤港澳知识产权官方合作的不足。

2. 构建粤港澳知识产权合作绩效评价之指标

创新驱动战略时代的粤港澳知识产权合作绩效评价指标的设定，以考核约束粤港澳合作的粤方为主，应重点思考以下几点：（1）合作绩效评价指标原则上按年度设置；（2）合作绩效评价指标以量化指标为主；（3）合作绩效评价指标不得随意修改，其修正权应当由合作常设小组的专家委员会行使。

基于协同理论的粤港澳养老服务合作治理研究

田新朝*

一 区域养老服务合作治理的协同理论基础

（一）区域合作的协同理论基础

由德国物理学家哈肯（H. Hake）创立的协同理论是在系统论、控制论、信息论及结构耗散理论等基础上发展起来的新兴学科。协同理论包含三个方面的内容，即系统内的子系统之间相互作用从而实现系统平衡的协同效应，起支配作用的子系统对整体系统产生主导作用的支配效应，以及子系统由于受到协同作用的影响产生质变从而导致整体功能大于局部功能之和。运用协同理论可分析区域一体化中合作的可行性及价值。区域一体化中的合作主要是基于经济和社会发展的长远、常态化、整体性规划而非短期、个别问题，并且是主动性战略思考而非被动临时性行为，以及协同合作能够为协同各方带来互惠共赢、和谐相处的效应。

（二）治理现代化条件下粤港澳区域合作治理

区域治理是内生于一个区域的制度安排。区域主体通过制度设计以实现区域的目标与规则体系，制定区域的公共决策，执行区域行为。区

* 田新朝，经济学博士、高级经济师，广州市政府重大行政决策专家，九三学社广州市委参政委员会副主任。

域合作治理是一定区域之间政府、市场和中介组织等主体在经济社会系统构成中，基于要素之间相互联系和作用的制约关系及其机制，所产生的社会再生产的生产、交换、分配与消费的过程。粤港澳作为一个大城市系统，由多层子系统和多种次级要素构成。各个城市由特定的人员、组织和环境等要素组成，相互作用而呈现出非线性的协同效应。粤港澳区域合作治理的形成包括三个必备条件：一是区域合作存在形成条件。粤港澳之间地缘邻近、经贸相依、文化相通、人缘相亲，不仅市场经济贸易合作存在坚实的基础和现实条件，包括政府公共服务、社会、非营利组织开展的社会、文化等领域的全方位合作也具备一致性目标和共同利益。粤港澳区域合作将使复杂系统从无序向有序演化，促使互相协作而产生协同效应。二是区域合作运行模式健全。历史经验表明，粤港澳在协同条件满足的情况下，三方能够识别协同的机会要素，寻找一致性协同环境并构建协同系统，通过有效的协同平台和网络空间开展协同沟通与反馈。三是区域合作发展稳定可靠。三地通过协同作用在实现自组织价值的同时，基于整体系统中各自不同的功能互补组合，具备促进合作方朝整体系统稳定、有序、积极的方向发展。

从既往历史来看，粤港澳区域合作治理逐步成熟，并不断从经济贸易领域向社会服务、文化等领域扩展。改革开放初期，广东利用毗邻港澳、面向国际市场的优势，先行利用外资进行粤港澳经济合作，各方形成以“三来一补”生产制造企业为平台，资源互补、技术与经验结合、利益分享的格局。21世纪以来，粤港澳合作逐渐从单一的市场经贸合作上升到政府层面，特别是CEPA的签署、《珠江三角洲地区改革发展规划纲要（2008—2020年）》的出台为粤港、粤澳经济整合提供了良好的合作平台，并扩展到公共设施、通商、要素资源、社会服务、民间合作、行政管理等领域，形成了市场与政府协同合作的局面。近年来，社会服务成为粤港澳区域合作治理的新热点，2010年，粤港澳合作促进会通过的《粤港澳民间交流合作项目资助办法》以及随后的《粤港合作框架协议》《粤澳合作框架协议》，促进社会组织和企业、政府一起成为粤港澳区域合作治理的主体。

（三）区域养老服务合作治理的协同基础

按照协同学的视角，推行粤港澳养老服务合作治理，是一个适用于协同理论的开放系统。

1. 区域养老服务合作治理体系问题

养老服务现代化治理体现在治理过程的系统性、整体性、协同性。有效的养老服务治理体系分析的框架在于养老服务的治理主体、治理机制和治理目标。区域养老服务合作治理体系现代化的关键在于按照政府调控市场、市场引导企业的基本关系深化三地养老服务业经济体制综合改革，发挥区域市场一体化在配置养老服务经济资源中的决定性作用。

2. 区域养老服务合作治理能力问题

治理体系与治理能力的关系类似结构与功能的关系，治理能力是确保治理体系结构完整与发挥功能，推动区域资源禀赋优势互补、配置高质高效的必要条件。区域养老服务合作治理能力现代化是要把区域治理体系中的养老服务治理机制转化形成一种能力，发挥其合作治理的功能及效率最大化，以及治理主体的健全与素质、治理机制的完善程度。

3. 粤港澳养老服务合作治理的协同基础

粤港澳的文化同源性、地缘人文类同性是开展养老服务合作、协同发展养老服务业的文化基础。三地人口老龄化为养老服务业发展及其模式共享提供了合作的动力基础。同时，三地养老服务业在发展速度、质量和运营模式上的差异，导致三地养老服务业在发展水平上的非平衡性以及合作必要性上的互补性，为建立合作机制、形成“2 + 1 > 3”的区域协同倍增效应提供空间。港澳在养老服务科技、融资渠道、服务模式、人才培养和产业结构上存在优势，并且具有较强的养老服务资本输出意愿。这为广东日益紧缺的养老服务资源提供了供给渠道，强化了广东接受港澳养老服务资源的动机，并防止协同方出现“搭便车”“集体行动”的困境，有利于区域公共利益最大化。

二　粤港澳养老服务合作治理需求

建立健全粤港澳养老服务贸易开放与养老服务合作机制，是积极应对“一带一路”建设新形势、推动服务贸易自由化与发展广东自贸试验区的必然要求。

（一）粤港澳养老服务合作治理需求

1. 粤港澳人口老龄化现状

当前，广东省养老服务业发展处于关键时期，人口老龄化速度加快。截至2014年年底，全省60岁以上老年人1194万，占全省户籍总人口的13.44%。10年间，全省老龄化水平上升了2.11%。预计到21世纪30年代，广东省的老龄化速度将达到高峰。2011年香港有94万余名长者，占全港人口的13.3%。澳门全区居民平均寿命84.33岁，截至2014年年底，55岁以上人口占全部人口的21.3%（较2000年上升9.1%），其中65岁以上人口占8.4%。预计到2036年，澳门65岁及以上长者人口比例会达到20%。随着三地逐步进入老龄化社会，“银发浪潮”不可避免，粤港澳老龄化问题日益成为人们关注的焦点，这是由其自身的重要价值和影响程度决定的。比如近年广州市人大、政协“两会”建议、提案中，养老服务业主题相关的提案占社会类提案的比例逐年上升，2015年达到24%。这充分说明人口老龄化问题已成为粤港澳一体化中的重要影响因素。

2. 广东省养老服务业发展面临短板

随着经济社会的发展，养老服务已从简单的起居照料向多元化、人性化、多样化需求转变，群众对养老服务的需求日益迫切。但现有服务能力和服务质量还存在较大差距。一是养老服务产品供给不丰富。养老服务政策定位仍集中于满足老年人的基本生存型需求，服务局限在经济供养、照料方面，涵盖面小，功能单一，更多的是劳动密集型的养老服务，技术型、资本型的养老服务极少。二是养老服务要素投入不充分。养老服务所需要的人力资源面临总量不足和结构性失衡的双重矛盾制约。适应养老服务业发展需要的从业人员素质不强，养老护理员、老年康复师等专业化人才不足。同时养老服务资金投入政府依赖特征强烈，养老社会服务机构拓展自费购买服务不足，养老服务产业化投入未能形成。三是养老服务市场发育不成熟。养老产品供给与需求配置失衡，要素投入与需求配置失衡。养老服务长期实行城乡二元体制，形成了城市和农村不同的养老服务公共品供给体制，以及户籍分配身份差距。

3. 粤港澳养老服务合作治理的政府职能转变需求

在市场化不断发展的体制下，如何克服不干预市场所带来的自由经济和过于强化政府的干预市场职能，将成为不同体制条件下政府合作的难点。香港、澳门的特殊定位更多实施不干预的运行机制，而大陆地区政府需要更多的宏观经济社会调控职能。养老作为既具有社会服务性质的领域，也具有产业经营的双重属性，在养老社会事业方面三地可以找到共同点。在养老服务产业方面，广东较港澳需要在政府职能方面予以改革，政府的养老产业服务管理职能在逐步从市场监管和公共服务并重转向公共服务为主；职能实施的方法逐渐以经济手段和法律手段为主，减少行政手段，特别是降低行政审批环节，扩展市场的发展空间，对于经营性养老服务，应由市场去配置资源。另外，政府的养老服务管理职能还体现在对社会组织的服务管理方面。社会组织应成为养老服务业供给的重要主体，降低准入门槛、强化监督管理，重点在维护行业发展环境上。现实中，三地合作养老在政府层面已有实施经验。香港于 2013 年开始推行的“广东计划”让 65 岁或以上选择移居广东的香港长者无须每年返港，每月可领取高龄津贴。

（二）粤港澳养老服务合作治理的红利

1. 经济增长红利

粤港澳养老服务投资与贸易将有利于增加养老基础设施建设投资以及服务用品购买等，带动三地养老服务就业和消费需求的增加，直接影响社会供求总量，包括养老住宅产业、养老金融产业、养老劳务服务产业、养老医疗服务产业、养老生活用品等行业。同时，养老服务合作治理将为强化市场在资源配置中起决定性作用、推动产业结构转型升级提供重要平台和契机，也为其他行业开展合作、促进珠三角一体化发展提供重要借鉴。特别是强化养老服务业的劳动、知识、技术、管理与资本等资源协同配置，激发养老服务创新动力，推动资源配置依据市场规则、市场价格、市场竞争实现效益最大化和效率最优化。

2. 社会福利红利

养老服务合作治理在保障三地养老底线民生功能的同时，有利于防止市场“失灵”，提高收入分配、资源和机会占有的治理现代化水平，缩小三地之间的社会差距，促进社会公平正义、增进福祉。同时，基于养老服务合作治理的“正外部经济”效应，合作方的优势资源与治理方式将有利于自身提升治理能力，促使三地养老服务的社会边际收益高于单一供给者的私人边际收益，增加养老服务社会产品，提升公众对养老服务产生更高的认可度。

3. 制度改革红利

伴随生育率、死亡率下降和人口预期寿命延长，我国人口老龄化是经济社会发展的必然结果。养老服务现代化治理必将成为一种新的社会形态，也亟须社会与制度的全面改革与变迁。养老服务合作治理的核心要义在于形成科学有效的制度与技术结构，建立起三地的政府治理、市场治理和社会治理相互协调、合理安排的制度规范和公共秩序，将为完善我国市场经济体系，加快完善现代市场体系、宏观调控体系、开放型经济体系，提供有效途径。

三 粤港澳养老服务合作治理路径研究

当前，粤港澳养老服务业正处于发展战略机遇期，三地养老服务合作治理的关键是要根据资源禀赋，走出一条适应人口老龄化趋势、国家治理现代化要求和港澳实际情况的新路子，并体现为各类主体的活力得到充分激发，制度改革与技术改革并行实施，不断形成以满足老年人需求作为改革创新的根本价值取向。

（一）建立粤港澳养老服务业合作治理机制

粤港澳在未来协同发展的过程中，应以市场竞合为基本手段，以治理机制建设为保障，构建“一带一路”与 CEPA 升级下粤港澳养老服务贸易相互合作、互相配合的合作治理模式，建立经贸合作管理与公共服务管理相结合、跨行政区的养老服务合作治理组织体系。充分发挥各区域在空间资源、劳动力资源、资本、技术等方面的优势，在养老产业发展、养老服务资源配置、功能配置上，形成战略合作关系，更好地实现整体功能倍增。一是建立粤港澳沟通反馈机制。从政府和公众两个层面建立信息资源共享、反馈的开放系统，提升养老服务在三地的社会福利乃至全面合作关系中的地位，建立更高级别的政府层面养老服务业战略对话机制。加大三地公众联系交往的力度，引导新闻媒体、公众论坛等渠道为公众参与养老服务业搭建参与平台、提供参与路径，建立三地社情民意反馈机制，实现公众参与养老服务协同治理的价值诉求。二是建立粤港澳利益协调机制。建立健全区域利益表达和整合机制，寻找不同主体的共同利益点，减少“零和”局面的发生，达成区域合作共识、促成区域合作信任。同时，应建立合理有效的利益调解机制，构建适应CEPA协议的养老服务业争端解决规则和程序，根据相关利益方的投入情况，形成利益补偿机制与实施利益反哺。如港澳老年人在粤养老，在获取当地的服务资源时可能会降低其他老年人获取资源的水平，因此应在资金或其他渠道方面予以补偿。三是建立粤港澳协同监督机制。从养老服务业合作事项的问责、追究、执法体系等入手，对政府层面的履职不尽责人员予以问责。同时，发挥公众监督效力。并且要加强粤港澳养老服务合作行政程序立法，为行政合作与民间合作提供法治保障并固定化。

（二）构建政府与社会多元共治的治理体系

一方面，构建“政府+社会”协同治理主体。养老服务治理应强调社会力量的作用。在养老服务的主体上，应从“单一政府主体”到“政府+社会”转变。特别是可以充分利用香港的非营利组织发达的优势，建立三地养老服务业对接机制，采取有效制度激励，进一步拓展社会力量和个人进入养老服务的渠道，通过政府购买社会服务、建立养老基金、鼓励社会资本投入、支持公益慈善等方式，形成“广东政府+港澳政府+NGO”的对接模式，培育多元共治的治理主体，并带动广东的社会组织发展。重点是协调养老服务供给主体之间的角色和功能定位，鼓励公益慈善力量支持养老服务，建立港澳慈善资源定向支持广东养老服务领域的行为导向机制，促进公益慈善资源与财政、行政资源有机衔接和优势互补，促进养老服务资源的合理配置和养老资源利用效率的最大化。另一方面，优化政府合作治理的层级结构。三地政府部门应从部门利益的博弈者转为社会福利的调节者，从经济活动的主角转为公共服务的提供者，通过编制养老合作发展规划、制定法规政策、落实资金投入、强化监督，建立养老服务多元化供给机制。同时应明确广东省政府与地方市级政府之间的治理关系。粤港澳养老服务合作的宏观制度设计应为三地最高政府机构，但在具体的养老服务资源供给层面应按其受益范围明确提供主体及其支出责任，广东省内的供给主体应是市级政府，从而将养老服务的成本与收益相统一，发挥政府的资源统筹安排与三地合作协调功能。

（三）强化法治文化与技术互融的治理能力

一方面，要加快推进养老服务合作治理立法。建议研究制定《广东省养老服务业合作促进条例》。正确把握养老服务领域涉及最广大群体的根本利益、不同群体特殊利益与养老改革、服务跨境贸易、资源分配之间的关系，界定养老服务合作治理中的主体职责、养老服务机构、老年人的合法权益。同时，要坚持将“价值理性”和“工具理性”结合起来，将法治治理公共领域与三地传统老龄文化治理私人领域结合起来，以三地传统的家庭文化能力支持作为养老服务合作治理弥补市场失灵、社会失灵的保障。另一方面，要创制互联技术与服务模式互动创新的治理技术。推动科学技术成为养老服务合作治理结构变革的重要动力，创新三地亲属关系成员沟通形式，发挥互联网技术在养老服务合作中的平台作用，搭建覆盖三地的服务网络，运用物联网、大数据等技术手段建设信息平台，建立系统化的跨三地养老服务机构运营体系和质量管理体系，促使合作治理的主体与对象之间能够充分互动，形成更加扁平化、多维度的治理格局。

（四）创建粤港澳跨境养老产业合作平台

建议建立粤港澳养老服务机构交流合作的有效平台，加强三地政府间合作在行政体制改革中的主导作用，努力提高市场监管水平，创造和维护公平竞争的市场环境。一是构建跨境养老产业合作中心。基于广东自贸区发展实际，引导成立粤港澳老年产业孵化中心，带动相关产业资源的聚合和高效利用。利用广东省现有健康产业园区资源，对接港澳国际健康资本，推进建设若干个粤港澳国际健康产业城，引导医疗器械、康复辅具、保健用品、保健食品、健身产品等相关产业项目落户，打造老年医疗、养生养老及健康会展、商贸为主体的健康综合服务示范区，在较大区域逐步形成养老产业经济带。二是支持港澳资本投资养老服务新业态经济。发挥三地产业与市场协同合作的优势，充分科学地规划三地老龄服务业合作技术路线图，优先发展养老服务和照料护理的产品与服务，支持港澳资本投资商业养老地产，开发老年住宅、老年公寓等老年人生活设施。充分发挥地缘优势，建设若干个粤港澳老年旅游信息集散区、老年休闲观光区、疗养区等综合功能区，推广老年休闲旅游特色品牌。

四　粤港澳养老服务合作治理政策建议

（一）推行商事制度改革

1. 深化商事登记制度改革

推动养老服务主体商事登记体制性变革和技术性改革。依据市场主体条件和行业准入特征，落实行政审批事项下放，进一步放宽跨境投资养老服务机构适用《养老机构设立许可办法》和《养老机构管理办法》的范围与条件。全面推广营利性养老机构工商登记后置审批管理方式，探索建立审批绿色通道，优化养老机构设立许可办理流程，简化行业准入条件，在CEPA框架下鼓励和支持港澳服务提供者与内地民办养老服务机构享受同等的优惠政策，以独资或合资形式在广东开设养老机构、社区居家养老服务中心等。对于老年教育文化、养老咨询与科技创新、康复护理、养老健康顾问与心理咨询等社会事业领域中能够实行市场经营的服务应放宽港澳资本进入的具体办法。

2. 支持有条件的社会组织跨境合作

在珠三角区域建立1—3个粤港澳养老产业合作开发示范基地，推动跨境养老服务产业发展。加大养老服务贸易开放力度。支持引进港澳知名养老服务品牌企业、管理团队投资举办养老机构。发挥广东省各级社会组织公益创投等平台的作用，重点培育提供粤港澳三地服务的社区居家养老服务社会组织、养老产业社会组织。基于政府购买为老服务目录清单，进一步界定跨境合作类社会组织的服务项目、范围、内容，并对跨境合作类养老社会组织纳入具备购买服务目录的条件范围，进一步推进社会组织要素的优化整合。结合广东自贸区广州南沙新区片区特点，推动在港澳注册的国际性养老服务机构、社会组织在南沙开展养老服务，推动养老服务贸易自由化。

3. 发挥养老服务合作的示范效应

建立老年人口和养老服务业统计调查制度，引入并推广港澳养老服务行业标准体系，特别是港澳已经成熟的养老服务质量评价和监测体系，加强对粤港澳养老公共服务合作政策措施落实情况及效果的监测。发挥引进港澳养老服务机构的行业示范效应，优化养老服务行业自我管理办法和机制，形成行业主体主动退出与被动退出相结合的退出机制，引导行业主体强化自律管理、完善内部结构、强化主体责任。

（二）推进财政投资改革

1. 实行同等税费优惠政策

对三地资本举办养老机构实行同等的税收优惠政策。对来自港澳的企业、社会组织和个人向广东非营利性养老机构的捐赠，符合相关规定的，准予在计算其应纳税所得额时按税法规定比例扣除。对来自港澳的家政服务企业由员工制家政服务员提供的老人护理等家政服务，在政策有效期内按规定免征营业税。

2. 吸引港澳资本投资养老服务业

建立港澳资本投资养老服务业重大项目的审批服务、协调督办和信息共享机制，引导各类金融机构投入和参与粤港澳养老服务合作示范区基础设施和优先发展产业。支持港澳专业养老机构参与整合广东省经营处于困难、服务质量低效的养老服务机构，实行规范化、规模化经营管理，并享受相应的优惠政策。鼓励设立养老产业发展基金和组建养老机构资产管理公司，组建三地养老产业合作基金，可由广东提供土地、港澳投资者提供资本，共同建设行业示范性综合型养老机构。探索港澳资本投资的养老机构按一定比例提取年度盈余收益，用于奖励投资者。

3. 鼓励港澳金融机构开发适合养老服务发展需求的金融保险产品和担保方式

借鉴香港保险业的专业技术及机制优势，在广东省试点长期护理险以及与健康管理、养老等健康保险产品，扩大试点老年人住房反向抵押养老保险，探索广东省个人账户式的老年人长期护理保险制度。

（三）提升合作专业化水平

一是突破医养融合困境。开展粤港澳医疗机构转诊合作试点和养老护理转介合作，全面放开港澳医师在广东省多点执业。研究在广东养老的港澳老年人就医跨境运送便利安排。建立粤港澳养老康复护理技术交流合作机制。支持港澳服务提供者合作打造粤港澳医养结合养老示范工程，研究解决港澳老年人在广东医疗保险金报销制度，探索三地养老保障关系衔接及待遇计发等问题的改革。二是提升合作服务能力。依托港澳养老服务业的人才资源优势，建立广东省粤港澳合作示范性养老机构和居家养老综合服务中心人才培训基地，引入港澳养老服务先进经验、资金、服务机构，推进养老护理员职业资格互认。三是创新"互联网+养老"合作水平。推进粤港澳居家和社区养老服务信息网络建设试点、养老机构信息网络试点，整合三地涉及老年人服务的各类信息资源，建成涵盖服务对象、服务提供方、服务内容、服务形式、服务管理的三地统一的跨境养老服务信息平台，促进跨境养老服务与社区服务、健康服务、家政服务以及其他服务信息资源共享。

“一带一路”建设背景下的粤港澳大湾区文化旅游产业合作研究

黄晓慧[*]　邹开敏[**]

“一带一路”建设的背景下，粤港澳经贸合作已上升为国家战略。随着广东自由贸易试验区的成立，打造粤港澳大湾区国际都会圈的时机已经成熟。进一步落实粤港澳间签署的各项双边协议，开启粤港澳更紧密合作，携手打造亚太地区最具活力和国际竞争力的城市群，将有助于率先形成南粤海疆最具发展空间和增长潜力的世界级新经济区域。鉴于国际都会圈的形成与旅游产业的发展具有非常高的相关度，本课题的立意与要旨是思考、研究和谋划“一带一路”框架下的粤港澳大湾区旅游的整合发展机制，提出具有现实可操作性的政策措施，以提升区域旅游合作层次，进一步拓展合作的宽度和深度，实现区域旅游空间结构演变和区域旅游经济的协调发展。

一　粤港澳文化旅游产业合作，共同培育大湾区国际都会圈旅游目的地的实践意义

粤港澳大湾区商业文化鼎盛，旅游产业合作的重点是共同培育大湾区国际都会圈旅游目的地。即依托粤港澳三地毗邻的地理优势和发达的

* 黄晓慧，广东省社会科学院法学研究所研究员。

** 邹开敏，广东省社会科学院旅游研究所副研究员。

经济优势建立起来的，拥有特色鲜明的旅游吸引物，完备的公共基础设施和配套的“行游住食购娱”服务要素，能满足国际旅客休闲、商务和其他目的的多种需求，具有吸引、招徕和接待各类旅游者的综合能力的城市群地域。

（一）对接“一带一路”建设，充分发挥粤港澳大湾区旅游产业集聚优势

《中共中央关于全面深化改革若干重大问题的决定》提出，要“推进丝绸之路经济带、海上丝绸之路建设”。这不仅是出于发展经济的考虑，也是出于地缘政治稳定的考虑。具有悠远历史的海陆“丝绸之路”是贸易之路，也是“对话之路”，更是和平崛起之路。海陆“丝绸之路”蕴含丰富的文化旅游资源，且旅游业作为一项快速发展的服务型产业，其与国家政治经济文化的关联程度、开放程度、创新程度都非常高。旅游合作能避开政治意识形态差异，走出地缘政治阴影，更容易达成共识，有效促进互信与文化融合，不失为稳定区域社会政治经济的一剂柔性良方。

就广东地理位置而言，“海上丝绸之路”蕴含着丰富的文化旅游资源，其独具特色的旅游产业“金矿”亟待发掘。《推动共建丝绸之路经济带和21世纪海上丝绸之路的愿景与行动》[①] 方案明确提出，要“充分发挥深圳前海、广州南沙、珠海横琴、福建平潭等开放合作区作用，深化与港澳台合作，打造粤港澳大湾区”，这是为粤港澳合作提出了非常具体的目标。从发达国家的经济发展看，美国纽约和日本东京等全球知名的国际都会圈，其旅游业无论是在国际游客的人数、占比、来源、消费能力，还是旅游产品、文化氛围、配套建设、旅游公共服务及其管理的水平等均处于世界旅游业的前沿，引领全球旅游的发展趋势。广东作为海上丝绸之路的排头兵，借此战略契机，通过与港澳共同构建国际都会圈世界旅游目的地，将旅游业打造成广东建设“21世纪海上丝绸之路”的先导产业，并必将带动其他产业的发展，实现与国家战略的有效对接。

---

① 2015年3月，经国务院授权，由国家发改委、外交部、商务部联合发布。

（二）利用广东自贸试验区优势，有效促进经济增长方式和产业布局转变

区域发展，旅游先行。充分利用自贸区的政策红利，必将达成事半功倍之效。广东"自贸试验区是在《内地与香港关于建立更紧密经贸关系的安排》和《内地与澳门关于建立更紧密经贸关系的安排》框架下实施对港澳更深度开放"①，其政策红利是"在自贸试验区推动与粤港澳商贸、旅游、物流、信息等服务贸易自由化相适应的金融创新"②。粤港澳合作培育国际都会圈世界旅游目的地，使之成为自贸区旅游业对外开放的新高地，有助于充分发挥粤港澳三地的地理位置优势和旅游产业集聚优势，加快旅游基础设施的完善，提高旅游服务业供给、竞争能力，带动商贸、物流、信息等与旅游密切相关领域的发展。同时，三地国际都会圈旅游资源的整合也有助于建立一个市场反应灵活的金融体系，促进粤港澳三地之间联系更加紧密，并进一步推动服务贸易自由化。

后金融危机时代，全球旅游市场的重心逐渐向亚太地区转移，为粤港澳大湾区旅游产业的发展带来前所未有的机会。粤港澳大湾区地处中国南大门，毗邻东南亚，是中国经济最发达、最有活力的都市群，同时也是世界第三大都市群。在经济规模上，粤港澳大湾区都会圈相当于长三角的1.2倍，可望崛起成为辐射中国南方地区和东盟的亚太旅游中心，甚至媲美纽约和东京两大国际都会圈世界旅游目的地。广东在旅游总收入和接待游客人数方面一直居于第一，在粤港澳区域经济一体化加速的背景下，粤港澳大湾区世界级旅游休闲度假地的雏形已经显现。但是，在旅游吸引力方面，粤港澳因各自为政，尚未形成拳头产品，与京津冀、长三角城市群相比仍有一定差距。因此，要成为国际都会圈亚太旅游中心，应当借助港澳已有的国际知名度，通过整合粤港澳三地旅游资源，强化粤港澳大湾区国际都会圈的旅游合作，使之成为珠三角甚至泛珠三角的旅游产业龙头，进而打造成亚太地区的旅游中心。

---

① 《中国（广东）自由贸易试验区管理试行办法》（粤府令第213号）第十九条。

② 《中国（广东）自由贸易试验区管理试行办法》（粤府令第213号）第二十二条第二款。

二　粤港澳文化旅游产业合作，共建大湾区国际都会圈旅游目的地的难点及突破

粤港澳地缘相近、人缘相亲、语言文化同源。三地合作历史悠久，成果丰硕。“一国两制”实施后，粤港澳合作领域全面拓展。三地旅游资源优势互补，旅游合作基础稳固，关系良好，成绩有目共睹。但是，由于体制方面的原因，三方旅游深度合作仍存在一定的障碍。

（一）“一国两制”下的刚性约束，形成三地旅游合作瓶颈，有效突破取决制度层面的合作

内地与港澳地区是“一国两制”，实行两种社会制度。以法律的角度观之，港澳在国际法意义上具有相对的独立性，分属三种不同的法律体系、三个独立的关税区。尽管港澳与内地达成了更紧密经贸关系的安排，但在协调三方利益关系时还是以国际经贸惯例准则处理。这样三个独立的市场体系，在经济制度、行政体制、财政体系、货币发行制度，以及经济发展规划的制定等方面都完全独立，公民权利、生活方式、意识形态等方面也都差异巨大。反映到粤港澳区域旅游合作方面，首先三地间的出入境管制就成为阻碍旅游者愉快、便利地流动的最大制约，更不用说其他的实质性合作。此外，近年来内地自由行访港旅客激增，由于低价购物团的违规操作，导致生活方式、消费观念不同的三地居民之间的摩擦和冲突事件时有发生。更由于政治纷争，旅游纠纷演变成社会矛盾，积怨未能及时舒缓，对立情绪日益加深，损害了三地旅游的良性合作和健康发展。

在制度建设层面，避开体制和社会意识形态上的差异，以广东自贸园区的建设为突破口，借助自贸园区自身体制机制和政策的创新，破除产业准入后的隐形壁垒和政策障碍，纵深拓展粤港澳旅游业合作范围。一是加快推进珠海横琴、广州南沙、中山翠亨和江门大广海湾经济区等重点合作平台建设；二是加快推进广珠城轨延长线、澳门至横琴轻轨及游艇自由行等跨境基础设施和重点项目建设。通过这五个地方的试点合作产生示范效应，“以点带面”地提升粤港澳旅游合作水平。

（二）“一国两制”下的行政差异，三地旅游实质合作进展缓慢，有效突破取决具体项目的实施

我国行政区划经济体制的痼疾是行政割据、条块分割、重复建设、恶性竞争。行政区划主导下的旅游管理使得“珠三角”区域自身的旅游合作都进展缓慢，培育跨体制的粤港澳大湾区国际城市经济圈就更加困难。迄今为止，粤港澳三地的旅游合作框架协议签署了很多，但一些合作内容仍停留在纸面上，没有真正落地。粤港澳三地的旅游合作囿于地方偏域性思维，没有从国家战略的高度和层面，全方位思考如何优化区域旅游合作的政策环境和服务环境。例如，探索开放部分航权，支持和鼓励增开国际航线以及简化签证手续，等等。此外，粤港澳三地的旅游合作协议制定的条款措施，内容零散不成体系，一些措施更是被动性应付，临时性色彩浓厚，缺乏长期性和稳定性。而且，就广东本身而言，行政区划经济下的发展很不平衡，粤东、西两翼和北部山区旅游资源虽然丰富，但开发不足。总体而言，粤港澳三地在旅游发展水平上存在较大差异，在互认优势互补上尚存分歧，如何平衡各自的市场经济利益，实现差异互补，也是粤港澳旅游合作的一大难点。

在实施层面，从具体旅游合作项目设计方面进行突破，推动粤港澳旅游合作进入实质性发展阶段。一是将游艇邮轮等高端旅游作为合作的重要突破口。依托港澳地区成熟的游艇产业基础以及珠三角丰富的游艇旅游资源，加快游艇自由行的试点建设。同时，积极协调筹备跨区和跨国的“21世纪海上丝绸之路”精品邮轮旅游线路。二是针对广东省内旅游发展不平衡的问题，重点突破省内交通瓶颈，推进粤港澳大湾区旅游线路向省内纵深发展。

三　粤港澳文化旅游产业合作，共同培育大湾区国际都会圈旅游目的地的对策建议

旅游产业自身的经济效益以及对国民经济的关联带动作用，使得跨区域的旅游合作与发展越来越受到重视。随着粤港澳合作纳入国家战略以及三地一体化合作的纵深拓展，粤港澳合作培育国际都会圈世界旅

游目的地行动计划迎来了天时、地利、人和的跨越式发展阶段。粤港澳三地应抛开体制等一切不利因素的影响，抓住国家"一带一路"建设的大契机，发挥优势，共同培育粤港澳大湾区国际都会圈世界旅游目的地。

（一）阶段推进实现工作目标，创新品牌凸显滨海主题

粤港澳三地共同培育打造的"粤港澳大湾区国际都会圈世界旅游目的地"是一项跨法律制度、跨行政区域的系统工程，不可能一蹴而就，适宜阶段性推进六大具体工作目标：一是旅游产业国际领先，二是整体品牌影响力巨大，三是客源国际化特征明显，四是大旅游产业联动发展，五是区域内一体化融合发展，六是区域外产业辐射面广。根据由点及面、突出重点的原则，具体的分阶段发展目标可分为三个阶段。近期（2016—2020），以重点项目（如珠海横琴、广州南沙国际旅游特别合作区）为突破点，快速启动粤港澳大湾区国际都会圈世界旅游一体化工作；共建区域旅游企业集团，引进欢乐海岸主题城市综合体大型项目，推出"一程多站"的旅游线路。中期（2020—2025），全力打造南中国顶级游艇会和国际邮轮码头等项目，加快推进总投资150亿元的国际邮轮母港及配套商业综合体建设；打响"粤港澳大湾区国际都会圈"整体旅游品牌，在全球范围内，形成超越"新马泰"的旅游品牌。远期（2025—2030），区内真正实现旅游一体化融合，建成"粤港澳大湾区国际都会圈世界旅游目的地"，成为国际旅游合作和文化交流的重要平台。

具体而言，粤港澳三地可在主题乐园旅游、文化娱乐旅游、商务会展活动旅游、高端海洋旅游、海上丝绸之路旅游等方面开展强强联合，紧密合作，拓展整体旅游市场，合力打造具有世界影响力的国际旅游品牌，将粤港澳大湾区打造成世界顶级的海洋度假旅游休闲（商务）区。在产品方面，以滨海旅游产业园为龙头，带动周边和上下游，积极引进安曼、one&only、环球影城、六旗欢乐世界、乐高、Hello Kitty 等特色品牌酒店和景区项目以及度假地产等。同时，通过发挥旅游客源地、侨乡资源大省的优势，提升珠三角旅游国际化水平，加强与福建、广西和海南的旅游合作，联动东盟海丝沿线国家，加强市场投资、项目招商政策扶持，简化出入境签证手续，通过"广东国际旅游文化节""广东国际旅

游博览会"等平台，共同打造"政府主导、市场运作"的广东—东盟"21世纪海上丝绸之路"国际旅游合作圈。

（二）政府引导搭建合作平台，市场主导达成合作共赢

改变创新粤港澳三地的合作方式，由仅注重签订框架协议的纸面合作向将各项工作都落到实处的实质合作转变，由区域性的地方层面向国家战略层面的旅游区域合作转变，由原则、粗放、零散的条款措施式合作向整体性旅游系列政策推进的合作转变，为三地旅游合作开创新的局面。粤港澳三地政府可通过双边协议推出更有效的合作发展具体详细落地方案，积极主动地改善旅游发展环境。一是推进粤港澳大湾区旅游的同城化，具体措施包括共同推进粤港澳大湾区旅游联票优惠、交通联程优惠、三地游艇驾照及拍照互认。二是推进粤港澳大湾区旅游管理的协同化，具体措施包括共同推进旅游市场联合监管、餐饮服务联合认证、从业人员资质互认和旅游公务员轮岗交流。此外，就广东而言，可考虑研究出台更加优惠的旅游产业扶持政策，在土地、金融、税收、营销、人才培养及资金支持上为旅游产业一体化发展量身打造一套扶持方案。如鼓励旅游业贯彻执行144便利签证，争取72小时免签政策以及港澳便利通关政策。出台政策鼓励引导粤港澳大湾区休闲度假旅游业集群的投资建设，鼓励港澳有条件的旅游企业到广东投资，对于国有旅游企业加快整合步伐，组建若干个旅游集团，打造世界知名的旅游品牌。

粤港澳三地可以建设粤港澳大湾区国际都会圈世界旅游目的地为契机，加快旅游合作机制平台建设。一是成立粤港澳大湾区旅游发展联盟，加强三地旅游机构联系，吸纳三地旅游企业、组织加入，承担行业自律和行业间交流职能，减少政府对旅游市场经营主体的直接干预。二是建立一个整合多方资源、聚集跨界人才的专家智库，为政府、旅游企业等各类参与主体搭建协同发展平台。三是共建国际都会圈旅游专业人才培养体系，为区域内各种层次的旅游从业者提供高水平、系统化、特色化的人才培训服务。具体细节方面，三地可联合制定粤港澳大湾区都会圈世界旅游目的地旅游宣传推广方案，联合举行粤港澳大湾区国际都会圈旅游大型说明会，共同推介粤港澳大湾区串线旅游产品。轮值举办

粤港澳大湾区国际都会圈旅游发展大会，统一旅游发展认识，整合区域内部旅游资源，推动区域内部基础设施建设，改善生态环境，提高接待服务质量，提升粤港澳大湾区国际都会圈旅游整体影响力。三地可联合拍摄“粤港澳大湾区国际都会圈”旅游宣传片，发布“粤港澳大湾区国际都会圈”旅游发展白皮书，定期发布区域旅游发展的行业数据和发展计划，扩大区域旅游的整体影响力，树立专业、领先的旅游业旗舰形象。

（三）市场运作整合旅游资源，错位发展打造创意精品

粤港澳三地旅游资源的整合需要以资源区划为着眼点、文化因素为主线、交通环境为纽带，重新组合与调整现有的旅游资源格局，研究旅游资源的内部联系，创新旅游产品，形成产业聚集。三地各有自身旅游优势，适宜采取错位发展的战略，形成良性竞争。香港继续发挥“世界购物中心”的优势，吸引全球游客前往进行购物休闲旅游；澳门在转型中应以世界级旅游度假地为核心，将自身打造成休闲娱乐博彩购物为一体的世界顶级度假胜地；广东则利用自身的山水自然生态优势和历史文化优势，积极发展生态休闲旅游、航空立体旅游、海洋海岛旅游、地方特色文化旅游以及温泉旅游等，与港澳错位发展、形成差异化互补，丰富整个粤港澳大湾区国际都会圈世界旅游目的地的旅游产品体系。

具体融合措施有三个方面：一是广东应加快建设东西向的汕头—湛江高速公路，尽早通车广州—湛江高铁，增加广州—潮汕高铁直达车次，加快直通梅州高铁建设，港珠澳大桥早日贯通。大力发展支线机场，开辟国内外大城市经停广州和深圳抵达湛江、梅州、揭阳机场的航空线路。完善广东轨道交通，提高国内外游客在广东旅游的可达性与便利性。二是加强游艇邮轮消费者的行为研究，实行游艇邮轮消费人群市场细分，培育如美国和加拿大那样的休闲消费度假旅游业群，形成游艇邮轮主题产业集群比较优势。同时，开通从广州出发，经中山、珠海至港澳的游艇航线，和从惠州出发，经深圳至港澳的游艇航线，推动粤港澳大湾区游艇双向自由行，并且，融合游艇建设和海岛高端酒店建设，推出游艇出海上岛抓鱼、海上垂钓、潜水等“非观光”的旅游体验活动，共建一批像欧美“一站多程”式的海洋文化体验旅游基地，打造具有南粤特色的世界级海岛旅游度假胜地。三是加快邮轮母港建设，延长传统的从港澳出发的邮轮线路，筹备从广州、深圳、湛江等地出发的“新丝绸之路”或“重走郑和下西洋”等跨区和跨国线路的远洋旅游产品。

“一带一路”背景下深化粤港澳设施联通合作研究

李启华*

一 “一带一路”背景下深化粤港澳设施联通合作的背景意义

（一）“一带一路”背景下的粤港澳深化合作

实施“一带一路”建设、倡导设立金砖国家新开发银行和亚洲基础设施投资银行、组建成立丝路基金、推出两轮中国自由贸易试验区、推动亚太自由贸易区建设等重大举措，构成了党的十八大以来中国构建开放型经济体系和新体制的崭新格局，也为新时期粤港澳深化合作构筑了更为宽广的发展平台。国家发改委、外交部、商务部发布的《推动共建丝绸之路经济带和21世纪海上丝绸之路的愿景与行动》明确指出，要“充分发挥深圳前海、广州南沙、珠海横琴、福建平潭等开放合作区作用，深化与港澳台合作，打造粤港澳大湾区”，同时，要“发挥海外侨胞以及香港、澳门特别行政区独特优势作用，积极参与和助力‘一带一路’建设”。

“一带一路”倡议的提出实施，标志着我国开始主动参与全球治理，而粤港澳合作在“一带一路”建设中的重要地位则表明今后我们不仅需

* 李启华，广东亚太创新经济研究院副院长、经济师。

要在国内整个盘子中统筹推进粤港澳合作，而且需要在世界这个大盘子中明确新一轮粤港澳合作的战略方向。

（二）“一带一路”背景下的设施联通

设施联通是“一带一路”建设五大合作重点之一，包括交通、能源、通信等在内的基础设施互联互通是“一带一路”建设的优先领域。长期以来，由于各种原因影响，“一带一路”沿线的部分国家和地区还缺乏现代化的铁路和公路基础设施，严重制约着当地经济社会的持续较快发展。在“一带一路”建设的施行中，先行的交通基础设施互联互通，被具体化为公路、铁路、航运等领域的基础设施项目，将给当地的基础设施建设企业带来庞大的市场机会。

为了加快“一带一路”沿线地区基础设施建设，我国还联合57个国家发起成立了亚洲基础设施投资银行，致力于向亚太国家和地区基础设施建设提供融资支持，促进亚太区域互联互通和经济一体化进程。亚洲基础设施投资银行在2015年年底正式运营，2016年第二季度开始发放贷款。

（三）“一带一路”背景下的粤港澳设施联通合作

作为我国实施“一带一路”建设的重要载体，粤港澳地区将致力于打造具有世界级影响力的粤港澳大湾区，成为依托东亚、面向亚太的“一带一路”桥头堡。为加快粤港澳大湾区建设，三地必须在原来CEPA合作框架下，借助“一带一路”国际合作新平台，进一步深化合作，促进共同发展。进一步提升重大基础设施的互联互通及一体化水平是粤港澳三地深化合作的优先领域。目前深圳前海、广州南沙、珠海横琴等战略性发展平台，广州、深圳、湛江、汕头等港口以及广州国际枢纽机场等重大基础设施建设已经被纳入国家“一带一路”建设重点推进项目。

二　“一带一路”背景下深化粤港澳设施联通合作的基础与环境

（一）发展现状

1. 主要成效

改革开放以来，尤其是20世纪90年代以来，粤港澳地区深化合作，开拓创新，先行改革基础设施规划、建设、营运和管理的体制机制，加大交通、能源、水资源等基础设施的统筹规划建设力度，基础设施一体化建设取得了显著成效，已形成比较完备的基础设施体系，为加速区域经济的腾飞和一体化进程奠定了坚实的基础。

目前，粤港澳三地已初步形成以广州、深圳、珠海、香港、澳门五大城市为枢纽节点，铁路、公路、水运、民航等多种运输方式相衔接，联通全省、全国及全球的综合交通运输体系，其中，广州及深圳（香港）是国家“四纵四横”高铁网络的两纵起点，广州南站是中国四大客运枢纽之一，珠三角A5机场群是全球最密集的机场群，香港、深圳、广州三大港口长期位列世界十大港口，高速公路网基本覆盖区域所有县（市）。广东省初步形成与粤东、西、北地区电网联通的珠三角500千伏双回路内外环电网骨干网架，电网、天然气管网还与香港、澳门连接，东江、西江供水通道也保障了港澳地区的用水安全。这些都为实现粤港澳基础设施互联互通打下了坚实基础。

2. 存在问题

目前，粤港澳三地基础设施互联互通仍存在一些突出问题亟待解决，主要表现在以下四个方面。

一是内部管理体制异质性问题。广东作为我国改革开放先行地，除了基础设施建设管理政府主导与国内其他省份保持基本一致，同时也具备市场化程度较高的特点；港澳地区作为曾经的殖民地及我国的特别行政区，基础设施建设管理主要依靠市场化力量，并通过特许经营等方式实现政府监管。由于基本经济制度及社会经济发展模式的差异，导致粤港澳三地基础设施建设管理存在较为明显的一致性，内部协调合作成本较高。

二是发展水平圈层分化问题。主要表现在港澳珠三角地区基础设施网络体系较为完善、管理服务水平接近或达到世界一流水平，而粤东西北地区基础设施网络体系还不完善、整体建设管理水平滞后于全省甚至全国水平。如交通基础设施方面，占广东省面积近70%的粤东西北地区，高速公路里程却只占到全省的40%，面积密度仅为广东省平均水平的58%，一直到2015年12月广东才实现县县通高速，滞后于周边福建、江西等省份。此外，粤港澳地区基础设施网络体系“局域网”问题还比较突出，与周边省份的基础设施网络衔接还不顺畅，省级“断头路”现象还存在。

三是基础设施类型结构问题。目前粤港澳三地基础设施合作主要集中在交通基础设施领域及能源、供水等民生领域，在体现未来绿色智慧发展的绿色环保、信息通信等领域的基础设施建设管理方面还有待进一步拓展，同时交通设施在机场、港口等方面还存在一定的重复建设及相互竞争，不利于协同发展。

四是重点项目瓶颈制约问题。突出表现在港珠澳大桥建设推进缓慢（杭州湾跨海大桥已于2008年建成通车），制约粤港澳三地及珠江口东西两岸的一体化发展，错失与长三角地区的竞争先机。此外，较早建成运营的广九直通车等设施老化以及广深港高铁香港段建设滞后，制约着粤港澳融入对接“一带一路”建设。

（二）发展环境

1. 发展机遇

一是设施联通上升到国际合作战略高度。改革开放以来，特别是进入21世纪以来，国家及粤港澳三地高度重视并积极推进基础设施互联互通及一体化建设。《珠江三角洲地区改革发展规划纲要（2008—2020年）》明确指出要推进珠三角地区与港澳重大基础设施对接，支持与港澳在城市规划、轨道交通网络、信息网络、能源基础网络、城市供水等方面进行对接。《珠江三角洲基础设施建设一体化规划（2009—2020年）》也充分考虑了与港澳基础设施建设的一体化问题。《推动共建丝绸之路经济带和21世纪海上丝绸之路的愿景与行动》将设施联通作为“一带一路”建设的五个合作重点之一，作为优先领域。这表明粤港澳地区基础设施互联互通建设已经不仅仅是国家区域发展战略问题，而是成为国家参与国际合作的重要依托。特别是粤港澳地区在21世纪海上丝绸之路战略中具有无可替代的区位优势，将成为我国加强与环太平洋地区、南亚、中东、欧洲及非洲合作的门户枢纽。因此，粤港澳深化设施联通合作不仅具有国家影响力，而且具备国际影响力。

二是地区经济持续发展为设施联通提供坚实保障。粤港澳地区是中国经济社会发展水平最高的地区之一，尽管近年来受全球经济危机复苏缓慢影响，但经济总体保持较快的发展势头，为基础设施互联互通建设奠定了坚实的物质基础。2010—2015年广东省地区生产总值（GDP）年均增长8.4%，2015年达到7.28万亿元，总量约占全国的10.76%，继续保持全国第一；人均GDP达到6.79万元，突破一万美元；一般公共预算收入完成9364.76亿元，连续25年位居全国各省市首位；一般公共预算支出完成12801.64亿元，仅交通运输方面的财政支出就达到2017.44亿元。香港2014年实现本地生产总值22457亿港元（当年价，下同），2010—2014年年均增速达到6.0%，人均本地生产总值310113港元（约合8.9万美元）。澳门2014年实现本地生产总值4433.0亿澳门元（当年价，下同），在2010年的基础上翻了一番，2010—2014年年均增速达到18.2%，人均本地生产总值71.4万澳门元（约合4万美元）。

三是一批重大基础设施建成运营拓展了粤港澳持续发展的腹地空间。近年来，随着武广、京广、厦深、贵广、南广等高铁相继建成运营、周边省份基础设施网络的加快建设，以及粤港澳三地机场、港口、电网等一批重大基础设施的扩建升级，粤港澳地区与泛珠三角周边省区的基础设施互联互通水平不断提升，与世界其他地区，特别是亚太地区的经济社会交往日趋便捷。泛珠三角区域合作纳入国家“十三五”规划，表明粤港澳持续发展的腹地空间得到有效拓展，各省区在交通、能源、管道等基础设施领域的合作将迎来新一轮大发展。

2. 面临挑战

一是“一带一路”建设加速区域发展格局深刻调整。“一带一路”建设不仅在世界层面强化了欧亚大陆“世界岛”的中心地位，而且在国内层面实现东中西互动合作，将开放合作的前沿拓展到中西部边境及国际骨干通道沿线地区，构建了全方位开放合作新格局。沿海和港澳台地区仅作为国内“一带一路”建设的四大载体之一，而珠三角经济区及港澳地区更是只作为其中的重要组成部分，区域发展地位有所弱化。甚至在粤港澳最有优势的21世纪海上丝绸之路建设，也是福建省而非广东省承担建设21世纪海上丝绸之路核心区的战略使命。因此，粤港澳三地如果不能早日增强危机感、主动加强相互合作，那么必将在未来“一带一路”建设中失去引领地位。

二是内部竞争激化与整体地位弱化并存。粤港澳三地基础设施建设存在内部竞争不断激化问题，而整体地位却有所弱化。这突出表现在珠三角地区五大机场的客货运市场竞争。2010—2014年，香港机场客运量及货运量在五大机场总量中份额分别由40.9%、67.1%下滑为38.6%和63.9%，而广州和深圳两个机场的客货运量占比具有不同程度的增加，特别是货运量份额增加均超过1个百分点。然而，在内部激烈竞争的同时，粤港澳五大机场客货运量占全国所有机场的份额分别由2010年的20.11%和39.77%下降为2014年的18.21%和38.10%，下降幅度均超过1.6个百分点。这种内部竞争态势在港口吞吐量方面也有所体现，近年来深圳已经超过香港成为吞吐量全球第三的集装箱港口。不断激化的内部竞争态势受民主政治等因素放大，将显著增加粤港澳深化设施联通合作的困难和成本。

三是建设成本持续上涨与效益下滑并存。粤港澳三地经济社会发展水平较高，土地开发强度较大，基础设施建设征地拆迁安置成本以及劳动力成本不断增加，同时受世界经济复苏缓慢及国内经济增长放缓影响，公益性较强的基础设施项目运营效益持续下滑。如目前广东省的高速公路公司只有约三分之一是盈利的，还有三分之一处于保本状态，剩下的三分之一则在亏损；广深港高铁香港段建设严重延误、超支，预计2018年第三季度才能完工通车，预算超支200亿港元。

3. 发展趋势

一是理念层面：由“局域网”转向“互联网”。在“一带一路”背景下，粤港澳基础设施建设要突破画地为牢的“局域网”思维，不仅各地区之间要加强跨界基础设施网络体系的一体化建设，而且不同类型的基础设施网络也要在“互联网+”时代通过物联网、云计算、大数据等技术手段实现互联互通。这种基础设施网络的“互联网化”，不仅要求广东省内部与港澳地区实现，而且要在泛珠三角区域、全国乃至亚太地区范围内实现互联互通。

二是策略层面：由“主动南下”转向“南北联动”。改革开放以来，粤港澳基础设施互联互通建设的主要策略是以南下对接港澳地区、支撑开放型经济体系。这体现了经济产业梯度辐射及转移的客观需要。随着包括广东在内的中国大陆经济整体的跨越式发展，庞大的国内需求市场以及中西部地区巨大的经济发展潜力已经逐步改变了粤港澳三方合作的宏观格局及内部分工。当初“主动南下”的主导合作策略已经难以适应粤港澳主动融入“一带一路”建设的客观需要，在继续深化粤港澳内部跨界设施一体化的同时，粤港澳作为一个整体必须主动“北上”对接泛珠三角周边省区及国内其他地区，“南北联动”策略日渐成为粤港澳深化设施联通合作的必然选择。

三是实施层面：由“准市场化”转向“准市场化和准公益化结合”。粤港澳作为市场化程度较高的地区，其基础设施建设管理总体采取“准市场化”模式，即在政府监管下尽量吸纳社会资本参与。改革开放之初，广东便率先提出“贷款修路、收费还贷”的设想，引入港澳地区资本参与，并在全国开创了“以桥养桥，以路养路”的先河。由于高度依赖社会资金修建，广东全省已建成通车的高速公路，几乎全部是经营性高速。这种“准市场化”运营模式在地区基础设施整体水平较低、需要尽快缩小与先进地区水平差异的起步阶段，具有客观合理性。然而在粤港澳三地基础设施建设已经基本成熟，但区域整体地位有所弱化的新形势下，过度强调社会资本参与会制约某些重大基础设施互联互通步伐。要应对“一带一路”背景下其他地区的竞争，三地政府必须要“准市场化与准公益化相结合”，对于一些关键通道、关键节点和重点工程的建设有所担当，能采取纯公益化或准公益化模式的就尽量不要以财政资金不足等理由等待社会资本参与。

三 “一带一路”背景下深化粤港澳设施联通合作的总体思路

（一）战略目标

1. 对内：支撑世界级粤港澳大湾区建设

现代经济地理理论认为，大湾区具有独特的空间组织结构，与海洋和开放有着天然的联系，容易集聚经济要素进而形成相关产业体系，是世界经济和财富最集中的地区。粤港澳三地拥有世界级城市群，初步形成了以广州、深圳、香港为主要辐射核心，珠三角各市中心城区为支撑，各主要功能节点城市为依托的区域城市网络，具备打造世界级湾区的雄厚基础。打造粤港澳大湾区是国家“一带一路”倡议对粤港澳三地的总体要求，也是“十三五”时期乃至相当长一段时间内粤港澳三地经济社会发展的战略目标。加快推进粤港澳地区设施联通是推动粤港澳大湾区建设的客观要求，也是支撑粤港澳三地经济社会持续升级转型、不断提高综合竞争力的必然选择。

2. 对外：打造21世纪丝绸之路亚太枢纽门户

粤港澳三地地处亚太中心，是中国大陆与太平洋、东南亚、南亚、中东、欧洲及非洲开展海上经贸往来最便捷的区域，也是古代丝绸之路的最重要发祥地。依托港澳两大自由贸易港以及深圳前海、广州南沙、珠海横琴三大自由贸易试验区，面向中国东盟自由贸易区升级版以及中韩、中澳等自由贸易区，粤港澳三地将成为中国与21世纪丝绸之路沿线地区深化经贸合作、实现贸易畅通和货币融通的桥头堡，其区域地位也将由中国南方门户升级为21世纪丝绸之路亚太枢纽门户。深化粤港澳设施联通合作，具有世界范围的战略意义，是推动中国与21世纪海上丝绸之路沿线国家深化贸易畅通和货币融通合作的先行保障。

（二）重点领域

一是综合交通体系。主要包括综合交通枢纽及跨界口岸设施、高铁及轨道交通、高速及桥梁、港口及机场等交通设施领域。二是能源电力。主要包括智能电网、油品输送管道、天然气管网等领域。三是信息通信。

包括公共信息通信设施、无线宽带城市、“三网融合”、电子通关等领域。四是水资源。包括水资源开发、供水管网、水利防灾减灾等领域。

四 “一带一路”背景下深化粤港澳设施联通合作的对策建议

（一）创新基础设施合作发展模式

一是创新规划协调模式。设施联通要坚持规划先行，粤港澳三地必须充分考虑内外部经济社会发展需求，建立新型合作协调组织，开展定期沟通交流机制，前瞻性地规划本地区基础设施网络体系建设，优化空间布局，促进基础设施建设的政策协同，加速三地基础设施建设和资源整合。二是创新投资融资模式。充分发挥港澳在整合海外金融资本方面的经验优势，坚持使市场在资源配置中起决定性作用和更好地发挥政府作用，准市场化和准公益化相结合，因地制宜采取人民币债券融资、银行贷款、保险机构贷款融资、中期票据、企业债券以及 BOT、BT、TOT、TBT 和 PPP 等多元化投融资模式。三是创新建设运营模式。应主动接受互联网技术及思维的洗礼，利用物联网、云计算、大数据等互联网技术及思维创新基础设施建设运营模式，免费公益服务与收费有偿服务相结合，对于可以市场化的项目加强具体项目的商业运作模式可行性研究，增强项目自身造血功能，使项目建成后能快速持续地收回成本；对于基础服务免费、增值服务收费，或者短期免费、长期收费，或者对百姓免费、转嫁收费等。

（二）加快重大基础设施项目建设

一是加快港珠澳大桥、深中通道等珠江口重大桥梁项目建设。作为粤港澳首次合作建设的世界级重大基础设施项目，港珠澳大桥规划建设对于促进粤港澳三地一体化发展具有极其重大的战略意义。受前期环评风波及近期技术难题的影响，大桥建设延误，因此必须加快推进相关建设，并加快深中通道规划建设，促进珠江口两岸设施联通。二是加快广深港高铁及澳门轻轨建设。广深港高铁及澳门轻轨是港澳两地融入对接国家高铁网络及“一带一路”设施联通的重要纽带，目前还处于规划建设阶段，并且在建工程建设进度有所延误，这不利于粤港澳设施联通及经济社会一体化发展，必须加快推进。三是加快粤港澳一体化智能电网及信息通信网络建设。在“互联网 +”时代，粤港澳分散的电力能源及信息通信基础设施资源必须进行有效整合，在技术标准、设施对接及运营协调发展方面实现一体化，才能实现优势互补和共赢发展。

（三）强化重点合作区域设施联通

一是深圳前海。加快推进港深西部快速轨道、穗莞深城际线、深莞城际线、深惠城际线及深珠城际线通道等重大交通及市政设施建设，健全口岸通关配套设施，妥善推进填海工程及周边水域生态保护，共同打造粤港现代服务业创新合作示范区。二是广州南沙。进一步提升广深港高铁广东段、南沙客运港及南沙疏港铁路等建成交通设施服务能力，加快推进西部沿海高速铁路（公路）、深中通道、南沙国际邮轮码头综合体等重大交通及市政基础设施建设，强化自贸区七大区块的空间联动和配套设施建设，全面打造粤港澳全面合作示范区。三是珠海横琴。加快澳门轻轨延伸横琴线工程等重大交通基础设施建设，提升横琴新口岸 24 小时通关的服务水平，推进“横琴新街坊”等新社区设施合作创新，共同打造“一国两制”下探索粤港澳合作新模式的示范区。四是广州南站。继续强化广州南站汇集多条高铁线路的枢纽优势，加快广州地铁 7 号线、18 号线规划建设，研究设立对接港澳的通关口岸，共同打造泛珠三角合作示范区。

（四）强化核心交通设施互联一体

一是共同打造粤港澳国际航运中心。背靠泛珠三角经济腹地的粤港澳三地拥有丰富港口航运资源及货运市场资源，现在已经是具有世界影响力的国际航运集聚区，未来要更好地发挥香港在国际航运中心建设中的先行优势，在“一带一路”倡议指引下强化港口航线之间的协作，积极开拓建设面向泛珠三角内陆城市的“无水港”，打造我国 21 世纪海上丝绸之路的航运门户。二是共同打造粤港澳机场联盟升级版。粤港澳三地应进一步强化珠三角机场合作论坛的沟通协调作用，适应亚太自由贸易区建设及跨境电子商务等发展要求，推进客货运特别是货运方面的合作，打造粤港澳机场联盟升级版。三是强化跨界交通设施建设。以高速公路及轨道交通为粤港澳跨界互联互通重点，推进港珠澳大桥、广深港铁路客运专线以及粤澳新通道等配套口岸设施建设，提升现有口岸服务能力，全面推进电子通关及运输服务一体化，促进粤港澳跨界交通设施一体化。

（五）大力发展设施联通相关产业

一是大力发展设施联通相关经济形态。依托重大设施枢纽，大力发展空港经济、高铁经济、信息经济等设施联通相关经济形态，推动装备制造、商贸物流、信息技术、绿色环保等相关产业集群化发展，加快中国（广东）自由贸易试验区、珠江西岸先进装备制造产业带、珠江东岸电子信息产业带建设，带动粤东西北产业园区发展。二是合作培育发展基础设施领域跨国企业。依托中国中铁（香港）、南方航空、中海油（香港）、南方电网、华为、中兴等龙头企业，在地铁、航空、能源、港口、通信等优势领域培育打造世界一流的设施联通跨国企业，大力拓展“一带一路”沿线地区乃至全球基础设施建设市场。

“一带一路”背景下粤港澳教育合作的新探索

冯增俊* 李 寅**

习近平总书记倡导“一带一路”建设是一次谋划未来国际发展的重大决策，其目标在于以推进“和平发展，合作共赢”来开启世界新发展格局。“一带一路”不仅区域上涵盖亚洲、非洲和欧洲的大幅地域，而且在内容上包含发展的各个领域。为此，实现这一战略目标亟须实施全方位互动配合，教育是一个极为重要的方面，如能凭借粤港澳良好的地缘优势，把握“一带一路”引发的教育发展机遇，早谋先机，以推进三地教育互动整合来达到推动这一战略的重要作用。

一 在强化面向未来发展观念上深化合作意识

中国倡导“一带一路”建设对沿线数十个不同国家都会成为一个推进国际化的重大平台，但是要使之形成这个平台，则需要各国摒弃传统的“零和惯性”，转变局限于单方利益的传统发展观，确立新的思维，方可达致发展新常态。

第一，强化面向未来的发展观。只有倡导未来观，以未来更好的发展来突破传统仅顾及一时一地的思维局限，打破目前的藩篱和痼疾。

---

* 冯增俊，中山大学教育学院教授。

** 李寅，中山大学体育学部讲师、博士生。

第二，必须从全球发展和全球治理下定位本国发展。强化全球观方能在大千世界中认清本国己方优势与短处，并由此找到共同合作的必要性和最佳点，以此选定合作的最佳模式。

第三，倡导合作共赢新观念。“一带一路”倡议展示广阔的地域和发展机遇，包括诸多不同方式的发展体，全线贯穿亚欧非大陆，一头是活跃的东亚经济圈，一头是发达的欧洲经济圈，中间广大腹地国家经济发展潜力巨大；丝绸之路经济带重点畅通中国经中亚、俄罗斯至欧洲，21世纪海上丝绸之路重点方向是从中国沿海港口过南海到印度洋，延伸至欧洲乃至非洲大地。目前如东亚自贸区、中非自贸区、中国—东盟自贸区以及亚投行、金砖银行、丝路基金，等等，都将促使参与国在“一带一路”背景下以不同方式通过实现“合作共赢”的目标来形成共同发展的生命共同体。因此，“一带一路”倡议的核心是走出过往的“零和思维”，实现“合作共赢”新理念。每个国家只有在积极参与推进这个发展进程中，就会从不断呈现出来的各种各样发展需求和机会上把握对未来和整体的理解，并助推观念转变以至建立新发展观。

可见，这种解放思想转变观念在粤港澳教育的层面上有极为重要的意义：之一是需要充分认识到“一带一路”倡议与教育的互动内涵及意义；之二是如何利用粤港澳教育优势促进“一带一路”沿线国家在教育上的互动，配合战略实施；之三是推进教育更大开放，开放才能体现更大合作，而开放也会促使教育以服务社会推进国家中兴为主要目的的变革，满足更多发展需求。

二　建立三地教育合作推进平台

“一带一路”倡议所涵盖区域广阔复杂，教育发展与经济社会发展差别巨大，要取得推动战略的最好结果，就必须要形成最大包容度，发展最好的教育发展体。由于粤港澳不仅是中国最具开放的区域，处于中国倡导“一带一路”倡议的出发点，而且在整体区域中粤港澳不仅教育水平较高，也具有非常大的包容力和发展，因此对“一带一路”具有教育高地的形势。最重要的是要具有“一带一路”大思维，搭建走出去的平台和通道。这里着重探讨以下几个方面。

（一）成立"一带一路"粤港澳教育发展战略论坛

从推进"一带一路"建设出发，非常有必要成立一个"一带一路"粤港澳教育发展论坛，以搭建推动"一带一路"建设舆论和交流平台。三地分别在广东的中山大学、澳门大学及香港大学轮流主办这个"'一带一路'粤港澳教育发展战略论坛"，每年设计一个与"一带一路"建设相关的研讨主题，邀请各方专家探讨教育发展重大问题，包括邀请与之合作的相关国家及团体共同献计献策，强化"一带一路"建设的重大要点，并努力结合实际明晰化实施要则，推动三地聚焦"一带一路"中教育问题并采取积极行动。

（二）建立三地教育界"一带一路"联盟

推动粤港澳建立教育联盟，开展对"一带一路"国家教育的研究。为了更好地把握"一带一路"建设实施重点，粤港澳三地应当择机成立发展联盟，一是制定推进三地"一带一路"教育规划，探讨如何分阶段分步骤开展教育合作和交流。二是开展研究"一带一路"主要国家教育发展的历史及新的战略规划，掌握这些国家在应对新发展上的政策导向及教育举措。三是在加强研究"一带一路"沿路国家教育发展战略基础上，撰写一套"一带一路"建设与教育丛书，以及编写教育投资指南。

（三）创建三地"一带一路"粤港澳合作开发计划

在粤港澳教育合作框架下，研讨推进三地结合自身特色有计划地从不同教育优势出发推进"一带一路"的教育开发规划，创建"互联网+教育"经济体，倡导"一带一路"教育经济学。一是区域上在共同面对不同国家外，还可以由广东面对东南亚各国，香港面对英联邦各国，澳门面对拉丁语各国为主基调的分工合作体系；二是内容上以三地不同大学为主体牵头，如广东以中山大学教育学院，澳门以澳门大学教育学院，香港以香港大学、香港中文大学教育学院为主体组织对应学科开展研究，在充分调研基础上，分别举办"一带一路"经济带国家各种亟须专业的教育合作班，在每个国家招生实施合作学习模式。例如，面对习近平总书记出席中非论坛提出的"十大合作"，建立针对性强的科系，培养不同语种的外语人才、国际经营人才、各种科技研发人才以及各种新业务管理人才等。三是争取社会和政府投资，在相关国家建立部分反映粤港澳特色的学校，包括大中小学及青少年活动中心等。

三　推进“一带一路”“合作共赢”生命共同体新时代文明

“一带一路”建设是中国走向世界的重要通道和方式，为实现“合作共赢”目标，有必要联手共同创建符合“一带一路”未来发展视角的新教育体，创新“一带一路”所需要的新文化新文明，以便从双边、地区、全球各个层面推进国家与区域教育上的务实交流合作，在推进经济增长的同时以建设性方式的发展维护和促进“一带一路”地区乃至世界和平、稳定、繁荣。

（一）打造以生命共同体为核心的中国特色教育体系

文明是民族发展的总成果和样式，文明的传承和发展的纽带是教育，因此教育的式样既受文明发展的制约，同时也以其独特的设计推动着文明的变迁和发展。“一带一路”建设赋予粤港澳教育合作就是以合作共赢、共同发展为目标的生命共同体文明框架，粤港澳教育合作本身就是这种文明框架的实践，把这种实践推广到“一带一路”建设中的每个国家教育合作以及具体教育行动中，也必然成为中国教育与国际教育交流互动的重要表现。只有粤港澳实践这种生命共同体的新教育，才能为营造“一带一路”新文化新文明奠定坚实的基础。

（二）建构东方教育共同体理论和实践模式

文明具有很强的传承力和互动性，创建粤港澳教育合作共同体基础上的中华文明，就是要以此为基础推动创建东方教育共同体文明，进而以其为基点推进“一带一路”教育共同体文明，最终实现世界新时代人类共同体文明的发展。在这里，建构东方教育共同体有举足轻重的作用，这需要积极探讨和推动东方教育共同体理论的形成，并总结其特定东方式样的实践模式，这对影响新世界教育共同体的形成具有非常重要的积极意义。为此，全面推进中华教育现代转型迫在眉睫：一是坚持以现代发展对传统进行时代性整合；二是积极推进从普及教育阶段向服务社会教育发展阶段，并进一步向智慧教育阶段转型。全面推进中华教育文明创新是构建新时代教育共同体文明的核心动力。

（三）编制相关教材和出版物以推进特色教育推广

为了创立东方教育共同体文明，需要做大量的工作。一是粤港澳教育界应积极推广以发展汉语及传扬生命共同体思想方式为重点的各种教育，在各国开设各种专业性学校，特别是中高等专业教育及职业技术教育，把文化传递和生产技能结合起来，感受新文化和获得新技术同步互动。二是编写各种相关学科教材和读物，开展文化交流和宣传，尤其是开展新汉语教学研究，推动新汉语推广。三是积极创立各种文化中心，开设各种语言学习课程，招收各种文化类留学生，共同推进合作共赢的生命共同体新文明。

四　推进“一带一路”教育合作机制

“一带一路”建设的实施应坚持在合作共赢基础上走多样化合作道路，倡导平等互惠的合作理念，推出各种互补性强、发展前景好的教育项目。这里有几点值得关注。

（一）突出中华文化特色教育和文化多样性

要实现合作共赢首先要做到优势合作，只有打造高水平民族教育特色，才可能有分量地参与合作，参与世界性竞争，才可能有真正的发展。如何在粤港澳教育参与“一带一路”建设实施中突出中华文化特色，也将是一大重要因素。

（二）建立“一带一路”学分库

在推动“一带一路”建设的教育合作中，应积极发展地区及国家教育间微型互补，鼓励不同学校间建立学分互动机制，开展学校间学科学分互认协议的工作，进行优势课程互补，学分互通。一方面有利于互通优质教育资源，另一方面有利于各国各地区各民族间的交流。

（三）建立多地交换生制度等

交换生制度也是一项被证明行之有效的交流合作项目。由于“一带一路”建设的包容性大、涉及面不稳定，鼓励各校之间开展有效的中短期交换生学习进修，能较好地拟合不同发展的需要。鼓励企业设立相关奖学金交换生项目。

五　建立“一带一路”教育网站

“一带一路”建设的广泛性和不确定性，随着经济的推动将会更加呈现出来，因此，利用无所不在的互联网，能更加适应这种变化。

（一）建立网上教育体系

面对“一带一路”的发展，粤港澳教育联盟可以制定规章，合作建立包含多样课程的网上学校，提供广泛多样的课程。让各国各地学生按需报读网上学校，既能在网上学习，又能让学生自由选课进站进行面授，集中研讨以及共同研发。

（二）开发大数据下的“教育+项目”

随着“一带一路”建设深入，粤港澳教育合作应当适当地推进大数据下“教育+项目”，即把不同地区和国家的教育进行大数据整合，编制最优化的课程；也可以凭借大数据对粤港澳教育的多样化进行分类整合，为不同国家设定个性化教育体系；粤港澳教育联盟也可以为不同的学生提供网上与校园不同组合的新学习方式，开展大学间各种合作体系，以及科研、协作学习。“一带一路”背景下的大数据“教育+项目”，将使人人受教育，呈现出自由、开放、分享、创新的新教育特点，也将使智慧教育梦想成真。

（三）成立网上南中国研究院

以“一带一路”建设为导向，通过粤港澳教育合作，成立网上南中国国研究院，组织各种科研项目和研讨文化发展等，这样会受到各方欢迎，成为推动教育新发展的源头。

粤港澳是亚洲区的经济中心，拥有发达的海空运输和物流网络，具有商贸、金融以及多种专业服务的国际优势，加上多样教育的有力支撑，因此只要粤港澳对教育有很好的定位，及早推动，非常有条件成为“一带一路”的重要教育枢纽。

粤港澳合作推动区域创新驱动发展战略研究

高　山*

近些年，国家密集批复粤港澳合作特殊优惠政策、先行先试政策，支持粤港澳合作力度加大。广东也紧紧抓住自贸区、CEPA 和服务业开放先行先试等契机，加快服务贸易自由化、重大合作平台、跨境基建项目等重点建设，有效提升了粤港澳三地的合作水平。广东近年来加快"粤港澳人才合作示范区"建设，推动建立具有国际竞争力的人才制度，探索国际职业资格互认，示范区集聚人才效应在日益显现，目前已聚集各类人才超过 20 万。粤港澳区域科技创新已取得快速发展，广东各高新区、科技园区都活跃着诸多港澳企业，也有越来越多的内资企业到香港设立研发中心，但粤港澳区域的技术创新能力与世界先进的高科技园区相比仍然差距很大，与粤港澳的经济总量和经济发展中所承载的使命不相匹配。广东原有的许多先发优势正逐步丧失，转型升级处在爬坡过坎的关键阶段。如何应对新挑战和把握新机遇，争取在更高水准上形成引领国际竞争新优势，是广东新一轮对外开放战略必须着力解决的重大问题。近年来由于欧美债务危机的不断深化蔓延，加上中东地缘政治危机的持续恶化，香港经济的外围因素处于不稳定状态。不断走弱的外部需求对香港经济带来直接的下行压力，并通过对内部投资、消费及资本市

* 高山，中共深圳市委党校经济管理教研部副教授、博士。

场的影响，间接制约香港经济增长。澳门则受地域、市场、经济基础、劳动力素质等“先天”条件的限制，经济结构过于单一，生产要素配置有待完善等深层次问题日渐显现。因此，加强粤港澳区域合作，实现粤港澳在现有基础上的跨越，解决目前存在的深层次矛盾和问题，推动粤港澳区域创新发展刻不容缓。

2015 年 10 月召开的十八届五中全会通过了《中共中央关于制定国民经济和社会发展第十三个五年规划的建议》，其中明确提出：“支持香港巩固国际金融、航运、贸易三大中心地位，参与国家双向开放、‘一带一路’建设。支持香港强化全球离岸人民币业务枢纽地位，推动融资、商贸、物流、专业服务等向高端高增值方向发展。支持澳门建设世界旅游休闲中心、中国与葡萄牙语系国家商贸合作服务平台，促进澳门经济适度多元可持续发展。加大内地对港澳开放力度，加快前海、南沙、横琴等粤港澳合作平台建设。加深内地同港澳在社会、民生、科技、文化、教育、环保等领域交流合作，深化泛珠三角等区域合作。”这些顶层设计和政策导向为粤港澳合作推动区域创新驱动发展创造了新的机遇和广阔的发展空间。

一　粤港澳创新合作的互补优势

在发展创新尤其是科技创新方面，广东拥有不少领先全国的经验，但也面临省内科研水平稍弱、创新人才培育不足、国际市场拓展能力有限这三大短板。港澳地区拥有国际一流水平的高等院校、科研水平和良好的教育资源，可弥补广东科研水平和培育创新人才的不足。香港作为国际金融中心，更可在金融、语言和法律、会计专业服务等领域，为广东创新企业提供与国际接轨的服务。粤港澳三地制造业和服务业的互补性强，具有形成现代产业体系的基本特征和基础条件，可以在最快的时间，花最小的成本和代价，共同建设更具产业配套能力、技术创新功能和国际竞争优势的世界级高端战略产业基地和区域，共同推进加工贸易企业延伸产业链条，向现代服务业和先进制造业融合发展、形成现代产业体系转型升级。引导创新要素向企业集聚，建成以知识和人才为基础具有国际水平的创新型区域。

香港是一个国际化的金融中心城市，粤港在金融领域的创新合作潜力非常大，未来香港将成为一个重要的人民币离岸市场。粤港澳三地可通过香港作为国际风险投资中心的角色，在香港合作开设风投平台，除为广东科研企业提供与国际接轨、先进的金融、设计和会计、法律等后勤服务外，也通过该平台引进外国资金、先进技术和理念，科研企业的管理模式乃至合作伙伴，充分发挥香港的互补优势。

二 粤港澳创新合作面临的主要问题

（一）目前粤港澳间合作的制度安排依然停留在“框架性”协议上，CEPA 虽已实行了十几年，粤港澳间却还未形成互惠互利的关系

CEPA 对服务市场的开放大部分仅停留于广度（开放的服务商品数量）而缺乏深度（实际的准入水平与国民待遇水平）。CEPA 实施 10 余年以来，虽然香港与广东之间的服务贸易总量有极大的扩展，但是目前为止，两地服务贸易的总量不到广东贸易总量的 10%，远远低于全球 20% 的水平。《粤港合作框架协议》与《粤澳合作框架协议》等合作文件所确立的合作制度和联席会议都还只是形式，没有真正起到推动三地融合的作用。三地在市场运作机制、法律框架、制度设计以及政府管理理念等方面表现出诸多冲突。澳门旅游博彩业“一业独大”的局面，限制了其合作创新的发展空间。

（二）粤港澳缺乏统领全局的总体规划和协调机制，三地之间合作协调机制的创新力度不足，制度设计多数为单方推出而较少考虑对方的“制度需求”

CEPA 许多实施细则的制定不足，已制定的细则部分可操作性差。《横琴总体发展规划》《前海深港现代服务业合作区综合规划》《广州南沙新区发展规划》等规划性文件虽然相继出台，但目前这些制度安排尚缺乏系统性并有一定程度的模糊性。港澳对于内地政策、法律等了解得不够迅速和透彻。而广东许多企业面对陌生的港澳市场、人文环境和相关的政策法规也望而却步。如果企业没有创新的诉求，区域创新发展最终只能是纸上谈兵。目前粤港澳三地企业在创新发展的积极性方面有着

弱于政府积极性的现象，这种不同步会制约粤港澳区域创新的发展。

（三）相对于欧盟自由贸易区的合作创新来说，港深、珠澳合作创新领域趋于保守，合作创新机制执行力十分有限，参与主体存在不对等现象

欧盟实现要素无障碍流通和一体化发展的进程，是所有加入欧盟的国家突破思想障碍、制度障碍和管理障碍的过程，是突破有形国家疆界促进要素自由流通的过程，这个过程比我们在一个国家领土内不同经济体之间合作与一体化发展难度要大得多。粤港澳三地合作日益陷入“大门开了，小门不开”的胶着状态。以自由港著称的香港，已经采用多项行政化措施，收紧了对跨界商品及人员流动的控制。粤港和粤澳之间的资格相互认证的配套政策还未出台，存在互不认证的现状。科技推广和运用仍然会遇到较大阻力。

三　粤港澳创新合作障碍的主要原因

（一）粤港澳政府功能对接的不协调

港澳可以直接绕开广东省而通过与中央直接对话的方式来寻求自身利益的最大化，客观上制约了政府在区域经济一体化发展中发挥服务、统筹指挥、沟通和协调作用，也制约了粤港澳联合创新的深入发展。粤港澳没有一个三地共同参与的决策和协调机构，缺乏以战略规划作为主要引擎的深度合作，三地科技合作实际上主要还是由市场导向，厂商分散、自发地进行的。

（二）粤港澳三地之间政府管理机制体制不同，观念有差异

广东政府强势介入产业创新的发展，主导角色明显；港澳地区则实行积极不干预政策，政府不直接参与经济活动。广东在市场监管、经贸保护、劳工保护、土地产权保护、知识产权保护方面较为薄弱，政府在职能转变、从管理到服务的角色转换方面做得不够彻底，在市场监管和经济调控上力度不足，以及社会管理和公共服务职能的履行方面做得不够。

（三）产业结构趋同，经济梯度待优化

粤港澳区域合作没有得到深入而有效的展开，区域内各城市之间缺乏合理的分工协作。产业结构高度雷同与产业链断裂普遍存在于粤港澳区域内的各个城市之间，不利于区域创新发展与资源合理配置。粤港澳经济发展上各自为战的局面一定程度地存在着，国际机场、枢纽型港口、大型物流中心严重重复布局。深圳前海、珠海横琴和广州南沙都把产业发展重点放在第三产业上，有限资源会迫使各产业间互相挤压。粤港澳区域内各城市之间缺乏合理的分工协作，区际分工弱化，无序竞争加剧，不利于粤港澳创新驱动发展与资源合理配置。粤港澳三地企业多属于中小加工企业，综合实力相对较弱，亟须各级政府重点扶持。

（四）粤港澳高校等研发机构科技合作目前处于自发状态，产学研之间行政壁垒较为严重，缺乏创新合作的整体战略规划

粤港澳高校科研合作仍处在较低层次阶段：合作多以个人自由参与为主，规模组织参与合作较少；以投入技术型劳动力、进行委托加工以获得经费报酬的外延式合作居多，注重合作的内在质量和长期效益，注重科研合作、基地建设、人才培养、学科发展的“四维一体”式的内涵式合作很少；自然科学领域合作科研成果不能得到及时有效的开发。

四　政策建议

（一）探索构建符合国际规范的合作框架制度和法律制度，为推进粤港澳区域更紧密合作提供更为坚实的制度保证

要尽快在《宪法》和《地方组织法》中明确地方政府包括港澳特别行政区政府缔结地方政府间合作协定的权力，明确粤港澳政府之间缔结协议的权力和效力级别。一是强化中央对粤港澳创新合作战略的研究和指导，推动港澳与广东在国家发展的框架下制定与之相适应的创新合作发展战略和策略；二是在创新合作的决策、执行和咨询等不同层面，搭建中央与粤港澳沟通、协调和指导的渠道和机制，确保和强化中央对粤港澳创新合作的指导和支持。在决策层面，通过指导粤港澳高层推动创

新合作；在执行层面，完善现行重大合作事项的报批和报备制度，强化国家有关部门之间的协调机制；在咨询层面，可通过参与粤港澳合作政府和民间咨询渠道深入探讨、交流达成共识。

（二）建立和不断完善国家与粤港澳合作的指导和协调机制，推动港澳与广东在国家发展的框架下制定与之相适应的合作发展战略和策略

要系统编制《粤港澳合作创新试验区整体发展规划》，为粤港澳合作创新试验区的差异化分工合作实施及相应的平台建设奠定基础。在国家“一带一路”发展背景下，内地企业将会以粤港澳为跳板到丝路国家投资基建项目。三地应尽早将区域发展提升到更高的国家战略层面，为国家“走出去”企业提供基建项目贷款、顾问咨询、项目管理和专业服务等，各自发挥优势以提升基建项目的成功率。香港一直是国家首要的人民币离岸中心，人民币离岸市场的总量规模和服务水平均为全球之最。国家应进一步提高包括香港与内地在货币互换金额以及 RQFII 等额度，支持香港作为“一带一路”相关的国际离岸人民币服务中心。

（三）以促进粤港澳三地市场运行机制融合为着力点，在要素流动、企业经营环境、审批制度、金融及融资制度、财税制度、行业标准等方面率先实现无缝对接

建议国家的丝路基金应在港澳设立科技基建基金，以推动国家核心技术、标准、“互联网 +”，以及港澳的科技成果在国家“一带一路”建设中的应用。国内创业板市场优先审核获得内地创投公司及港澳政府配对基金投入的公司的上市申请，为港澳科技企业创造更大的发展空间。粤港澳应逐步互认知识产权注册结果，形成产权持有人只需在其中一地注册，再经过简单手续，便可在另一地方也获得承认。这样有利于促进商贸合作，大幅减少知识产权纠纷。同时，三地应合作建立知识产权服务中心，为粤港澳科技创新产品与企业提供认证、注册、估值、调解和仲裁等服务。

（四）发挥粤港澳相对优势开发高新技术产业

港澳发挥金融、信息技术、营销网络、应用技术的优势，广东利用

专业人才、劳动力与广阔市场的优势，联合促进高新技术产业的发展。粤港积极推进跨境人民币业务、跨境产品市场对接、外汇管理模式的创新。进一步发挥好澳门在中国与葡萄牙语系国家经贸合作中的平台和桥梁纽带作用，寻找澳门经济适度多元的新路径。

粤澳大力打造研发、会展、商务谈判、商务会议、休闲旅游的产业链，形成以会展业和商务服务业为主导，科教研发和商务休闲旅游为辅的产业发展格局。

（五）积极促进三地高校和研发机构在学科建设、人才培养、联合攻关、技术服务、成果转化等方面形成制度化的科技合作机制

放宽有关限制，允许港澳科技人员和机构可以以自身名义直接参与国家863计划等大型科技项目，申请资助，让港澳的科技人员和企业为国家的科技进步做出贡献。另外，应大力鼓励三地高校之间加强合作，联合参与科研项目。率先推进三地科技人员、专业人士、管理人员等往来便利化，实现“自由行”，推动科技人员专业技术职务和从业资格互认，促进人才交流制度化、常态化。利用粤港澳总部经济优势，依托重大科技计划、工程和产业项目，共同出台优惠政策吸引国际高端人才和团队前来创业，在粤港澳建立技术研发中心、工业设计中心、会展中心和文化创意中心，合作进行跨国人才招聘，形成人才流动的战略高地。

（六）推动粤港澳企业合作向产业链高端发展

以产业集群为基础，通过价值链的扩展和延伸，形成既竞争又合作的网络和专业化分工体系，推动大型跨国企业的产生，冲破国际产业链的低端锁定。粤港澳都面临不同程度的人口老龄化问题，生命科技产业具有巨大发展潜力。建议三地结合自身优势，共同推进相关技术及标准的产业化，如精准医疗、神经系统疾病、电子医疗系统、中医及中药研发等。随着国际国内总部企业向我国一些中心城市快速集聚，广州、深圳、珠海等地集中了一大批总部企业。“总部经济——制造业基地＋现代服务业基地”模式有利于提高粤港澳区域企业集群度和核心竞争力，利用集体学习的能量进行创新，通过不断优化集群创新网络与创新环境，完善产业集群创新系统的功能，不断增加粤港澳产业集群的附加价值。

逐渐在全球价值链上不断升级跃迁，演化成创新集群，成为高附加值和区域创新驱动的洼地，其形成路径如图 1 所示。

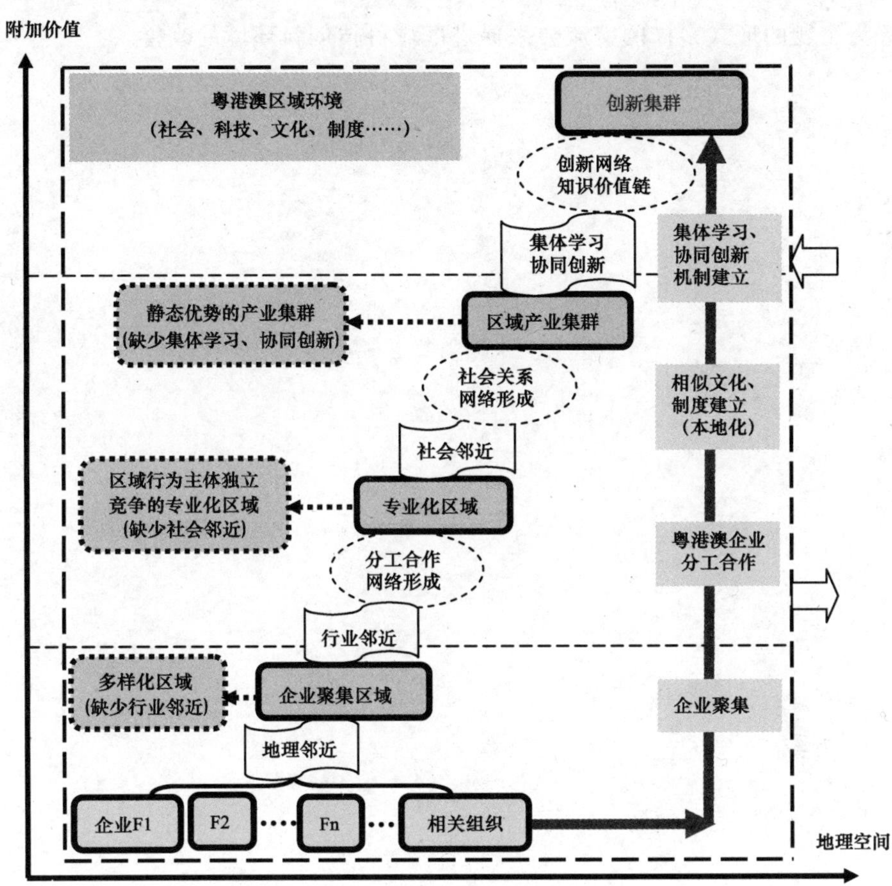

图 1　粤港澳区域创新集群的形成路径

（七）以中介组织为纽带，促进粤港澳跨行政区域服务创新系统发展

中介机构的牵线搭桥作用是粤港澳区域创新发展的有效辅助手段。要大力扶持培育中介机构、推进资质认证、加强人员培训等，逐步形成服务创新机构的网络体系。目前，粤港澳均有相应的中介服务机构，但缺乏沟通与联系的机制，使它们在促进三地区域科技创新合作方面作用有限，应有的服务潜力难以发挥。因此，建立协调一致的服务体系是发挥三地创新中介服务机构作用的基础。具体而言，搭建区域科技创新服务平台就是有效措施。例如，香港生产力促进局已与广东江门、佛山等地建立中介服务业务关系，通过统一、即时互动、多方参与的三地资源共享的网络交流，以及定期举办以科技人才、科研成果、应用技术交流等为主题的形式多样的交流会来促进区域科技创新环境的改善。

基于“海上丝路”的粤港澳合作共建世界级城市群研究

陈　剑*

一　粤港澳合作建设世界级城市群的可能性和必要性

（一）城市群对经济增长的带动作用

城市群（Urban Agglomeration）是在相对紧凑的地域范围内，有相当数量不同规模的特色城市，以一个或多个超大、特大型城市作为该地区的经济核心，借助现代化的交通工具和综合运输网络联通，以及高度发达的资讯网络，共同构成一个相对完整的城市“集合体”。法国地理经济学家戈特曼（Jean Gottmann）在 1957 年提出“大都市经济圈（带）”的概念后，英国学者戈德（Gold）进一步认为，城市群是城市发展到成熟阶段最高空间组织形式，是大城市聚集而成的多核心、多层次的城市集团，是大都市区的联合体。这些论述，清晰地表明了大城市群在经济发展中的作用，也表明大城市群的演变和形成，是经济发展的必然趋势和产物。城市群对经济促进作用表现在相互之间经济联系强，吸引生产要素向城市群空间聚集，形成超大规模的聚集效应，在产业上聚集效应表现在产业结构功能互补、产业分工与协作体系完善，城市规划和基础设

* 陈剑，广东金融学院工商管理教授、博士。

施建设相互影响，城市居民之间的交通便利、日常生活往来便捷无边界。城市群所产生的巨大集聚经济效益，使之成为区域经济能力和社会发展水平不断提升的重要标志。

当今在世界范围内已形成著名且公认的五大城市群：以纽约为中心的美国东北部大西洋沿岸城市群、以芝加哥为中心的北美五大湖城市群、以东京为中心的日本太平洋沿岸城市群、以伦敦为中心的英国城市群、以巴黎为中心的欧洲西北部城市群。世界银行 2015 年 1 月 26 日发布的报告显示，在中国政府全面城镇化建设的推动下，东亚将近四分之三的城市带位于中国，超过三分之二的城镇化土地位于中国。其中，由香港、广州、深圳及澳门组成的珠三角城市区人口数超过 5000 万人，比阿根廷、澳大利亚或加拿大的人口还多，超越日本东京，在人口和面积上均成为全球最大的城市带。

（二）粤港澳三地资源、产业等要素的互补性为建设世界级城市群提供了条件

由香港、广州、深圳、东莞、澳门等城市组成的粤港澳城市群，文化习俗上共融共通，产业结构功能互补，人口规模巨大，是中国最具经济活力的区域之一。粤港澳三地在合作构建大城市群方面也具有较优越的自然条件，大江大海大港口。在经济基础方面，人多钱多面积广，基础设施健全，商业环境氛围浓厚，进出口贸易种类多规模大，技术制造能力强。目前粤港澳三地已经形成了三个世界级中心（广东制造业中心、香港物流航运金融中心、澳门旅游博彩中心），这势必成为粤港澳建设更具综合竞争力的世界级城市群的强大优势。从 20 世纪 80 年代初开始，粤港澳区域内的城市引进、吸收、消化国外先进的技术和先进的管理经验，在粗放型经济结构基础上，不断优化产业结构，形成了具有完整体系的产业链和产业集群，创造出珠三角经济发展奇迹，使得广东省的经济总量从 1989 年到 2014 年连续 25 年保持全国第一。

在珠三角城市群的形成历程中，自改革开放以来，港澳与内地珠三角之间的边界分割逐渐弱化，经济联系、社会交往日渐密切，城市之间的功能协调合理化程度提升。改革开放后的深圳崛起，使之成为与广州并肩的中心城市。香港澳门融合到珠三角城市群的结构体系中，使得珠

三角城市群规模更加庞大，城市群对经济的引导功能更加突出，形成大珠三角城市群。佛山、中山、东莞、珠海等地相继进入大城市之后，在大珠三角内部大致形成东中西三大城市集群，东翼地区包括深圳、东莞和惠州三个城市，中部以广州为中心，包括佛山市（顺德、南海），西翼地区指珠江口以西、银湖以东地区，包括珠海、中山、江门。这三大城市群在空间布局上呈“人”字形结构。

综观珠三角城市群空间结构的演变，按照各个不同的历史阶段，其大致经历了单中心—双中心—多中心网络化三个阶段。进入 21 世纪以来，珠三角城市群正在向城市主导区域阶段演化，注重城市之间的协调有序发展，逐步在世界范围内扩大影响，所有这些，为珠三角形成具有国际影响、世界级城市群奠定了坚实的基础。

（三）顺应经济发展规律和国家战略发展，是珠三角城市群参与国际竞争的战略支撑点

在全球化和信息化的时代里，世界各国的竞争已经由产业链的竞争、产业集聚的竞争向城市群之间的竞争转变。世界各国城市化的实践证明，在城市群出现后，城市化进程就主要表现为城市群的发展，而城市群的发展又会推动整个区域以及国家的发展。从大局和长远出发，以粤港澳特别合作区为起点和基础，构建世界级城市群是粤港澳合作发展的必然选择。2013 年 10 月习近平总书记访问东盟时，基于海上丝路的历史发展轨迹，从强化中国与东盟建立战略伙伴关系角度出发，提出了 21 世纪海上丝绸之路的战略构想，以深化中国与东盟的合作，构建更加紧密的命运共同体。作为海上丝路重要节点的珠三角城市群，必将迎来新的发展机遇期。

（四）建设粤港澳世界级城市群已经成为国家发展战略的重要组成部分

广东省作为中国改革开放的前沿阵地和桥头堡，历来受到党和国家的高度重视，港澳作为特别行政区更是如此。随着珠三角城市群发展的推进，珠三角城市群成为我国经济密度最大、国际化程度最高的区域和推动经济社会发展的强大引擎，在此背景下，国家对珠三角城市群的发

展也提出了更高的要求。《珠江三角洲地区改革发展规划纲要（2008—2020年）》得到国务院的批复同意，纲要提出：到2020年，珠江三角洲地区率先建成全面小康社会，区域一体化格局初步形成，粤港澳经济进一步融合发展。国家“十二五”规划中也曾经明确指出：粤港澳合作打造更具综合竞争力的世界级城市群，加快珠江三角洲地区区域经济一体化发展。2015年3月28日，国家发改委等部门联合发布《推动共建丝绸之路经济带和21世纪海上丝绸之路的愿景与行动》，对我国各区域在“一带一路”建设中的定位和角色做了明确的战略规定，粤港澳作为海上丝绸之路的发源地和经济要地，理应在21世纪海上丝绸之路战略中发挥重要的引导作用。

二　国家“海上丝路”战略对粤港澳合作建设世界级城市群的推动作用

21世纪海上丝绸之路，在传承古代海上丝绸之路和平友好、互利共赢价值理念的基础上，注入了新的时代内涵，是我国拓展经济发展空间的深远谋划、构建和平稳定周边环境的战略举措，也是促进沿线国家共同繁荣的历史选择、深化改革开放的重要途径。21世纪海上丝绸之路的战略规划，无疑将给珠三角经济发展和城市建设带来巨大的战略机遇。粤港澳三地应该切实抓住国家推进“海上丝路”的战略规划契机，充分发挥作为21世纪海上丝绸之路建设重要地区的作用，结合珠三角城市群的新常态特征，续写海上丝绸之路的辉煌，对粤港澳合作建设世界级城市群乃至整个国家的政治经济发展将具有重大意义。

（一）粤港澳作为我国连接东盟的桥头堡，在区域发展中具有独特作用

海上丝绸之路是以东盟为重点的太平洋通道，途经南海，经过马六甲海峡，到达印度洋后，延伸至欧洲，是我国对外贸易重要的海运航道之一，贸易运输量大，航行密集。在这条海上贸易路线中，珠三角所发挥的作用至关重要。珠三角毗邻南海，是连接东盟国家的重要节点。我国“海上丝路”战略规划，有利于促进和深化珠三角同东盟国家的合作，

提升珠三角在亚洲乃至世界方位的经济影响力，有利于珠三角城市群建设档次的提升。

中国与东盟良好的合作进展也为粤港澳共建世界级城市群提供了良好的贸易往来基础和现实条件。中国—东盟自由贸易区在2010年建成，是我国建设早、进展快、成效显著的自贸区。截至2013年，双边贸易额超过4000亿美元，占我国对外贸易总额的10.7%。东盟成为仅次于欧盟和美国的我国第三大贸易伙伴，我国则成为东盟的第一大贸易伙伴。粤港澳地区具有足够的区位优势，应该抓住契机，在国家丝绸之路经济带的建设战略指引下，突出发挥这一区位优势，在中国—东盟自贸区建设中发挥更大的影响力和作用，促进粤港澳世界级城市群的建设。

（二）“21世纪海上丝绸之路”构想，影响国际贸易体系形成新格局

珠三角要建设为世界级的城市群，就应该重视珠三角区域在国际产业结构中的地位和国际贸易中的影响力。经济全球化所推动的国际产业转移作为一种客观存在的过程，是当代世界经济的基本特征，正如英国著名经济学家约翰·H. 邓宁教授所断言“除非有天灾人祸，经济活动的全球化不可逆转”，产业转移是国际分工调整和全球生产要素流动、资源配置的必然结果，是全球国家和地区间竞争日趋激烈的表现，其本质是利用比较优势原理实现资本的利润最大化。“21世纪海上丝绸之路”构想的提出和实施，对国际贸易格局将产生重大影响。主要表现在，一方面中国将加大对现代海上丝绸之路沿线国家基础设施建设的支持力度，扩大中国在这些国家中的经济影响力，珠三角城市群作为中国经济最有活力的地区之一，必然会在这些战略中发挥更重要的影响力，转移出一些低端产业，引进高技术高附加值的产业，在产业的进与退之间，强化珠三角城市群同这些国家的产业链接，促进珠三角城市群的经济枢纽和核心地位。另一方面，随着海上丝路战略的提出，我国的关税政策、进出口条例以及贸易投资等制度也会变更调整，国际贸易条件会更加优化，具有明显的“进出口导向”特征的珠三角城市群，必然会获得更多的贸易政策支持，使得珠三角城市群国际贸易额会得到更大程度的提升，国际贸易质量也会随之提升，最终在国际贸易格局中的地位也会得到强化。

（三）塑造具有鲜明粤港澳特色的城市文明，提高国际话语权

世界级城市群的建设，不仅仅要在经济能力上具有很强大的国际影响力，还要体现在城市文化的影响力方面。在当今国际上五大世界级的城市群中，无一不具备鲜明的文化影响力特征。粤港澳城市群要成为世界影响力的城市群，对城市文化的建设必不可少。粤港澳三地的城市群可以通过海上丝路战略契机，提炼和发扬既有的传统文化精髓，在经济贸易往来中，汲取和吸收外来文化，特别是既有的世界级城市群商业文明和蓝色海洋文明，取代沉积多年的狭隘地域观念；扩展海洋经济与文化的综合力和自主创新力，强化区域交流与合作。塑造富有特色的珠三角城市文明，在世界范围内塑造粤港澳文化软实力，扩大文化影响力，促进粤港澳世界级城市群的发展。

三 粤港澳建设世界级城市群的政策选择与制度安排

（一）物质生产要素流通体系建设

构建和完善包括基础设施建设、物流体系建设等在内的物资生产要素流通服务体系，使得粤港澳区域内的物质生产要素体系与世界经济体系相衔接，符合世界经济贸易体系发展趋势的要求，提升物质生产要素流通高效率，减少流通低成本。绿色物流是世界物质生产流通要素发展趋势，也是粤港澳建设世界级城市群流通体系的发展方向，提升本区域发展绿色物流的优势，克服劣势，充分发挥本区域在“海上丝路”发展规划中的资源优势和战略机遇，以绿色物流为发展方向，全力构建物质生产要素的流通体系，促进粤港澳城市群之间的产业互补功能、协调更能具有科学合理的物流体系保障。而且注重城市群内部的城市配送体系建设。粤港澳城市群经济发达，市场消费能力强劲，在构建世界级城市群的过程中，必然会进一步拉动消费市场，促进消费品物流发展。粤港澳城市群之间及各个城市内部的物流配送将成为城市群物流行业的新方向，粤港澳城市群物流企业行业要抓住由“海上丝路”建设引发的发展契机，加强城市群内部城市之间的交流，互相借鉴城市配送的先进经验

和理念，协同规划，共同发展。

（二）金融货币体系建设

海上丝绸之路战略为粤港澳建设世界级城市群提供了发展机遇，抓住这种发展机遇，主要体现在粤港澳城市群进一步扩大在世界范围内的经济贸易规模，要实现这个目标，必须建立满足经济贸易发展需要的金融货币体系。粤港澳城市群作为人民币跨境流动的重要枢纽，可以在海上丝路战略实施过程中逐步加大金融开放力度，发挥更加重要的作用。粤港澳城市群之间的金融合作体系建设可以选择以自贸区为机制创新平台，深化城市群的金融市场互联互通，打造具有更强国际影响力的金融中心城市区域。具体可以从以下几个方面着手：一是创新跨境人民币业务，加强人民币在岸市场与香港人民币离岸市场的互动。香港已成为世界上最大的人民币离岸市场，聚集约 8000 亿元人民币，随着更多跨境贸易以人民币结算，离岸人民币规模将会持续扩大。借此发挥香港的国际化平台作用，推动珠三角地区丰富的金融资本“走出去”，拓宽人民币走出去渠道，共同创新人民币投资产品，引导离岸人民币资源服务粤港澳城市群的经济发展，完善人民币回流机制。通过粤港澳三地的合作创新，既推动人民币国际化进程，又巩固提升香港国际金融中心地位。二是利用已经处于建设期的前海、横琴、南沙开放平台，并把这三个平台建设成粤港澳货币金融、自由贸易共同体的国家级开放先行试验区。三是粤港澳拥有港交所、深交所等成熟的资本市场，已经形成了多层次的资本市场框架，初步具备合作发展粤港澳城市群资本市场的良好基础，以资本市场合作为纽带，推动粤港澳城市群产业转型升级。

（三）构建粤港澳城市群协同创新体系

城市群之所以成群，关键在于城市之间的经济、政治和社会联系密切，生产要素在城市间能够自由流动，产业结构功能分布协调合理，基础设施相互匹配，相互间具有显著的协同效应，产生由协同创新带来规模聚集效应。在建设粤港澳世界级城市群过程中，应该注重打造辐射珠三角、广东省和内地的国际核心尖端技术研发、服务和交易的枢纽和引擎，在粤港澳城市群协同创新中扮演好技术服务商的角色，系统规划建设科技创新体系，从技术创新能力、制度创新能力、服务创新能力等方面提升粤港澳城市群的国际城市创新能力，以实现粤港澳城市群的经济社会可持续发展。

具体措施包括：一是拓展科技产业空间，吸引和凝聚世界先进研发机构和人才，兴建科技研发产业园区，提升科技创新能力。二是明确粤港澳城市群协同创新的发展战略，构建促进科技创新的投融资体制，为高新技术产业提供金融动力，建成多元化的科技投融资体制。三是强化粤港澳城市群同其他国家或者地区的产业组织、企业，进行以软件技术为主要内容的国际技术贸易，建立和完善国际技术交易市场，扩大国际技术贸易数量，提升国际技术贸易质量。

（四）人文与商业文化合作

广州、香港、深圳、惠州、江门等地是古代海上丝绸之路的始发港和枢纽性通商口岸，东西方文化在此碰撞融合和扩散延伸，也使得珠三角成为中西交汇、引进输出并蓄的重要文化对外开放窗口。21 世纪海上丝绸之路建设的战略决策为古代海上丝绸之路赋予了新的时代内涵，随着文化对外开放领域和内容的不断拓展，资本、人才、技术等文化资源要素开放的逐步加深，以及对外开放主体的不断扩大，全方位、多层次、宽领域的文化对外开放新格局正在形成。从粤港澳城市群当前文化发展形势来看，与其他区域和城市群的文化交流网络基本形成，交流主题和领域呈多样化发展趋势，人员往来频繁；文化产品和服务贸易持续增长，国际竞争力日益增强；国际城市群的形象初步确立，香港影视文化业、广交会、留交会、澳门博彩文化娱乐业等对外传播推广平台日渐成熟。

粤港澳合作建设更具综合竞争力的世界级城市群，必须进一步重视人才和文化的作用。粤港澳三地应不断强化在环境保护、人才培养、旅游产业等方面的合作，把粤港澳城市群打造成优质的生活圈和世界级的智力中心及休闲旅游中心。在文化上，汲取并接纳先进文化元素，找到共同的商业伦理，并以此促进商业贸易的发展。

“一带一路”背景下粤港澳合作问题研究

刘会福*

一 引言

“一带一路”分别指的是“丝绸之路经济带”和“21世纪海上丝绸之路”。“一带一路”作为中国首倡、高层推动的国际合作构想，对我国现代化建设和屹立于世界的领导地位具有深远的战略意义。“一带一路”构想的提出，契合沿线国家的共同需求，为沿线国家优势互补、开放发展开启了新的机遇之窗，是国际合作的新平台。“一带一路”构想在平等的文化认同框架下谈合作，是国家的战略性决策，体现的是和平、交流、理解、包容、合作、共赢的精神。推进“一带一路”建设，粤港澳将充分发挥本地区优势，实行更加积极主动的开放战略，加强三地的互动合作，全面提升开放型经济水平。

二 “一带一路”建设背景概述

随着经济全球化趋势的放缓，在这样的大背景下，实施区域经济合作成为助力世界经济发展的一大推手，而且越来越成为一种趋势。2013年9月和10月，中国国家主席在中亚与东南亚国家访问期间，提出要共建“丝绸之路经济带”和“21世纪海上丝绸之路”的战略构想，而这一

* 刘会福，广东工贸职业技术学院商务管理教研室主任、副教授。

想法成为国际社会十分关注的问题，相关国家也非常愿意积极响应。2013年国务院总理李克强在中国—东盟博览会中再次强调，积极打造连接东盟国家的海上丝绸之路，实施引领腹地发展的战略支点。我国按照国际与地区形势的复杂而深刻的变化，结合我国当前新的发展形势与任务提出共建“一路一带”，努力使全球自由贸易体系与开放型经济体系建设更加和谐稳定，让沿线的各个国家不断深化合作，共同克服发展难题，共谋发展，这一提法具有深刻的时代背景。

2015年3月28日，国家发改委、外交部、商务部联合发布《推动共建丝绸之路经济带和21世纪海上丝绸之路的愿景与行动》，也被人们称之为“一带一路的愿景和行动”。而在该文件中的“中国各地开放态势”一章中，详细而明确地指出了各省份的“一带一路”规划定位。与此同时，还提出了沿海和港澳台区域的定位，尤其说明了要加强粤港澳合作。因此，广东必须发挥合作区的优势作用，积极开展粤港澳合作，努力打造粤港澳大湾区。而广东与港澳地区的合作又要以扩大开放倒逼深层次改革的方式，不断创新粤港澳地区的开放型经济机制，积极进行科技创新，主动参与、引领国际合作竞争新趋势，将粤港澳地区打造成“一带一路”，尤其是“21世纪海上丝绸之路”建设的先锋军。这就要求粤港澳地区必须充分利用自身的独特优势，加强建设“一带一路”，为大湾区的可持续发展做出完整规划。必须充分利用珠三角经济区的高度开放、强劲经济实力与辐射带动优势推动粤港澳建设，使之成为“21世纪海上丝绸之路”的重要区域，为粤港澳地区社会经济的长远发展打下坚实基础。

三 “一带一路”建设背景下粤港澳大湾区建设的现实作用

在“一带一路”建设背景下，粤港澳地区发挥自身的优势打造大湾区，以增强区域辐射带动作用，从而更好地服务于我国的“一带一路”划时代建设规划。

（一）有助于增强粤港澳的强大经济纽带作用

要落实“一带一路”建设规划，就必须积极打造粤港澳大湾区，努力成为强大经济纽带的重要支柱。我国的"一带一路"建设形成的是一个全面而开放的新格局，即海陆统筹、东西互济，也是我国顺利完成"两个一百年"奋斗目标以及实现中国梦、中华民族伟大复兴的意义所在。粤港澳地区属于海上丝绸之路的重要战略区域，广东不但是我国的改革开放形象名片，也是外贸大省以及重要金融枢纽。这其中既有深圳这个国家创新型城市及自主创新示范区，又有香港这个国际及地区金融中心。广东更是海上丝绸之路沿线的重要经济区，在粤港澳大湾区的经济建设中，区域经济发展合力强劲，有助于和沿线国家进行深度经贸合作，是"一带一路"的重要支撑。

（二）有助于实现区域协调发展

粤港澳大湾区建设有助于更好地开展泛珠合作，对区域经济的协调发展意义重大。我国中央政府通过全国经济发展布局优化指导对区域协调发展进行了崭新的部署。长期以来，粤港澳地区的经济实力不断增强，区域发展活力不断加深。作为粤港澳大湾区的中心城市，深圳在泛珠经济体核心区域与"一带一路"规划中占据着重要地位。粤港澳大湾区也是世界重要的海港群与空港群。截至 2014 年，该区域的集装箱吞吐量在 7000 万标准箱以上，且每年机场的旅客吞吐量接近 1.5 亿人次，进出口贸易额达 1.5 万亿美元左右。粤港澳地区经济总量在 1.4 万亿美元以上，比旧金山湾区多两倍，和东京与纽约湾区的差距也正在逐步拉近，有着和世界发达湾区媲美的基础和条件。努力推动湾区经济建设，实现区域内要素的科学流动，使资源得以有效配置，让市场能够全面融合，才能在"一带一路"建设中实现区域经济国际竞争力的提高，实现泛珠地区共同发展。

（三）有助于实现南海经济圈发展

粤港澳大湾区建设是国家南海战略的重要组成部分，更是实现南海经济圈可持续发展的重要途径。南海是世界航运的要线，有着丰富的能源资源，更是我国海洋强国战略的核心，战略作用极其明显。从当前南海日益复杂的局势来看，各种不稳定不确定因素不断增加。粤港澳又是靠近南海的经济发达区域，海洋经济规模总值接近 1.3 万亿元，一直居于全国前列。另外，粤港澳地区的海洋电子信息产业发达，属于我国三大海洋工程装备制造业集聚区之一，也是国家海洋科研技术经济平台。在“一带一路”背景下建设粤港澳大湾区不但能够使南海资源得到高效开发，实现环南海经济圈全面发展，还能够给国家经营南海提供不可或缺的战略支持。

（四）有助于粤港澳大湾区的高质量发展

在“一带一路”背景下建设粤港澳大湾区也是将目标定位于全球，促进该区域高质量发展的重要方式。习近平总书记在广东视察时就提出应该坚定不移地执行“三个定位、两个率先”的发展策略。而纵观粤港澳地区在改革开放后的发展历史，区域协同发展使粤港澳地区的发展产生了质变，形成了可以影响世界的城市群。深圳由一个落后的小镇变成现代化国际大都市，经济总量也在 2014 年排名世界城市的前 25 位，达到 2600 亿美元。由此来看，努力践行“一带一路”建设发展规划，积极建设湾区经济，就是以新思维、新举措带动粤港澳区域发展，在全球经济合作的大趋势下实现更好的发展，让粤港澳逐渐成为世界一流湾区。

四 “一带一路”背景下粤港澳合作对策

无论是从我国的国家战略统筹发展，还是从粤港澳协调互动来看，在“一带一路”背景下建设粤港澳大湾区，都必须以全球战略思维，根据世界经济、国际湾区发展形势，积极利用湾区和特区的两重优势，以质量化、标准化理念，汇集高端资源，提高创新动力，坚持开放发展，全力建设创新能力强、辐射作用大、产业层级高、交通网络发达的一流湾区城市群，通过湾区国际名城建设为国家“一带一路”提供强大支持。

（一）打造粤港澳大湾区，中心城市发挥积极作用

在“一带一路”建设规划中，将粤港澳湾区建设成一个重要的助推力。随着中央在十八届三中全会提出全面深化改革战略发展以后，在打造“21 世纪海上丝绸之路”以及“一带一路”倡议下，将粤港澳大湾区建设成一个发展新常态。粤港澳大湾区参与“一带一路”发展，必须要

明确定位湾区中的战略枢纽城市发展。根据当前国际一流湾区建设情况来分析，粤港澳大湾区有着更加开放的经济结构，集聚外溢功能很强，资源配置水平很高，国际交往网络十分发达。而且，也因为该区域的配置能力具有全球性，因而更容易成为开放的国际化区域，其高端产业体系众多，创新体系发达，区域融合高度性极强，所以更容易汇集全球优质资源，成为世界经济发展的重要标志。而粤港澳湾区要想成为国际一流湾区，首先就需要积极建设战略枢纽城市。

首先，粤港澳三地必须形成战略共识，努力做好湾区整体规划设计。粤港澳湾区必须根据中央“四个全面”与“一带一路”建设布局，从广东自由贸易试验区建设着手，利用粤港澳合作，结合国际一流湾区建设规律，以开放、创新、法治、生态为原则，努力实现粤港澳大湾区的资源优化配置，提高其集聚外溢性，努力形成国际开放、互联互通的特点，在“一带一路”的建设指导下迎接区域发展挑战，使粤港澳区域发展成为新常态。

其次，积极建设粤港澳大湾区门户枢纽。利用广东自贸区的南沙、横琴、前海蛇口，充分运用自贸区、经济特区、综合配套改革试验区等特点，积极打造粤港澳大湾区门户枢纽。按照粤港澳合作特点，促进服务贸易自由化，实现交流合作领域新发展，努力打造现代服务产业体系，以现代物流、现代金融、信息科技等为主，努力建成享誉世界的现代服务业基地。

最后，努力实现粤港澳大湾区基础建设的互联互通。根据深港世界级海港枢纽提高深港组合港的世界航运中心作用，打造粤港澳超级港口区，使区域生产性服务中枢和亚太综合交通枢纽的作用更加明显，最终使粤港澳大湾区的国际贸易集成作用更加显著。深圳、香港、广州三大机场应该协同发展，形成多元化的航运体系，提高湾区航空配套服务能力，实现区域内城市的互惠互利，提高粤港澳大湾区的国际空港辐射水平。在区域内积极利用深圳、香港、广州等中心城市和周边城市的信息优势进行高质量的信息基础建设，打造国际信息网络核心节点，使粤港澳区域的国际信息港节点作用越来越大。

（二）提高湾区经济综合实力，打造服务“一带一路”关键引擎

根据“一带一路”建设规划强化湾区经济综合实力。以前海蛇口自由贸易园区的发展为跳板，积极提高粤港澳开放合作深度，根据CEPA、粤港澳服务贸易自由化等协议与政策实现互惠多赢，进一步提高粤港澳的世界级经济中心作用。利用战略新兴产业加快航空、航洋经济等潜力产业尽快走到发展前沿。规范总部经济政策及基地建设，实现总部经济集聚发展。充分利用中心城市的产业技术与资金等优势鼓励区域内的经济走出去，对沿线国家产业园区发展进行大力支持，对市场、能源与资源进行合作开放，实现产业、价值、供应三个链条的全面融合，将品牌、服务等出口优势进一步发挥出来，加大高附加值、自主知识产权产品的出口。对于沿线国家的专业展会，应该支持区域内的企业去参加，努力做好跨境电商服务。根据沿线国家基础设施建设基于让企业不断走出去进行劳务合作与承包对外工程，通过各种开放的合作促进粤港澳区域的综合经济实力增长。

（三）建设国家创新中心，提高“一带一路”服务创新能力

通过国家创新中心建设提高“一带一路”创新能力。粤港澳必须积极运用国家自主创新示范区特点对区域内的创新生态体系进行全面完善，在创新中要做到开放、综合、协同，让高端创新资源要素能够被大量汇集，提高本区域的发展创新水平。努力加强重大科技基础设施建设，对重点实验室、工程中心等创新载体进行大力建设，为它们提供强大的创新支持后劲。放眼世界，加快创新资源的利用脚步，尽快和世界创新网络结合，并和世界上的高水平大学与科研机构开展合作，对大数据、新能源、移动通信技术、云计算等高精尖领域的核心技术进行研发。在粤港澳大湾区建设更多的新型研发机构，给企业技术的创新提供强力保障。制定高新符合人才培养方案，积极吸引世界一流科学家、创新团队、科技权威等人才，将粤港澳大湾区建设成世界性的人才集聚基地。不断和东京、旧金山湾区进行创新合作，和“一带一路”沿线国家的科研、技术服务等结构开展全面合作，共同攻关科技难题，形成互利共享的开放式创新网络，将创新成果产业化。经金融、产业、技术与商业模式进行

创新、融合，让创新常态化，建设“创客之城”。通过政策吸引创投机构参与“一带一路”战略下的粤港澳大湾区建设，将建设亚洲第一创投中心作为努力方向，由此逐渐提高粤港澳大湾区对“一带一路”沿线国家的科技创新服务支持效率及力度。

（四）构建“三港联动”优势，提高与“一带一路”沿线国家互动

粤港澳大湾区和“一带一路”沿线国家互动力度的增强需要根据“三港联动”优势来实施，即海港、空港与信息港。粤港澳大湾区应该不断和“一带一路”沿线国家进行合作，共同建设基础设施，以此构建立体的、综合的、高效的交通运输网络，为海上丝绸之路交通枢纽城市的建设而努力。对机场综合交通枢纽工程进行重点建设，推进粤港澳大湾区重点机场的基础设施建设，鼓励企业也加入沿线国家机场的投建工作中。增加和沿线国家相通的航班航线，在主要城市之间打造便捷的航空圈，并共同建设空中丝绸之路大通道。强化重要港口的远洋枢纽港作用，积极做好重点项目建设，使湾区内的国际班轮航线更加完善，提高货物中转比重，建设粤港澳大湾区的“一带一路”海铁联运枢纽，将亚太区域国际航运服务中心作为终极建设目标。和企业合作进行港口等基础设施的国际化建设，重点集中在境外港口规划、运营方面，提高粤港澳大湾区的世界航运网络服务水平。加快大湾区智慧城市、无线城市建设速度，具有前瞻性地布局一流信息基础设施，提高数据处理水平，在世界信息网络核心节点建设中形成“网上丝绸之路”。另外，还要做到湾区内重点公路、铁路建设，积极倡导海铁联运发展，从而实现服务内陆地区对外开放的核心出海口的发展目标。

（五）切实加强文化沟通，提高“一带一路”沿线城市合作深度

通过文化交流提高“一带一路”沿线城市的互动互信合作深度。弘扬中华优秀传统文化，进一步拓宽与沿线城市的交流广度和深度，把深圳打造成“一带一路”人文交流的重要联系纽带。全面加强与沿线城市交流合作，构建友城网络，建立常态化交流合作机制。支持举办有全球影响力的高层论坛及文化、体育、展览等活动，把前海合作论坛打造成“一带一路”合作的新亮点。积极推动与世界著名湾区城市深度合作，探索成立湾区城市联盟，共同促进全球湾区经济向更高层次发展。突出加强智库、社会团体、青年等友好交流，积极拓展侨团商会联系合作，广泛开展民间交流往来。积极吸引更多知名大学来深办学，加快推进深圳北理莫斯科大学、香港中文大学（深圳）等高校建设，加强与沿线国家高等院校、科研院所等交流合作，打造面向东南亚的教育中心。充分发挥深圳文博会等高水平展会作用，推动形成文化交流与经贸合作良性互动格局。完善国际旅游合作机制，探索与沿线国家共建旅游合作区，积极开发深圳与沿线国家的旅游线路，加快太子港邮轮母港等本地旅游资源开发，打造高端旅游目的地。

（六）建设南海开发战略基地，强化和“一带一路”沿线国家海洋经济合作

打造服务南海开发的战略基地，深化与海上丝绸之路沿线国家海洋经济合作。粤港澳地处南中国，与东南亚国家隔海相望，是中国大陆距离东南亚最近的地方。坚持合作共赢的理念，积极推进与沿线国家海洋领域合作。打造海洋经济产业基地，落实国家关于南海开发的策略，围绕深海资源开发，加强与海西经济区、北部湾地区、海南国际旅游岛的合作，共同发展海洋运输、物流仓储、海洋工程装备制造、海岛开发、旅游装备、邮轮旅游等产业，不断培育壮大新兴海洋产业、集约发展高端临海产业，携手打造海洋经济合作示范区。打造海洋科研的创新基地，加快发展海洋科技，围绕海水淡化、海洋生物制药、新能源与可再生能源等领域，打造国家级南海开发和深海研究公共技术平台，提升深海油气、海底矿产等海洋资源的开发能力。建设国家级海洋工程基地和南海海洋科技中心。建设南海开发的后勤基地，重点提升深海工程装备、大中型船舶、专用飞机等大型海洋工程装备的研发、制造、维修能力，为南海开发提供专业化服务。积极参与中国南方海上油气田生产指挥中心建设，争取南海油气开发相关企业落户。

五　“一带一路”背景下粤港澳合作前景展望

湾区经济是当今世界经济版图的突出亮点。湾区经济是以海港为依

托、以湾区自然地理条件为基础，发展形成的拥有国际影响力的区域经济形态，具有高度开放的经济结构、高效的资源配置能力、强大的集聚外溢功能和发达的国际交往网络。从世界范围来看，随着全球化持续推进，经济要素加快向湾区集聚，逐步形成了以纽约、东京、旧金山为典型代表的世界级经济集群。这三大湾区均是重要的金融中心、创新中心、航运中心，对全球产业调整升级、高端要素配置、创新发展等产生强大引领和带动作用。

首先，打造粤港澳湾区是广东推动新常态发展的客观选择。今年政府工作报告提出统筹实施"四大板块"和"三个支撑带"的区域发展构思。在经济新常态下，广东虽然纳入四大板块中的东部率先发展板块，也在三个支撑带中的"一带一路"建设里占有重要地位，但与同属东部率先发展板块的京津冀、长三角相比则有所弱化。在国家战略层面上看，京津冀形成了三个支撑带的"京津冀协同发展带"、长三角则是三个支撑带中"长江经济带"的龙头区位，而珠三角则缺少新一轮国家战略的整体安排和系统设计。还要看到的是，2004 年以来纳入泛珠三角区域合作成员的江西、湖南、四川、云南，被划进了长江经济带的范围，客观上表明珠三角及泛珠三角区域作为整体写入新常态下国家战略的紧迫性。

对粤港澳大湾区来说，要在"十三五"时期从国家角度提出与环渤海、长三角相当的战略规划，必须注意三个问题：一是具有较大的经济体量，不能仅仅只注意本省，必须能够带动周边经济区域。二是充分发挥近邻港澳的区位优势，打好港澳牌，利用港澳因素推动广东形成更大发展空间。三是充分挖掘区域发展特点，寻找适应区域合作发展趋势与规律的新平台新载体。鉴于国际一流城市具备湾区经济的显著特征，国际一流湾区成为全球经济发展的重要增长极和引领技术变革的领头羊等发展趋势，可以考虑广东在"十三五"时期构建以湾区经济为引领的发展新常态。因此，以湾区经济为引领，立足珠三角、联动港澳两地、带动泛珠三角区域，共同构建粤港澳大湾区，已经成为广东争取成为国家"十三五"规划的客观选择。

其次，打造粤港澳湾区是珠三角区域合作的发展方向。一般来说，湾区具有独特的空间组织结构，与海洋和开放有着天然的联系，容易集聚经济要素进而形成相关产业体系，是世界经济和财富最集中的地区。

据有关统计，目前全球60%的经济总量集中在大江大河入海口，75%的大城市、70%的工业资本和人口集中在距海岸100公里的海岸带地区，在全球排名前50名的特大型城市中，海湾型城市占比高达90%以上。与此相关，湾区经济成为发挥湾区特征功能并带动广阔腹地共同开展经济活动的重要经济形态。从这个角度来看，国际一流湾区作为集聚全球优质资源要素、引领世界经济发展的重要形态，应当成为我国沿海区域经济发展的方向和追赶目标。

六 结束语

总而言之，“一带一路”发展构想是以习近平同志为总书记的党中央立足全球形势变化，统筹国际国内发展，加快构建对外开放新格局的重大决策。粤港澳大湾区应按照习近平总书记“广东要主动作为”的指示，积极落实国家战略部署，加快发展湾区经济，推动建设粤港澳世界一流湾区，努力为“一带一路”提供有力支撑。粤港澳大湾区正步入新的历史发展阶段，需要更加体系化的全球新战略支持。因此，我们要在深入分析“一带一路”内涵、战略实施过程中面临的风险挑战的基础上，从理念、模式、战略等角度促进粤港澳大湾区的可持续发展。

“十三五”粤港澳合作发展新模式

毛艳华[*]

对外开放是我国的基本国策。面对国际政治经济环境深刻变化和国内经济发展进入新常态，十八届五中全会提出了开放发展新理念，阐述了开放模式由单向往双向转变的机制、路径和目标。在《中共中央关于制定国民经济和社会发展第十三个五年规划的建议》中，提出要发挥港澳独特优势，提升港澳在国家经济发展和对外开放中的地位和功能，支持港澳参与国家双向开放、“一带一路”建设和加快前海、南沙、横琴等粤港澳合作平台建设。改革开放以来，港澳在内地的改革开放中一直起着桥梁和纽带的作用，粤港澳合作成为“一国两制”框架下港澳与内地合作的典范。因此，对外开放新理念的提出必将重塑港澳与内地的经济合作关系，为“十三五”时期粤港澳三地深化合作带来了更大空间，为粤港澳更紧密合作指明了路向，将推动粤港澳合作迈上新水平。

第一，以自贸试验区为合作平台探索粤港澳合作机制创新。近年来，粤港澳合作从功能性合作全面进入制度性合作的态势日趋明显，但营商环境与规则的差异严重地制约了粤港澳的经济整合。只有创新合作体制机制，才能推动粤港澳区域一体化，从而最大限度地实现粤港澳三地之间的要素顺畅流动。自贸试验区以制度创新为核心，广东自贸试验区的战略定位之一是探索粤港澳经济合作新模式。因此，“十三五”时期探索粤港澳合作机制创新以前海、南沙、横琴为合作平台，借鉴港澳经验建

* 毛艳华，中山大学自贸区综合研究院教授。

设国际化市场化法治化营商环境，推进自贸试验区与港澳地区在跨境人民币业务领域的合作和创新发展，制定自贸试验区港澳高层次人才认定办法，推进粤港澳服务业人员执业资格互认或单边认可，探索在自贸试验区工作、居住的港澳人士社会保障与港澳有效衔接，促进粤港澳三地人员、信息、资源要素等便捷流动，这不仅有利于深化粤港澳合作，而且能够为全面深化改革和扩大开放探索新途径、积累新经验。

第二，在CEPA框架下深度推进粤港澳服务贸易自由化。放宽外商投资市场准入是"十三五"时期我国深化投资管理体制改革的重点内容，这有利于扩大服务业的市场开放，提升我国服务业和服务贸易的国际竞争力，从而实现开放型经济的对外贸易平衡战略。粤港澳服务业合作具有CEPA框架下"先行先试"的基础与优势，CEPA升级版更是首次采用"准入前国民待遇+负面清单"的管理模式，在广东市场率先扩大对港澳服务业的开放。因此，在CEPA框架下深化落实负面清单管理模式，加强粤港澳三地在金融、旅游、法律、会计、规划、建筑等专业服务领域合作，提高港澳专业服务机构和人才进入广东的便利性，能够为我国推进双边和多边领域的服务贸易自由化提供经验借鉴。

第三，对接"一带一路"共建"粤港澳大湾区"。推进"一带一路"建设，需要在沿海和沿边构建若干重要的战略支点和节点，成为"一带一路"的国际运营中心。国务院授权国家发改委、外交部、商务部联合发布的《推动共建丝绸之路经济带和21世纪海上丝绸之路的愿景与行动》指出，要充分发挥深圳前海、广州南沙、珠海横琴等开放合作区作用，深化与港澳合作，打造"粤港澳大湾区"，使之成为"一带一路"，特别是"海上丝绸之路"的桥头堡。从全国范围来看，粤港澳大湾区对接"一带一路"具有十分明显的优势。在粤港澳大湾区的珠江口东西两岸，国际机场和国际港口密集分布，已成为全球货运和客运吞吐量最大的空港群和港口群。香港是国际金融中心、航运中心、贸易中心，澳门是世界旅游休闲中心和中国与葡萄牙语系国家商贸合作服务平台，而珠三角地区是全球重要的制造业基地。无论从硬件还是软件来看，粤港澳大湾区具备了承担"一带一路"国际运营中心功能的角色。因此，"十三五"期间粤港澳三地要从构建合作新空间的角度，加快探索"粤港澳大湾区"的概念框架，参照国际上一些著名湾区经济的发展模式和路径来统筹规划布局，加强基础设施的互联互通，更好地谋划粤港澳大湾区的发展，搭建好支撑“一带一路”的合作平台。

第四，携手开拓第三方市场服务“走出去”国家战略。在实施新一轮高水平对外开放中，“走出去”战略是实现双向开放和互利共赢的重要手段。粤港澳三地携手开拓第三方市场，服务“走出去”国家战略，有利于广东加快优势产能“走出去”，更好地利用“两种资源、两个市场”来推动经济转型和产业升级；有利于香港强化全球离岸人民币业务枢纽的地位，推动融资、商贸、物流、专业服务等向高端高增值方向发展，实现香港经济的第三次转型；有利于发挥澳门作为中国与葡萄牙语系国家商贸合作服务平台的优势，促进澳门经济适度多元可持续发展。因此，“十三五”时期，香港应发挥好在融资、资产管理、风险管理、基建工程等多方面的经验优势，澳门应发挥出在对接葡萄牙语系国家市场的优势，加快粤港澳企业联手“走出去”步伐，为广东、泛珠三角以及国内其他省份的企业“走出去”提供服务。

第五，深入推进社会和民生领域的合作。改革开放以来，粤港澳合作重点在生产领域，形成“前店后厂”的制造业合作模式。目前，珠三角地区已进入高收入发展水平阶段，在经济新常态下对于社会和民生领域的公共服务需求提出了新的要求。港澳地区在提供社会和民生服务方面具有很好的运作模式、管理经验和资源投入，但面临空间不足和市场狭小的制约，而广东具有服务空间和市场巨大的优势。深化粤港澳在社会和民生领域的合作有利于优化广东在社会和民生领域的资源供给，改革供给结构，提供优质服务。同时，深化该领域的合作也有利于缓解港澳地区服务空间和市场狭小的不足。因此，“十三五”期间粤港澳三地应顺应经济社会发展的新特征，在旅游文化、社会保障、科技教育、医疗卫生、食品安全、环保等社会与民生领域不断深化合作，有力地促进了三地经济的发展和民生福祉的提高。

“一带一路”与澳门世界旅游休闲中心的建设

陈章喜*

一 引论

自2013年中国政府提出“丝绸之路经济带”“21世纪海上丝绸之路”（简称“一带一路”）区域发展构想以来，在国内外产生了不可低估的深刻影响，得到了沿线国家的积极支持和热烈响应。“一带一路”构想作为国际区域经济合作的新模式，以中国“走出去”为主要特征，是统筹中国各领域全面对外开放的立体型国家战略，将对中国产业包括旅游休闲业在内的第三产业产生巨大的推动作用。同时，“一带一路”构想的空间性区位特征，会给处在“一带一路”沿线的地区带来巨大的发展机遇。澳门特别行政区及其海域是古代海上丝绸之路的重要节点，在国家“一带一路”构想的实施下，澳门建设世界旅游休闲中心具有区位、历史、人文、政策等方面的优势条件。

为了顺应时代发展潮流，把握社会发展的新趋势，国家根据澳门经济运行的特点，对推动澳门建设世界旅游休闲中心出台了一系列政策。2008年，《珠江三角洲地区改革发展规划纲要》由国家发展和改革委员会发布，首次把澳门定位为世界旅游休闲中心；2010年11月，国务院总理

---

* 陈章喜，暨南大学特区港澳经济研究所教授，暨南大学经纬粤港澳经济研究中心、广东产业发展与粤港澳台区域合作研究中心研究员。

温家宝提出"支持澳门建设世界旅游休闲中心"；2011 年，《粤澳框架合作协议》及国家"十二五"规划均明确提出"支持澳门构建世界旅游休闲中心，促进经济适度多元化发展"，从这些政策的内涵看，均将澳门特别行政区世界旅游休闲中心的建设纳入了国家发展战略中。因此，对"一带一路"背景下澳门世界旅游休闲中心建设问题进行研究，具有理论和实践上的创新意义。

目前，国内外对"一带一路"建设的理论研究，主要涉及政治、经济、历史、文化、地理等相关领域，研究内容波及对"一带一路"建设的理念、内涵和影响等方面，在"一带一路"建设的影响方面，国内外多个学科领域和不同区域都有涉及，然而对"一带一路"建设影响澳门世界旅游休闲中心建设的研究、对澳门特别行政区把握"一带一路"建设机遇、发展旅游休闲产业的研究还未见诸文献。基于此，本文对"一带一路"建设的旅游休闲元素进行剖析，系统分析"一带一路"建设对澳门世界旅游休闲中心建设的影响，对澳门在"一带一路"背景下建设世界旅游休闲中心提出相应对策，主要目的在于拓展"一带一路"建设的研究内容与范围，为澳门建设世界旅游休闲中心提供理论支持。

世界旅游休闲中心的建设在推进中。与此相应，越来越多的国家和地区着眼于旅游休闲产业的开发，越来越多的专家学者和政府官员对世界旅游休闲中心的研究给予了高度关注。在国内，有学者认为世界旅游休闲中心是指满足世界各地游客，通过旅游形式，实现以休闲为基本需求，具有世界中心位置的国际化城市或地区。"核心休闲、形式旅游、立足世界、定位中心"是世界旅游休闲中心的四个基本特质，四个内涵元素的关系相辅相成①。这些研究对于合理把握世界旅游休闲中心的内涵具有重要的启发作用。根据相关学者对世界旅游休闲中心基本内涵和构成要素的研究，笔者认为，所谓世界旅游休闲中心，在其动态的意义上，是指以休闲为导向、国际化为依托、旅游为形式，在世界旅游格局中具

① 陈庆云：《对粤澳合作框架协议的理论思考》，《澳门理工学报》2011 年第 4 期，第 24—33 页。

有中心地位的区域[①]。根据世界旅游休闲中心的基本内涵，可以把世界旅游休闲中心分为两大类，即大都市综合型世界旅游休闲中心和都市特色型世界旅游休闲中心。前者以美国的纽约、法国的巴黎、中国的香港、英国的伦敦、中国的上海等为代表，后者的典型代表有美国的拉斯维加斯、意大利的威尼斯等。

二 “一带一路”建设中的旅游休闲元素

（一）旅游休闲产业是“一带一路”沿线国家和地区发展的必然选择

随着科学技术的进步、收入水平的提高和闲暇时间的增多，越来越多的人将由追求物质生活转向对精神享受的追求，人类也将越来越多的时间和收入花费在旅游、娱乐、运动等各种休闲项目中，且更青睐于高品质的休闲旅游活动。世界旅游休闲中心正是一国经济社会不断发展和人民生活水平不断提高的产物，进入21世纪以来，世界上不同国家和地区或上演着不同层次的休闲化进程，或已经迈入休闲旅游的不同阶段，人类进入了在人们社会生活中越来越重要的休闲旅游时代，休闲旅游成为各国经济新的增长点。根据美国学者的权威预测，2015年前后，主要发达国家将相继进入“休闲时代”，发展中国家也将紧随其后。以娱乐、旅游、体育健身、文化传播等为主的休闲产业在2015年左右主导世界劳务市场，在世界GDP总额中占有一半份额，成为世界经济发展支柱性产业。休闲旅游将成为21世纪全球经济发展的五大动力源之一，毋庸置疑，休闲旅游将成为世界旅游发展的主要趋向，旅游休闲产业是“一带一路”沿线国家和地区实现民心沟通的重要纽带。

（二）旅游休闲产业是“一带一路”沿线国家和地区合作的突破产业

首先，旅游休闲产业是杠杆型产业，能发挥综合功能，触发、刺激和带动一系列相关产业的跟进与发展，创造大量的就业岗位，促进经济

---

① 陈章喜：《世界旅游休闲中心模式比较与澳门的选择》，《澳门理工学报》2015年第4期，第31—39页。

成长，据 WTTC 发布的数据，2013 年世界旅游业占 GDP 的比重达 9.5%，对就业的贡献超过 10%。其次，旅游休闲产业是民心型产业，发展旅游休闲产业是实现“民心相通”的直接途径，有利于保护和传承优秀文化，提升生活质量和文明素质。最后，旅游休闲产业是资源型产业，不管是陆上还是海上丝绸之路，旅游资源都是这些国家和地区的优势资源。旅游休闲产业易起步、见效快，能促进生态环境改善。与工业项目必须等到项目建成投产才能获得收益不同，旅游休闲产业的收益与游客同步。旅游休闲产业的这些特点和规律，决定了旅游休闲产业必定成为“一带一路”建设中率先启动、先行先试和早期收获的产业之一[①]。在中国，旅游休闲产业已被定位为国民经济的战略性支柱产业。2014 年 8 月，国务院印发了《关于促进旅游业改革发展的若干意见》（以下简称《意见》），将丝路旅游上升到国家高度。该《意见》明确指出，要通过建设“一带一路”来推动区域旅游一体化，增强旅游发展动力。国家旅游局于 2015 年启动了 2015“丝绸之路旅游年”，在 3 年的时间内推进 60 项旅游活动，深化丝绸之路沿线国家的旅游合作。

（三）旅游休闲产业是“一带一路”沿线国家和地区促进互联互通的需要

从辐射范围看，“一带一路”沿途大多为新兴市场或发展中经济体，正处于经济发展的上升期，后发优势强劲，但迫切需要解决交通、电力、信息等基础设施严重不足的难题。据亚洲开发银行估计，“一带一路”区域未来 10 年的基础设施投资需求将达 8 万亿美元[②]。发展旅游休闲产业能极大地促进互联互通，提高基础设施的利用率，加快基础设施投资回报的速度。从实践上看，旅游休闲产业发展到位的地方，其区域一体化趋势也非常明显。如区际、国家间的无障碍旅游，直通航线的开辟，签证通关手续的优化，免税和离境退税政策的实施等，都能够

---

① 杨道匡：《澳门建设旅游休闲中心相关问题探讨》，《港澳研究》2016 年第 1 期，第 44—51 页。

② 巴曙松、王志峰：《“一带一路”：香港的重要战略机遇》，《人民论坛》（学术前沿）2015 年第 9 期，第 51—73 页。

促进更高水平的互联互通，进一步拉动投资、贸易和消费。随着"一带一路"旅游合作战略的连续逼近，"一带一路"区域必将成为旅游的热点区域，与旅游人流相伴随，是信息流、资金流、文化流、物流的不断运动。

（四）旅游休闲产业是"一带一路"沿线国家和地区拓展经济空间的推手

旅游休闲产业发展具有极强的区域联动效应。从地理位置看，"一带一路"是世界上跨度最大、最具有发展潜力，同时发展也较具挑战性的经济走廊，贯穿亚太、欧洲、非洲等多个经济圈。21 世纪海上丝绸之路以点带线，以线带面，将串起联通东盟、南亚、西亚、北非、欧洲等各大经济板块的市场链，发展面向南海、太平洋和印度洋的战略合作经济带。丝绸之路经济带东边牵着亚太经济圈，西边系着发达的欧洲经济圈，在空间走向上初步形成以欧亚大陆桥为主的北线、以石油天然气管道为主的中线、以跨国公路为主的南线三条空间路线。"一带一路"旅游休闲区的形成，将进一步促进沿线国家的贸易与投资往来，推动经贸合作区的落地实施，催生大量产业转移、园区建设、跨境投资、贸易结算、货币流通、法律服务等需求，未来区域内贸易和投资可望保持较高速度的增长，从而拓展"一带一路"沿线国家和地区的经济交往空间。

三 "一带一路"对澳门世界旅游休闲中心建设的影响

（一）"一带一路"影响澳门的旅游市场规模

澳门是世界知名旅游休闲胜地，博彩旅游业在城市经济中占有重要地位。澳门土地面积 32.8 平方公里，人口约 55 万（2012 年），2014 年，澳门的入境旅客人数 3150 万人次（2013 年为 2900 万人次），博彩收入 3515 亿澳门元。按照成熟世界旅游休闲中心要求，澳门的旅游市场规模偏小。随着"一带一路"建设的全面实施，必将会对澳门的旅游市场规模产生影响。"一带一路"建设的重点之一就是加快实施自贸区战略，这将推动中国与沿线的发展中国家和新兴经济体构建一套更加适用于广大发展中国家和新兴经济体的经贸规则。随着自贸区的扩大，这些内容将逐渐扩展为多边经贸规则，这不仅有利于扭转沿线国家被现有规则体系排斥在外的局面，增加发展中国家在全球经贸规则的话语权，而且能够促进广大发展中国家深度参与和融入全球化。因此，澳门旅游市场的规模会不断扩大。实际上，澳门特区政府近些年特别重视发展与“一带一路”沿线东盟国家的经贸关系和旅游合作，通过系列会展服务充当东盟与葡萄牙语系国家经贸合作的桥梁。到2012年，马来西亚、菲律宾、泰国、印尼、新加坡已经成为澳门排名前10位的主要境外游客来源地，占其入境总人数的4.3%[①]。

（二）“一带一路”影响澳门的国际旅游客源

澳门独特的文化旅游资源具有吸引国际游客的潜在优势，但澳门客源结构近年来没有显示出国际化的特征，中国大陆是澳门主要客源市场。2014年，中国大陆访澳游客达2100万人次，占澳门入境游客总人次的67%，2015年第一季度，中国大陆旅游消费为108.1亿澳门元，占入境旅游总消费的80.91%。“一带一路”建设的实施，必将影响澳门的国际旅游客源。“一带一路”沿线国家的总人口44亿，其高速经济增长创造出了庞大的市场需求，日益扩大的需求和庞大的供给能力，对世界构成了积极的“需求冲击”和“供给冲击”。“一带一路”沿线国家以发展中国家为主，近年来这一区域的经济增长尤为显著。1990—2013年，“一带一路”区域整体GDP年均增长速度达到5.1%，相当于同期世界经济增速的两倍。2010—2013年，全球经济缓慢增长期间，“一带一路”区域的年均增速达到4.7%，高于世界平均的2.4%，在此期间，“一带一路”区域对世界经济增长的贡献率达到41.2%[②]。“一带一路”区域的经济发展，会创造更多的旅游休闲供给与需求。

---

① 左晓安：《粤港澳合作转型与中国东盟自由贸易区演进方向协同发展》，《广东社会科学》2015年第4期，第92—100页。

② 李丹、崔日明：《“一带一路”战略与全球经贸格局重构》，《经济学家》2015年第9期，第62—70页。

（三）“一带一路”影响澳门的旅游基础设施建设

澳门土地面积狭小，随着经济的发展和人口的增多，澳门建设国际旅游休闲中心对土地的需求与日俱增，可供开发的土地紧缺，土地供需严重失衡，澳门在建设国际旅游休闲中心过程中受土地资源约束的情况会更加突出[①]。“一带一路”建设的实施，必将影响澳门的旅游基础设施建设。按照习近平总书记关于丝绸之路经济带建设的“政策沟通”“道路联通”“贸易畅通”“货币流通”“民心相通”五个方面的要求，积极推进中国与“一带一路”沿线国家和地区在通道方面的建设。提升基础设施的互联互通水平是“一带一路”建设实施的重要内容。紧紧抓住新一代信息技术、高铁、新能源等第三次工业革命兴起的机遇，在利用和完善现有交通基础设施的基础上，提升或扩大“一带一路”通道的运载能力、运行速度、运行效率和运载内容，提升基础设施的互联、互通水平。“一带一路”规划的基础设施建设，会给澳门旅游基础设施建设完善提供机遇。

（四）“一带一路”影响澳门的旅游休闲资源开发

澳门旅游休闲资源开发以博彩业为主体，博彩业不同于一般产业，在道德上备受争议，具有明显的特异性：一方面表现在自身的暴利性质，它一旦发展为经济体的主导产业，往往成为吸纳生产要素的“洼地”，挤压其他行业尤其是中小企业的生存空间，进而扭曲经济结构、增加社会成本，导致经济结构极端化，发展风险剧增；另一方面，博彩业是一个政策依赖性极强的外向型产业，发展好坏不仅取决于设赌地政府的开赌政策，更取决于客源地政府的禁赌政策。同时，澳门旅游休闲的文化资源由于对外宣传的力度有限，被世人所知的程度不高，部分游客对澳门的历史建筑、中西融合的文化和饮食不甚了解。随着“一带一路”建设的全方位实施，必将会对澳门的旅游休闲资源开发产生积极影响。

---

① 陈章喜、稂欣：《澳门房地产业：经济地位、香港元素与产业合作》，《产经评论》2015年第8期，第108—116页。

四 "一带一路"下澳门建设世界旅游休闲中心的路径

（一）扩大旅游休闲市场规模

旅游市场规模能够创造出良好的规模经济效益，世界旅游休闲中心建设的重要目标。国际上，世界旅游休闲中心美国纽约 2014 年接待游客量达 5640 万人次，创造了 613 亿美元的经济收入，旅游业为当地带来了 37 亿美元的税收，带来了 35.9 万个与旅游相关的就业岗位。世界旅游休闲中心巴黎 2013 年全年接待游客数达 2939 万人次。澳门在世界旅游休闲中心建设的动态过程中，要抓住"一带一路"的建设机遇，通过旅游休闲产业的走出去与引进来行动，扩大旅游市场规模，在"一带一路"建设尤其是在海上丝绸之路建设中找准定位。"一带一路"沿途是世界上典型的多类型国家、多民族、多宗教聚集区域，佛教、基督教、伊斯兰教、犹太教等也发源于此，澳门要充分利用香港多元文化融合的优势，拓展澳门世界旅游休闲中心的发展空间。

（二）拓展国际旅游客源

世界旅游休闲中心建设的重要内容是旅游客源国际化。国际上，巴黎作为世界旅游休闲中心，接待游客数中 41% 为外国游客（2013 年），其接待国际游客比例居全球之首，世界旅游休闲中心纽约 2014 年接待的游客总量中，有超过 20% 的游客来自海外，国际游客消费占所有游客消费额的 48%。在澳门世界旅游休闲产业发展中，必须有效地调整博彩旅游客源市场结构，突破博彩旅游客源市场"内地化"趋向，在"一带一路"背景下，走"多元化、国际化"发展道路①。以其国际性旅游休闲中心定位为基础，充分发挥"三个商贸平台"的作用，加强澳门休闲度假和历史文化形象的宣传及旅游资源优化，大力发展主题多样、特色多元的旅游休闲业态，吸引更多的世界各地游客，特别是东亚、南亚、欧

① 陈章喜、张小平：《澳门博彩旅游业客源"内地化"趋势的研究》，《产经评论》2010 年第 4 期，第 78—84 页。

美等地区的游客，建设具有国际高知名度的“旅游休闲之城”。

（三）完善旅游基础设施

旅游基础设施完善是考核世界旅游休闲中心建设的重要指标。如纽约作为世界上公认的大都市综合型国际旅游休闲中心，拥有世界上最大的天然港口之一——纽约湾，纽约旅游基础设施完备，旅游交通十分发达，公交、地铁、航空系统纵横交错，设备完善舒适，规模庞大，设备完善舒适。澳门应借鉴国际经验，根据“一带一路”建设部署，按照世界旅游休闲中心建设的要求，建设和完善交通基础设施，构建高效、快捷的交通运输体系，要加快市内道路交通网络建设，解决市内交通拥挤，完善对外交通设施，加快国际机场的建设和通关便利化，延长游客逗留时间。同时，积极推进粤港澳三地旅游合作发展机制，特别是加强与珠海横琴新区的合作，从比较优势理论出发，把价值链相关的行业延伸至珠海横琴，扩大澳门旅游休闲区域，共同建设世界著名旅游休闲中心。

（四）开发旅游休闲资源

旅游休闲资源独特多样是世界旅游休闲中心建设的基础。法国巴黎拥有两千多年的悠久历史，其众多世界仅有的历史遗迹和艺术建筑，如埃菲尔铁塔、凯旋门、巴黎圣母院、亚历山大三世桥、卢浮宫、凡尔赛宫等对世界各国的游客有极强的吸引力。美国纽约旅游资源极为丰富，尤其是曼哈顿区的百老汇、华尔街、帝国大厦、中央公园、联合国总部、大都会艺术博物馆和歌剧院闻名于世。澳门应以“一带一路”建设为统领，利用“一带一路”相关国家是古代“四大文明古国”诞生地的优势，摆脱单一“赌城”形象，加强旅游文化和休闲度假旅游的宣传，扩大澳门文化遗产的知名度，形成以文化遗产为依托，以建筑文化、历史文化、宗教文化为主题，以历史建筑群为重点，构建特色鲜明、主题突出的旅游形象，以澳门的博彩、独特的欧陆小镇风光和中葡文化风情三者并重来吸引国际旅客，推动澳门综合性旅游产业的发展。

把握“一带一路”建设机遇，促进粤港澳服务业发展

周运源*

一 引言

近年来，全球服务业商务活动的加速发展，同样为新时期广东、香港和澳门服务业的进一步拓展提供了机遇并产生影响。2015 年 1 月，JP 摩根全球服务业商务活动指数为 52.9%，比上月调整后的 52.5% 上升 0.4 个百分点。JP 摩根大通的全球经济协调主管 David Hensley 表示，“2015 年全球服务业业务活动和新订单均保持温和增长趋势，以及业务活动预期水平创出 7 个月以来的新高，意味着市场预期保持适度乐观”①。2015 年 2 月，英国服务业业务活动保持高位增长，欧元区服务业业务活动增速创近 7 个月以来的新高，巴西和印度服务业业务活动均有所增长，整体来看，全球服务业经济连续 29 个月保持增长，增速创近 5 个月以来的最高水平。而同期全球服务业新订单指数为 54.4%，较上月调整后的 52% 上升 2.4 个百分点，表明全球服务业新增需求保持增长，增速加快。

* 周运源，中山大学教授，广东省产业发展研究院特约研究员。

① 《2015 年中国服务贸易运行情况展望》，2015 年 5 月 7 日，中商情报网（http：//www.askci.com/）。

二　广东整体经济发展喜人

2015 年广东全省实现地区生产总值（GDP）72812.55 亿元，比上年增长 8.0%。2015 年服务业增加值增长 9.7%，对经济增长贡献率达 57.1%，三次产业经济总量比重为 4.6∶44.6∶50.8，第三产业比重同比提高 1.8 个百分点。广东率先与香港澳门基本实现服务贸易自由化，是为内地与香港澳门基本实现服务贸易自由化积累经验，为香港澳门巩固发展国际金融、贸易、航运、旅游等中心、国际经贸平台的地位和新兴现代服务业的进一步发展提供重要条件，也为内地特别是广东经济带来新的发展活力。

三　广东服务业发展成效显著

近年来广东整体经济社会发展取得显著的成效，特别是 2014 年年底推出并实施的具广东特色的创新驱动发展战略，刺激了新时期广东全面发展转型的成效，而广东外向型经济程度高的发展模式，无疑促进了广东银行业的加快发展。据相关资料显示，作为我国改革开放先行先试的广东，新时期银行业发生着显著的变化，我国首家互联网银行在广东深圳试营业，首家互联网消费金融公司落户，以及当地多家银行积极推广 O2O 模式，都是其中的突出表现。而且，落户深圳前海的微众银行，既是我国首家获批开业的互联网银行，也是广东地区民营资本进入银行业的典型代表。① 在广东保险业的发展方面：2014 年，广东保险业与广东省商务厅、财政厅合作，把保障方案嵌入广东省企业境外投资综合服务平台。共带动了 20 个项目投保，保险金额达 6.14 亿美元，带动企业项目融资超过 3 亿美元。2014 年广东省保险业实现保费收入 2341 亿元，该规模已经连续 11 年位居国内省市第一位。2015 年上半年，广东省实现保费收入 1512.5 亿元，同比增长 17.4%。其中，广东（未含深圳）保费收入为

---

① 张威：《广东银行业新金融样本：微众银行将发力轻资产化业务》，《每日经济新闻》2015 年 2 月 2 日。

1168.8 亿元，同比增长 18.7%，继续领跑全国。[①] 据广东省保费收入超过 20% 的高增速推测，2015 年可能超越香港。广东保监业曾于 2008 年年初首次提出超越香港的目标。现任保监会副主席的黄洪提出，到 2020 年，全省保费总量将超越香港，保险深度和密度分别达到 4.5% 和 5000 元/人。目前，广东的保险深度为 3.07%，保险密度为 1824.4 元/人。这说明广东保险业发展的不足，广东保险业的发展仍有很大的挖掘空间。广东保险业发展颇具优势，如深圳前海获准推广上海自贸区试验的金融创新政策，国务院批准的南沙金融创新 15 条政策，以及广东自贸区建设发展等重大政策，这将为广东保险业发展带来更多机遇。在保险制度创新方面，广东省政府已将建立巨灾保险制度列入 2015 年的重点工作。此外，广东保监局也积极推进在全国首创巨灾指数保险的模式，制定汕头、韶关、湛江、梅州、清远五个地市的巨灾保险试点方案。[②]

四　近年来香港整体经济发展超过预期

2014 年香港经济增长率为 2.3%。2014 年，香港货物出口增长按年上升 3.2%。香港是全球最自由和全球服务业主导程度最高的经济体，服务业占 GDP 的 90% 以上。行政长官梁振英于 2015 年 1 月 14 日发表的新一年的《施政报告》中，就促进经济、增加房屋供应和发挥人口潜能提出新措施。其中提出，政府将继续支持发展贸易、金融、航运、旅游、专业服务等主要产业，以及规模较小、新兴但有潜力的产业。《关于内地在广东与香港基本实现服务贸易自由化的协议》已于 2014 年 12 月 18 日签署，并于 2015 年 3 月 1 日实施。该协议所表述的广东省对香港施行的开放措施，开放的深度和阔度都超出以往的广东先行先试措施，这为新时期粤港澳经济发展中三地服务业的合作发展提供了重要的机遇。[③]

---

① 朱文彬：《广东保险业主动对接国家“一带一路”战略》，《上海证券报》2015 年 7 月 30 日。

② 朱文彬：《粤保险规模今年有望首次超越香港》，《上海证券报·中国证券网》2015 年 2 月 2 日。

③ 香港贸易发展局：《香港经贸概况》，《经贸研究》2015 年 2 月 3 日。

五 近年来澳门总体经济恢复发展

回归以后澳门特区政府确定了“以旅游博彩业为龙头、以服务业为主体，带动其他行业协调发展”的经济发展战略。自2004年起实施的《关于内地与澳门建立更紧密经贸关系的安排》（CEPA）及其十个补充协议对澳门经济发展的贡献突出。2014年4月特区政府贸促局从89个申请项目中筛选出有助于澳门经济适度多元发展、促进世界旅游休闲中心建设、凸显中葡商贸合作服务平台的作用。在广东中山翠亨新区：主要以合作发展教育、文创产业和游艇自由行项目，建立粤澳合作综合示范区，探索粤澳合作新渠道、新模式。在广州南沙新区：以成片开发模式建设澳门综合园区。在园区内引进澳门建设和管理标准，建设中葡经贸合作培训，院校、科研机构合作，高端旅游合作，养老综合设施，康复综合设施合作等产业。① 2014年澳门本地生产总值（GDP）达到4433亿澳门元，2014年澳门旅游业全年收入3515亿澳门元（约合440亿美元）。2014年澳门共接待入境旅客3152万人次，年增长幅度达7.5%。其中，来自内地的旅客超过2125万人次，按年增长14.1%。近年来澳门新增加的公司企业推动了商贸服务业的发展，如2014年澳门新成立公司5409家，资本总额达到18.4亿澳门元，其中批发及零售，酒店及饮食服务业新公司达到2147家，资本额达2.53亿澳门元。2014年澳门实现的贸易总额为998.7亿澳门元，比上年增长10.8%。澳门服务业中的会展业发展强劲。2014年澳门举办的展会总数量为1055项，对比上年增加25项。与2001年相比，增长了5倍。据澳门管理专业协会（MMA）2014年3月发布调查报告显示，从事与会展行业相关的企业约有300家。全世界最具权威的国际会议组织对于会展城市的评选中，澳门由2013年的34位上升到亚太城市第20位。而澳门博彩业占GDP的约80%，2014年全年博彩业的毛收入为3527亿澳门元，对比上年下降2.5%，2014年澳门实际的GDP总额比2013年下降0.4%。澳门经济发展面临

① 《澳门区域经济合作发展情况》，2014年12月4日，人民网（hm.people.com.cn/n/2014/1204/c391081-26148860.html）。

着巨大挑战，迫切需要产业转型，调整产业结构以实现澳门整体经济社会等的可持续发展。

六 粤港澳服务贸易自由化发展举世瞩目

粤港澳服务贸易自由化，是指以国际通行的自由贸易政策，在服务领域推动粤港澳三地打破境内境外的分割，促进服务和与服务有关的人、资本、货物、信息等要素自由地流动。这是粤港澳区域经济一体化发展的必然要求，也是推动粤港澳合作上更高水平、更高层次的发展战略。广东率先对港澳开放服务市场，开展粤港澳三地服务业合作，使港澳服务业与广东的现代制造业融合发展，大大拓宽港澳服务业发展空间和提高水平，有效提升港澳服务业的国际竞争力。①

2014 年 12 月 18 日，国家商务部代表中央政府分别与香港、澳门特区政府签订了 CEPA 关于内地在广东与港澳基本实现服务贸易自由化的协议。新签署的《协议》实施新的开放模式，主要以负面清单为主，绝大多数部门以准入前国民待遇加负面清单的开放方式予以推进，少数敏感部门继续采用正面清单的开放方式；而且开放部门多、水平高，开放部门将达到 153 个，涉及世界贸易组织服务贸易 160 个部门总数的 95.6%，其中 58 个部门拟完全实现国民待遇；今后内地与其他国家和地区签署的自由贸易协定中，优于 CEPA 的开放措施均适用于香港澳门。此外，内地各有关部门已会同广东省对香港澳门探索建立健全与负面清单管理模式相适应的相关配套制度，为广东与香港澳门基本实现服务贸易自由化提供制度保证。随着《协议》的签署，在世界贸易组织服务贸易部门分类中，广东省服务业对港澳开放广度将达到 95%。

广东、香港和澳门通过分阶段实施 CEPA，逐步基本实现服务贸易自由化。例如，近三年粤港服务贸易进出口总额一直维持年均增长在 20% 以上，2014 年同比增长 40%，达到 777.7 亿美元。广东已对港澳开放 149 个服务业门类，金融、旅游、司法、会计、检测等领域合作取得新突

---

① 赖伟行、李大林、翁淑贤：《粤港澳服贸自由化协议签订　南沙将开展人民币国际化试点》，《广州日报》2014 年 12 月 19 日。

破。前海、南沙、横琴是粤港澳合作的三大平台。其中，深圳前海的定位是重点发展金融业等，并作为金融领域创新的新高地。

国务院批出的前海22条先行先试政策，目前已经落实了17条，还有5条正在落实。2014年年底，粤港两地相关部门还签署了《粤港文化交流合作发展规划（2014—2018）》《粤港清洁生产合作协议》《粤港共建新型研发机构项目合作框架协议书》等合作协议，大力加强文化、节能、科研等领域的合作。据《南方日报》2015年9月10日资料显示，2015年上半年在广东省备案的香港服务提供者投资8.26亿元，粤港服务进出口总额达238亿美元。银行业方面，截至2015年7月，香港在粤设立营业性机构172家，实现了港资银行在广东省的全覆盖。证券业方面，全省已有7家证券公司、9家基金公司、3家期货公司、1家股权管理公司获准在港设立分支机构并开展业务；建筑方面，香港专业人士已有50名建筑师、76名造价工程师、2名监理工程师、13名房地产估价师在广东成功注册执业。法律方面，在广东设立的香港律师事务所代表机构有21家，81名香港居民在广东省成为内地执业律师。会计方面，36家香港会计师事务所申请来粤临时执业，临时执业的香港会计专业人士达746人。

七　新时期粤港澳服务业合作发展再思考

（一）加强“一带一路”建设，推动粤港澳服务业合作发展

2013年9月国家主席习近平访问哈萨克斯坦时提出了“新丝绸之路经济带”（覆盖了中国西部9个省区及中亚、西亚、高加索地区甚至南亚相关国家）的倡议；同年10月，习主席访问印度尼西亚时又倡议“建立21世纪海上丝绸之路”，这两个倡议合并简称为“一带一路”。随着内地特别是广东与香港澳门的各方面联系不断加深，内地经济形势和改革开放进度对香港澳门的发展无疑产生了举足轻重的影响。因此，香港和澳门应考虑到国家实施“一带一路”建设的实质是要求在新时期构建全方位对外开放格局、推动经济结构适时转型升级、实现稳定的可持续发展，这对于港澳地区同样有重要意义和作用。香港澳门要充分认识并主动把握“一带一路”带来的新的机遇和挑战，全面加强与广东在经济等领域的合作，以“一带一路”建设促进粤港澳整体经济特别是服务业的合作

发展。同时广东自贸区建设，对于加强和推进贸易发展方式转变，粤港澳三方共同加强与21世纪海上丝绸之路沿线国家和地区的贸易往来，开拓国际市场同样具有重要的意义和作用。

2015年11月18日国家主席习近平在菲律宾首都马尼拉会见出席亚太经合组织第二十三次领导人非正式会议的香港特别行政区行政长官梁振英时指出：中央政府充分肯定、全力支持行政长官和特别行政区政府的工作。希望特别行政区政府带领香港社会各界凝聚发展共识，着力发展经济、改善民生、促进和谐，抓住国家制定"十三五"规划、实施"一带一路"建设等带来的机遇，进一步谋划和推进香港长远发展。澳门特区行政长官崔世安在2016年财政年度施政报告中指出：在新的一年，特区政府将全力贯彻"以人为本、科学决策"的施政理念，把民生事务放在施政优先位置，加速建设房屋、社会保障体系、教育、医疗、人才培养长效机制。要把发挥自身独特优势与依托祖国坚强后盾结合起来，充分把握祖国新一轮发展机遇，不断深化粤澳合作和区域合作。这是新时期对澳门经济等新发展的新要求。

2015年3月28日，国家发改委、外交部、商务部联合发布《推动共建丝绸之路经济带和21世纪海上丝绸之路的愿景与行动》，首次明确提出要充分发挥深圳前海、广州南沙、珠海横琴、福建平潭等开放合作区作用，深化与港澳台合作，打造粤港澳大湾区。大湾区建设将成为粤港澳合作最大的亮点，有力推动内地与港澳更紧密合作。

（二）加强广东自贸区建设促推粤港澳服务业发展

《（CEPA）内地在广东与香港（澳门）基本实现服务贸易自由化的协议》（下称《协议》）和广东自贸区在2015年3月1日投入全面实施和运行。因此，粤港澳必将出现"服务贸易自由化：新常态、新商机"。一方面，广东自贸区将全面对接上海自贸区的做法和经验，结合广东特点进行创新并推进相关实施细则。这些重要的举措是在CEPA框架下参照国际标准制定的自由贸易新协议，开放的深度和广度都超出了以往的CEPA措施，无疑会促推内地与港澳合作进入一个新的合作发展新阶段。广东独有与港澳服务贸易自由化的试点政策，结合自由贸易试验区，探索内地行政审批和行政改革，也给港澳投资者提供最大便利、最优惠待遇，即中国与其他国家和地区签署的所有优惠都自动给予港澳。正如省长朱小丹指出的，自贸区挂牌后促进了新一轮合作，加快了粤港澳服务贸易自由化的进展。实际上，粤港澳服务贸易自由化和广东自贸区既有重叠又有区别，重叠的是对港澳全方位开放，区别则是自贸区还向全球投资者开放。因此，随着上述举措的全面实施，处于转型期的粤港澳合作也将进入新常态。特别是广东省近期提出全面实施创新驱动发展战略，这包括粤港澳未来的合作将包括以科技研发、高端服务业和先进制造业为重点的合作，涉及经济、文化、社会、民生等各方面的全方位合作。而且在新常态下，三地合作的重点正从珠江三角洲转向以推进珠三角合作为基础，同时要延伸到粤东、粤西和粤北地区，实现广东省全方位覆盖、多层次合作，促进粤港澳三地的全面合作与新发展。2015 年 4 月 8 日，国务院正式印发福建、广东自由贸易试验区总体方案。福建自贸区立足于深化两岸经济合作，辐射带动周边发展。广东自贸区立足于推动内地与港澳深度合作，通过促进加工贸易转型升级、打造区域发展综合服务区等，带动泛珠区域和内陆地区产业转型升级。泛珠区域内的两大自贸区辐射周边省区，带动泛珠区域合作向更高层次发展。

（三）高度认识粤港澳服务业合作发展的重要性，从行业自律到相关部门的监管等方面落实合作发展事宜，全面提升合作成效

在粤港澳服务业的合作发展中，有关行业的规范动作，包括行业约束（自律）的规纪必须进一步完善。而在粤港澳服务业旅游业的合作发展中这方面出现的问题尤其突出。如 2015 年 10 月底发生内地游客在香港身亡事件，旅行社强迫游客购物，以及出现“零团费”陷阱等，都成为迫切需要处理和妥善解决的重要问题。近期香港和澳门旅游业发展指标出现明显下降，不能不说是其中重要的影响因素。据相关资料显示，2015 年实际地区生产总值（GDP）比上年增长 2.4%。内需表现强劲，但以大陆为中心的出口表现低迷，低于过去 10 年 3.4% 的平均水平。由于出口低迷和游客人数下降等因素的影响，预计 2016 年的增长率将进一步下降。2015 年，澳门博彩业毛收入下跌逾三成。2015 年澳门本地生产总值实际收缩 20.3%。上半年经济按年下跌 22.8%，跌幅在下半年收窄至 17.7%，其中博彩服务产出大幅减少 33.4%，其他旅游服务产出下跌

11.6%。因此，新时期一方面除继续完善旅游业相关的行业自律外，相关部门还应当强化对于旅游业必要的旅游规纪监管，包括在市场经济充分发展条件下健全必要的行业机构，充实必要的高素质的监管队伍和人员，以便与旅游业快速发展要求相适应，促进粤港澳整体服务业的可持续发展。当然，在继续推进粤港澳旅游合作中要更加重视提高旅游业品质发展的同时，广东协同香港澳门可考虑向国务院提出，根据新形势发展新要求，适时扩大内地旅客赴港澳自由行的省份，如建议由现有的内地 49 个城市扩大到 59 个。

（四）继续创新开放型合作模式，促进香港澳门服务业的发展

2015 年上半年，广东与港澳服务进出口总额达到了 250 亿美元，广东自贸试验区的挂牌运作，并开展多项深化粤港澳合作的创新试点，吸引包括港澳在内的超过 1.9 万家企业落户自贸区，今年前七个月广东吸引港澳实际投资达到了 127.8 亿美元，同比增长了 22.8%。香港澳门的服务业发展最大优势在于高度开放性。香港是全球最繁忙的货柜港口；是全球最繁忙的货运机场；亚洲区内基金经理最集中的地方；也是亚洲最大的创业基金中心和亚洲区内长途电话通话量最多的地方。“服务业的发展支撑了香港作为国际大都会的繁荣。”香港服务业总产值占香港本地生产总值的比例已超过 93%，服务贸易出口总值位列全球前列。事实上，香港和澳门的服务业发展实力雄厚，具有世界水平，具有按国际惯例运作和在国际市场上开展各类贸易、金融、会计、法律和其他专业服务的知识和经验，2014 年 1 月国家司法部同意在广东省开展内地律师事务所与港澳律师事务所合伙联营试点。香港澳门公司中英双语并行的语言和文字条件，使它比其他国际专业服务公司更容易进入内地市场，并提高更实际的服务。自 2004 年实施的 CEPA 中一开始就有服务业的内容，随后每一年的补充协议都有服务业的部分。目前，仅香港的 11 个主要专业团体所代表的专业人士当中，至少有 5 个在内地的业务量超过香港的业务量。[①]广东省省长朱小丹在 2015 年的报告中指出：要大力发展现代服务业。加

① 梁振英：《离岸人民币业务为香港专业服务业带来无限机遇》，2013 年 5 月 24 日，新华网（www. xinhuanet. com）。

快省级现代服务业集聚区建设，抓好广州、深圳国家服务业综合改革试点，要以自由贸易试验区建设为引领，认真落实自贸区战略，积极参与"一带一路"建设，深化粤港澳台侨更紧密合作。随着 CEPA 各项协议的实施和内地开放政策的全面落实，香港澳门服务业在内地得到持续发展是可能的。

（五）继续实施《规划纲要》和 CEPA，促服务业持续发展

《珠江三角洲地区改革发展规划纲要（2008—2020 年）》提出，珠三角要"建设与港澳地区错位发展的国际航运、物流、贸易、会展、旅游和创新中心"，"支持粤港澳合作发展服务业，巩固香港作为国际金融、贸易、航运、物流、高增值服务中心的地位。支持澳门建设国际商贸服务平台，发展世界旅游休闲中心，全面提升服务业发展水平"。随着内地与香港、内地与澳门关于建立更紧密经贸关系的安排补充协议十的签署，整个 CEPA 包括《补充协议十》在内，港澳在服务贸易开放措施，内地在法律、建筑、计算机、房地产等众多个原有领域将会进一步开放，并首次允许香港殡葬业者在内地以独资或合资等方式投资，经营除具有火化功能的殡仪馆以外的殡仪悼念和骨灰安葬的业务。金融合作方面，内地将研究两地基金产品互认；支持符合资格的香港保险业者参与经营内地交通事故责任强制保险业务；对香港保险业者提出的申请，将根据有关规定考虑并提供便利。贸易投资便利化方面，两地将进一步加强商品检验检疫、食品安全、质量标准和知识产权保护领域的合作。例如，已有 65 项服务贸易开放措施及 8 项加强两地金融合作和便利贸易投资的措施；其中有 15 项在广东先行先试，主要集中在金融、法律、检测认证、通信等服务贸易领域。这些措施自 2014 年 1 月 1 日生效以来大大促进了香港澳门服务业的可持续发展。今后，随着大力发展服务业并以此作为产业结构优化升级的战略重点的实施，香港和澳门的服务业将取得更快发展，而 CEPA 的多项措施以广东省为试点，先行先试，这为国家引进香港澳门的服务业提供了实验场地。通过持续实施 CEPA 香港和澳门的服务业更方便进入内地市场，也有利于提升国家整体服务业的发展水平。通过继续实施 CEPA 基本实现内地与香港澳门服务贸易自由化，必将为香港澳门的服务业特别是整体经济持续发展起到重要的作用。

新形势下深化粤港澳合作的三大战略机遇

左连村*

“一带一路”建设、发展自由贸易区和创新驱动战略是新形势下我国实施的三大发展规划，也是粤港澳深度合作面临的三大历史机遇。如何抓住机遇深化粤港澳合作推动粤港澳湾区的发展，是一个值得深入探讨的问题。

一　借助国家推进“一带一路”建设的战略机遇，促进粤港澳合作开放发展

2015 年 3 月 28 日，国家发改委新发布的《推动共建丝绸之路经济带和 21 世纪海上丝绸之路的愿景与行动》规划文件中提出，推进“一带一路”建设，中国将充分发挥国内各地区比较优势，实行更加积极主动的开放战略，加强东中西互动合作，全面提升开放型经济水平。规划文件明确了沿海和港澳台地区的定位，特别强调粤港澳合作。提出要充分发挥深圳前海、广州南沙、珠海横琴、福建平潭等开放合作区作用，深化与港澳台合作，打造粤港澳大湾区。发挥海外侨胞以及香港、澳门特别行政区独特优势作用，积极参与和助力“一带一路”建设。成为“一带

* 左连村，广东外语外贸大学教授。

一路”特别是21世纪海上丝绸之路建设的排头兵和主力军。这是在“一带一路”建设规划中对粤港澳区域合作的新定位。

当前，在中国的涉外经济发展中，对外投资规模已经超越外商直接投资规模，即走出去的资金总量已经大于引进来的资金总量，中国已成为对外投资的资本净输出国。这不仅标志着中国开始从贸易大国走向贸易强国，也说明国家已经全面实施投资拉动战略，必将对中国的生产、产品销售和服务业的发展带来明显推动。而“一带一路”建设的实施，则是提供了中国经济走出去的战略平台。粤港澳地区作为海上丝绸之路的重要枢纽，在国家实施和推动“一带一路”建设中担负着重要的历史使命。粤港澳三地应努力发挥原有优势，创造并形成国际合作竞争新优势，助推“一带一路”建设的顺利实施。

长期以来，香港、澳门一直是我国特别是广东扩大开放的窗口、桥梁和纽带，在国家改革开放中发挥着十分重要的作用。近年来，广东和港澳的进出口贸易额占了广东全省进出口总额的60%；来源于港澳的投资占了全省外商在广东投资总额的60%；广东的企业联合港澳企业“走出去”投资占了全省对外投资的60%以上，这三个60%充分说明了港澳地区与广东紧密合作的重要地位和作用。但粤港澳企业联合推进与“一带一路”沿线国家的合作只是刚刚起步，还有许多事情要做。粤港澳应借助国家大力推进“一带一路”建设的战略机遇，结合“一带一路”沿线不同国家的经济发展水平和不同市场需求，通过粤港澳深度合作，集中力量，发挥合作优势，积极走出去，发展并推进与海上丝绸之路沿线国家的合作，在扩大开放中加快粤港澳深度合作的进程。重点领域应包括：

（1）积极扩大粤港澳地区与“一带一路”沿线国家之间的贸易，包括扩大向这些国家出口粤港澳地区具有竞争力的商品（如制造业产品），也包括进口这些国家具有竞争力的商品（如农矿产品）等。在扩大贸易合作的过程中，应注重开发和应用包括跨境电商在内的国际贸易领域的新业态和新途径。

（2）扩大对“一带一路”沿线国家的投资，特别是基础设施领域的投资，包括电力设施、交通运输等领域基础设施的投资、维护及经营。设立粤港澳工业园区，实施投资拉动战略。发挥粤港澳地区制造业优势，进行产业投资集聚发展，形成制造业产业链。通过对外投资，一方面拉动粤港澳地区的出口，同时占领更多国际市场份额，以获取更大更稳定的贸易投资收益，有效地拉动国内经济的发展。

（3）加强与“一带一路”沿线国家在服务业领域的合作，促进服务贸易的发展。服务业合作领域范围广泛，粤港澳应优先联合推动包括金融业、文化产业、体育产业、教育培训、卫生医疗等领域的合作，同时加强粤港澳科研机构与“一带一路”沿线国家的交流与合作，努力推进粤港澳与这些国家在服务贸易领域的发展。

（4）粤港澳联合走出去与“一带一路”沿线国家进行第一产业的合作。“一带一路”沿线国家大部分经济还不十分发达，但农林牧渔都有一定的发展基础，大力发展现代农业有一定的市场需求。在第一产业发展领域，港澳不具有优势，但广东已经积累丰富的发展现代农业的基本经验。借助港澳的资金和信息以及广东的实践，可以联合开展对“一带一路”沿线国家第一产业的投资，比如在这些国家设立粤港澳现代农业园区，以及粤港澳渔业经济发展带等。通过与东道国的合作吸取好的经验和做法，推动广东农业的现代化建设，同时也拉动粤港澳地区服务业的发展。同时也要加强在矿产资源领域的合作开发，推动矿产资源的贸易交流。

（5）加强科技、信息与能源等领域的投资合作。在科技领域，可以建立不同的粤港澳科技园区，吸引世界各国的科技企业进入，促进科技的创新发展，进而有利于拉动国内的创新驱动战略。在能源领域，应加强与“一带一路”沿线国家在清洁能源与可再生能源的合作与信息交流，探讨粤港澳与“一带一路”沿线国家在绿色经济领域合作的范围和方向。在信息领域，应加强与“一带一路”沿线国家在信息产业领域的合作。粤港澳联合走出去进行科技领域的投资，对服务贸易大发展也将起到积极的促进作用。

二　借助国家加快自由贸易区建设的战略机遇，促进粤港澳深度融合发展

粤港澳与“一带一路”沿线国家之间的贸易、投资与经济合作有着

良好的基础和条件。“一带一路”建设的实施，为粤港澳的扩大开放提供了难得的发展机遇。但是，粤港澳要能很好地抓住这个机遇进行开放发展，还需要进行区域经济的深度融合，增强区域经济实力，为此，国家提出建立粤港澳湾区的发展定位，为粤港澳的融合发展提出了方向，从而使粤港澳更好地助推“一带一路”建设的实施。而广东自由贸易区的设立则为粤港澳湾区的建设提供了合作平台。国家发展自由贸易区的战略为粤港澳深度融合作发展带来了又一个发展机遇。

实施自由贸易区发展战略是从国家发展的战略高度，培育中国面向全球的竞争新优势，拓展经济增长新空间，打造中国经济升级版的重要举措。继 2013 年 8 月上海自贸区挂牌成立后，2015 年 5 月国务院又批准在广东、天津、福建特定区域再设三个自由贸易园区。广东自由贸易区的战略定位是依托港澳、服务内地、面向世界，将自贸试验区建设成粤港澳深度合作示范区、21 世纪海上丝绸之路重要枢纽和全国新一轮改革开放先行地。这一定位把建设广东自由贸易区和粤港澳合作、“一带一路”建设的实施以及内地改革开放紧密联系在一起。

根据总体方案，广东自由贸易区的三个片区按区域布局进行了功能划分。深圳前海蛇口片区重点发展金融、现代物流、信息服务、科技服务等战略性新兴服务业，建设我国金融业对外开放试验示范窗口、世界服务贸易重要基地和国际性枢纽港；广州南沙新区片区重点发展航运物流、特色金融、国际商贸、高端制造等产业，建设以生产性服务业为主导的现代产业新高地和具有世界先进水平的综合服务枢纽；珠海横琴新区片区重点发展旅游休闲健康、商务金融服务、文化科教和高新技术等产业，建设文化教育开放先导区和国际商务服务休闲旅游基地，打造促进澳门经济适度多元发展新载体。但无论功能划分有怎样的区别，广东自由贸易区三个片区发展的指导思想、战略定位和发展目标都是相同的，其发展目标之一就是要实现粤港澳深度合作。主要任务和措施中相当大的部分内容都是要通过深化粤港澳合作来实现。因此广东自由贸易区的设立对继续深化粤港澳合作是一个战略性发展机遇。当然，粤港澳合作的内容不仅要考虑广东发展的需要，也要关注香港澳门的发展，主动配合香港和澳门的产业发展与城市转型，利用好香港澳门的国际经贸关系与人才，共同建设粤港澳湾区经济，支持和助力“一带一路”建设的实施。

广东自由贸易区的发展规划，除了南沙新区片区规划发展高端制造产业之外，几个片区基本上是以服务业的合作发展为主要内容。因此方案提出的主要任务和措施就是要建设国际化、市场化、法治化营商环境；深入推进粤港澳服务贸易自由化；强化国际贸易功能集成；深化金融领域开放创新等。从具体发展领域来看，要以推进粤港澳服务贸易自由化为主要目标展开，服务贸易自由化是广东自由贸易区推动粤港澳深度合作的关键与核心点。

2015 年 11 月 27 日《内地与香港 CEPA 服务贸易协议》签署，并于 2016 年 6 月 1 日起正式实施。该协议确定了内地对香港开放服务部门将达到 153 个，涉及世界贸易组织 160 个服务部门的 95.6%，其中 62 个部门实现国民待遇。使用负面清单的领域，限制性措施仅 120 项，且其中的 28 项限制性措施进一步放宽了准入条件。跨境服务、文化、电信等使用正面清单的领域，新增开放措施 28 项。内地全境给予香港最惠待遇，即今后内地与其他国家和地区签署的自由贸易协定中，只要有优于 CEPA 的措施均将适用于香港。进一步建立健全与负面清单模式相适应的配套管理制度，除了协议保留的限制性措施及电信、文化领域的公司，金融机构的设立及变更外，香港服务提供者在内地投资协议开放的服务贸易领域，其公司设立及变更的合同、章程审批改为备案管理，以更加便利香港业者进入内地市场。

2015 年 11 月 28 日《〈内地与澳门关于建立更紧密经贸关系的安排〉服务贸易协议》在澳门签署，并于 2016 年 6 月 1 日起正式实施。该协议确定了内地将对澳门开放 153 个服务贸易部门，占世贸组织服务贸易分类标准的 95.6%。该协议中实行国民待遇的服务领域有 62 个，其中新开放服务领域有 4 个，包括兽医服务、客运服务、公路运输的支持服务及体育服务。澳门服务提供者可通过商业存在的形式进入内地市场，享受与内地企业同样的市场准入条件。

内地与香港澳门 CEPA 服务贸易协议是内地全境以准入前国民待遇加负面清单方式全面开放服务贸易领域的自由贸易协议，标志着内地全境与香港澳门基本实现服务贸易自由化。按照世贸组织标准，已达至三地服务贸易自由化，完成了国家提出的“十二五”规划末期实现内地与港澳基本实现服务贸易自由化的目标。

然而从另一个方面看，虽然目前在形式上内地与港澳服务贸易自由化已经基本实现，但实际上是否达到真正自由化的目标要求还是值得讨论的问题。WTO将全世界的服务部门分为12个部门160个分部门，按照WTO关于服务贸易条款的要求，从数量上看内地对港澳地区已经开放的有153个服务部门，已经占WTO所列部门的95.6%，但这里有一个开放的质量问题是不能忽视的。由于内地开放措施在具体实施过程中还存在一定障碍，真正的粤港澳服务贸易自由化程度还没有达到形式上开放的高度。我国人民币虽然经过国际货币基金组织的同意从2016年10月1日起可以自由使用，但还没有实现自由兑换，资金还没有完全实现自由流动，何来服务贸易自由化？其他包括人员流动、物资流动、机构流动、信息流动等也都受到了明显限制，即使已经开放的部门也还存在一个落实问题。因此说内地以及广东与港澳已经基本实现服务贸易自由化还有一个程度的把握问题，应当说这是一个需要继续努力才能真正实现的目标。

国务院批准的广东自由贸易试验区的发展目标是，经过三年至五年改革试验，营造国际化、市场化、法治化营商环境，构建开放型经济新体制，实现粤港澳深度合作，形成国际经济合作竞争新优势，力争建成符合国际高标准的法制环境规范、投资贸易便利、辐射带动功能突出、监管安全高效的自由贸易园区。这其中提出的实现粤港澳深度合作是对粤港澳合作的新要求。建设广东自由贸易区必须要实现粤港澳深度合作，或者说要充分利用国家发展自由贸易区的战略机遇，按照国家对广东自由贸易区的发展定位要求，推进粤港澳深度合作。这里，如何认识深度合作的目标定位也是值得把握的问题。由于香港、澳门属于独立关税领土地区，在合作发展过程中各自的主体地位十分清晰，因此深度合作应是在“一国两制”方针政策指引下的融合发展，即做到你中有我，我中有你，在经济上实现一体化发展。然而在推进粤港澳深度合作的过程中，往往会忽视两制的区别，忽视你就是你，我就是我的客观实际，这就是有些时候总是喊口号而没有成效的原因。粤港澳经济一体化的深度合作发展要具有市场化的基础、国际化的标准、优化的法制环境以及开放性的体制机制，并体现在合作发展的各个领域和环节。

三 借助国家实行创新驱动发展的战略机遇，促进粤港澳合作创新发展

如何通过广东自由贸易区的建设实现粤港澳的深度合作，打造粤港澳大湾区经济，是粤港澳合作的新课题。经过改革开放几十年的发展，粤港澳合作已经有了很好的基础，但既往的合作是在国际产业链条的低端进行的。要实现粤港澳合作的深度融合发展，就不能在原来水平上重复，或者说不能在原来低水平层次上进行重新排列组合。必须通过创新发展，才能实现合作的突破。这种合作的内在要求与国家创新驱动发展战略是相融合的。我国的经济经过改革开放几十年的发展，国内经济增长已经开始从原来的高速增长走向中高速增长，这使中国跨越中等收入陷阱面临极大挑战，亟须通过创新驱动实现经济转型。因此国务院对设立广东自由贸易区的指导思想就是，紧紧围绕国家战略，进一步解放思想，先行先试，以开放促改革、促发展，以制度创新为核心，促进内地与港澳经济深度合作，为全面深化改革和扩大开放探索新途径、积累新经验，发挥示范带动、服务全国的积极作用。这里提出的创新发展的总体指导思想是极其重要的，是与国家创新驱动发展战略相一致的。

创新是实现经济、社会可持续健康发展的重要途径，这是被世界各国的发展历史证明了的通识道理。广东自由贸易区的建设，为粤港澳深度合作提供了创新平台，这里有着良好的创新环境和广阔的创新空间，这是国家创新驱动发展的要求，也是国家创新驱动发展战略的组成部分。应借助国家创新驱动发展战略的机遇，推进粤港澳的合作创新，这也是粤港澳深度融合发展的核心动力。中国共产党第十八届中央委员会第五次全体会议通过的《中共中央关于制定国民经济和社会发展第十三个五年规划的建议》中提出的创新、协调、绿色、开放、共享的五大发展理念中，明确指出创新发展是发展的核心。

粤港澳合作创新应以自由贸易区为平台全方位展开，包括制度创新，思想观念创新，管理创新，商业模式创新以及科技创新等。从目前来看，创新的核心在于科技创新。从某种意义来说，只要我们不断解放思想，在体制机制和管理方面的创新是比较容易实现的，但科技创新则是不确

定的，或者说是最难突破的。合作推动科技创新最重要的是要增强自主创新能力，因此必须坚持把自主创新作为合作创新的基点。实践证明，在关系国民经济命脉和国家安全的关键领域，真正的核心技术和关键技术别人是不会给的，也是金钱买不到的，只能靠我们自己创新发展。粤港澳合作创新一定要突破长期以来的合作模式、克服拿来主义。有些做法在过去看来是经验，在现在看来就可能是制约。因此，我们应坚定不移地走中国特色自主创新道路，大力推进原始创新、集成创新和引进消化吸收再创新，掌握关键技术，拥有自主知识产权，不断增强自主创新能力，加快创新驱动发展步伐。

在科技创新方面，粤港澳拥有不少领先经验，合作创新也取得一定成效。但也存在科研创新人才不足，科研水平相对较弱、合作创新动力不强以及创新环境不够优化的问题，而且实现科技创新的快速突破也与其他影响因素紧密联系。因此还需要在观念、制度、人才及管理等许多方面进行创新发展，整合各自创新优势，形成粤港澳融合创新体系，完善合作创新的机制和体制，增强合作创新的持续性动力，真正使自贸区成为改革开放排头兵和创新发展先行者，成为粤港澳湾区经济发展的创新平台。

以上分析的我国实施的三大发展战略，为粤港澳深度合作带来三大发展机遇，这些机遇是相互联系在一起的。“一带一路”建设有利于粤港澳的开放发展，但又需要通过自由贸易区强化粤港澳的深度融合来推动，而以自由贸易区为平台的粤港澳深度融合也不能重复过去的故事，必须通过创新驱动来提升。因此从根本上来讲，创新驱动是实现粤港澳深度融合发展的根本途径和动力，这与国家创新驱动发展战略相一致，也是国家创新驱动发展战略的基本要求。

香港澳门世界旅游休闲中心竞争力评价及提升路径

陈章喜*

一 引言

随着科学技术的进步、收入和闲暇时间的增多，越来越多的人将对物质生活的追求转向对精神享受的追求，也将越来越多的时间和收入花费在旅游、娱乐、运动等各种休闲项目中，人们越来越多地青睐于高品质的休闲旅游，而国际旅游休闲中心正是经济社会不断发展和人民生活水平不断提高的产物。根据美国学者的权威预测，2015 年前后主要发达国家将相继进入“休闲时代”，发展中国家也将紧随其后。以娱乐、旅游、体育健身、文化传播等为主的休闲产业将在 2015 年左右主导世界劳务市场，并在世界 GDP 总额中占有一半份额，成为世界的支柱性产业。国际旅游休闲问题研究专家冉斌（2004）指出休闲与旅游的结合是实现产业资源配置的一种最佳形式，让旅游业的发展适应休闲时代的需求，是中国经济发展面临的一个新的战略任务。

香港是世界旅游休闲中心的重要组成部分。香港凭借其完善的航运交通运输体系，优质的餐饮及酒店服务、独特的文化、宽松适度的入境政策、雄厚的经济实力和浓厚的旅游业综合发展意识，成为国际上重要

* 陈章喜，暨南大学特区港澳经济研究所。

的休闲旅游目的地。自 1997 年香港回归祖国后，中央政府对香港实行"一国两制"的特殊政策，尤其是"自由行"政策的推行，为香港国际休闲旅游中心发展注入了新的活力，带来了新的发展机遇。与此同时，为了顺应时代的发展潮流，把握社会发展的新趋势，国家根据澳门经济运行特点，出台了一系列政策推动澳门建设国际旅游休闲中心。2008 年，国家发改委发布的《珠江三角洲地区改革发展规划纲要》，首次把澳门定位为世界旅游休闲中心；2010 年 11 月，时任国务院总理的温家宝提出"支持澳门建设世界旅游休闲中心"；2011 年，国家"十二五"规划和《粤澳框架合作协议》均明确提出"支持澳门构建世界旅游休闲中心，促进经济适度多元化发展"，所有这些政策均将澳门特别行政区国际旅游休闲中心的建设融入国家发展战略中。

目前，国外对旅游休闲中心竞争力的研究，基本集中在对旅游目的地竞争力评价指标研究方面。Metin 在研究旅游者满意度、旅游经历以及重游意愿之间关系的过程中发现，游客的旅游经历与满意度是影响旅游中心竞争力的重要因素；Ritchie 等根据旅游中心竞争力的 36 个部分，构建了一套融合了主观评价指标和客观评价指标的综合指标体系；Larry 等通过对韩国和澳大利亚的旅游产业相关利益者进行调查研究，提出了定义旅游目的地竞争力的决定因素和评价指标；Sanja 阐述了现代旅游竞争力的评价指标体系构建中，需要考虑人力资源、信息技术、政策等要素。国内对旅游休闲中心竞争力的研究，主要集中在旅游目的地国际竞争力、旅游目的地竞争力研究两方面。根据现有的研究文献，不难发现，目前国内外理论界关于旅游休闲中心竞争力的研究文献甚少，且主要集中在旅游目的地竞争力评价体系分析方面，对香港、澳门旅游休闲中心竞争力的研究文献甚少。基于此，本文对香港、澳门世界旅游休闲中心的竞争力展开评价与分析。

二 香港澳门世界旅游休闲中心发展描述

（一）世界旅游休闲中心发展的一般特征

1. 市场规模较大

从世界著名旅游休闲中心的发展情况来看，世界旅游休闲中心均具备了一定的市场规模特征。美国拉斯维加斯面积 340 平方公里，人口 210 万，以博彩业发展为契机逐步成为世界旅游休闲中心，根据 LVCVA（Las Vegas Convention and Visitors Authority）统计，拉斯维加斯作为现代化的沙漠城市，每年到访的游客 4000 万人次左右，博彩收入约为 172.11 亿美元（2014）。意大利威尼斯面积不到 7.8 平方公里，每年接待的游客超过 1500 万人次，旅游总收入超过 126 亿欧元。

2. 国际化程度较高

世界旅游休闲中心均具备国际化程度高的特点。首先是客源结构国际化。世界旅游休闲中心一般都具有较大的开放度，通常是以国际游客为目标市场，国际游客在游客总数中占有较高的比例，国际旅游收入在旅游总收入所占的比例也较高。2014 年拉斯维加斯吸引了 4112.65 万游客，其中超过 20% 的游客来自国际。2014 年香港接待国际入境游客 884 万人次，外国入境游客占入境游客总量的 14.5%。其次是较高的国际知名度。目前世界旅游休闲中心国际知名度均较高，总体形象和旅游资源具有鲜明的个性，对游客具有较强的吸引力。

3. 旅游基础设施完善

世界旅游休闲中心都具备完善的旅游基础设施的特征。“食、住、行、游、购、娱”是休闲旅游的六大要素，世界旅游休闲中心具备旅游饭店、旅游宾馆、旅游交通、旅游景区点、旅游购物街、旅游娱乐消遣等主要的旅游休闲设施，而且还拥有相应数量和高质量配套服务的旅游咨询服务中心、旅行代理商、旅游集散中心站、停车场等旅游公共服务基础设施。除此以外，世界旅游休闲中心还拥有高素质的旅游服务人才。例如，拉斯维加斯虽然位于美国西部荒凉的沙漠腹地，然而却拥有全世界最为奢华的酒店、赌场和餐厅。

4. 旅游休闲资源丰富独特

世界旅游休闲中心具备丰富多彩且有自身特色的旅游休闲资源。包括一定的旅游休闲场所及能满足游客多样性需求的旅游休闲产品，如观光游览、娱乐消遣、文化体验、养生度假旅游休闲等项目。美国拉斯维加斯形成了以赌博业为中心的庞大旅游、购物、度假产业资源；意大利的威尼斯是世界著名的水上城市，其特有的水上生活情趣吸引着来自世界各地的游客，118 个岛屿被纵横交错的 177 条运河和 400 多座桥梁连成一个城市整体，有“因水而生，因水而美，因水而兴”的美誉。作为独一无二的水上城市，威尼斯旅游休闲资源丰富，城内古迹众多，有各式教堂、钟楼、男女修道院、博物馆和宫殿450余座，除此以外还有四通八达的独特的水道，无可替代的风景和丰富的艺术宝藏。

（二）香港世界旅游休闲中心发展现状

1. 市场规模

中国香港面积约为1104平方公里，人口726万，根据香港统计年刊数据分析，2012年，香港接待国际入境游客105.3万人次，其中外国入境游客占入境游客总量的22.1%，国际旅游收入为433.40亿元，占旅游总收入比重的18.18%；接待国内入境游客3788.3万人次，来自国内的旅游收入为1860.41亿元。据香港旅游发展局公布的统计数据，2014年访港旅客达6083.88万人次，接待国际入境游客884万人次，外国入境游客占入境游客总量的14.5%，接待国内入境游客4724.77万人次，占入境游客总量的77.66%。

2. 国际化程度

中国香港作为国际化大都市，是粤港澳旅游休闲大湾区的重要组成区域，是世界各国游客进入内地的桥梁和窗口，也是亚太地区乃至国际重要的经济、金融、会展、服务业、航运和贸易中心。被冠以“东方之珠”“美食天堂”和“购物天堂”等美誉。

3. 旅游基础设施

香港拥有完善的公共交通网络，车辆24小时川流不息，其地下铁路、海底隧道几乎都是世界最繁忙的交通网络之一。作为名扬海内外的国际旅游休闲中心和亚太地区的交通和旅游中心，公共交通运输网几乎伸展到香港的每一个角落，航运业和航空业也非常发达，目前，香港已与200个国家和地区的472个港口有航运往来，形成了以香港为枢纽，航线通达五大洲、三大洋的完善的海上运输网络，香港国际机场是全球最繁忙的机场之一，2011年的国际客运量位列世界第三。

4. 旅游休闲资源

除此之外，香港还拥有发达的商品零售网络；本地佳肴美食结合中西饮食文化精粹；景色怡人的郊野和独特的文化遗产，如各具特色的宗教建筑，以及寺庙、围村、祠堂、殖民地建筑等法定古迹。香港拥有一流的旅游休闲服务水平，2012 年年末，全市有星级酒店 211 家，其中甲级高价酒店 34 家；2011 年，住宿服务机构多达 943 家，各种餐饮及酒楼有 14532 家，零售商店有 53094 家。

（三）澳门世界旅游休闲中心发展特征

1. 市场规模

澳门以博彩旅游业闻名于世，是世界三大赌城之一，拥有“东方拉斯维加斯”的美誉。但澳门“赌城”负面形象深入人心，博彩业“一业独大”的局面制约着澳门旅游休闲业的发展，近年来博彩收入占澳门 GDP 的 87.52%。2014 年，澳门博彩毛收入 3527.14 亿澳门元，澳门本地生产总值 4432.98 亿澳门元，博彩收入占澳门本地生产总值的 80%。

2. 旅游基础设施

澳门的旅游基础设施比较完备，拥有比较发达的海陆空交通运输条件，游客可从三个边检站进入澳门，目前正在修建的珠港澳大桥预计 2017 年通车，将为游客提供更便捷的入境方式设施。根据澳门统计暨普查局的数据分析，2014 年，入境航班数为 31655 班次，客运船班 69518 次，陆路、海路、空路入境的人数分别为 17.39、12.08、2.06 百万人次，2014 年陆路、海路、空路入境游客比例分别为 55.16%、38.31% 和 6.52%，由此可以看出，陆路是游客入境的主要方式。通信、信息等相关配套基础设施也比较完善，截止到 2013 年，澳门可与 251 个国家和地区通电话；拥有高级的旅游服务水平，截止到 2014 年年末，澳门特别行政区共有星级酒店 66 家，其中高级酒店（四星级酒店和五星级酒店）就有 41 家，客房数高达 2.78 万间，其中高级酒店的客房数占 86.33%，旅行社有 211 家。但澳门土地面积狭小，包括填海造陆的面积仅有 32.8 平方公里。

3. 旅游休闲资源

旅游休闲资源丰富，博彩旅游业作为其支柱产业之一，不仅规模大、管理质量优，而且服务水平高，2013 年博彩税收占澳门税收和政府公共收入分别为 97.44%、76.38%；澳门有着四百多年中西文化交流的悠久历史，形成独特的文化，在艺术、建筑、风俗习惯、饮食、节庆活动等方面表现出中西交融的文化气息，澳门历史城区在2005年被列入《世界文化遗产名录》，成为中国第31处世界遗产；澳门会展业实现了跨越式的发展，2014年举办了793次会议会展，与会人次超过258.59万，2010年以来与会人次年平均增长率高达158.10%，澳门在发展会展业方面具有巨大的潜力；而且澳门还是名副其实的购物天堂，既有价廉物美的中低档商场，更有世界顶级奢侈品牌聚集的名店街，截止到2014年年底，旅客人均旅游消费中（不包括博彩消费），购物消费所占的比重为48.7%，物美价廉的优势，吸引着各地的游客纷纷前往购物。但是，澳门旅游休闲资源不被世人所知，大部分游客并不知道澳门的历史建筑、中西融合的文化和饮食；澳门旅游人力资源不足，根据澳门经济学会、澳门社科学会等近年来所做的关于澳门人力资源调查报告，澳门的人力资源处于极其短缺的状态，截止到2013年年底，澳门旅游产业从业人员总数为20.92万人，但仅有4.81万人拥有高等学历，即旅游业从业人员中，含高等学历的人员不足23%。

4. 国际化程度

在客源结构方面，澳门客源结构没有显示出国际化的特征，从图1可以明显地看出，中国大陆是澳门主要客源市场，截止到2013年，中国

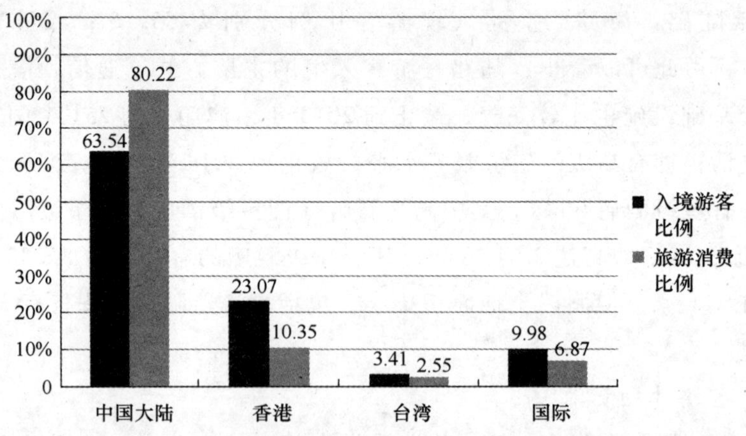

图1　各地区人境游客及旅游消费占人境游客和旅游总消费百分比柱形图

注：旅游收入 = 游客人均消费 × 入境人次；国际数值 = 总数值 − 中国大陆数值 − 香港数值 − 台湾数值。

资料来源：澳门统计暨普查局网站。

大陆访澳游客达 1863.2 万人次，占澳门入境游客总人次的 63.54%，中国大陆旅游消费为 477.54 澳门元，占入境旅游总消费的 80.22%。2014 年，中国大陆访澳游客达 2100 万人次，占澳门入境游客总人次的 67%。

三　香港澳门世界旅游休闲中心竞争力评价

（一）评价指标选择

这里在前人研究的基础上，依照上述原则，根据影响旅游休闲中心国际竞争力的相关因素及其内在关系，将旅游休闲中心国际竞争力评价基本层次归纳为国际旅游业绩 B1、休闲旅游资源 B2、休闲旅游基础设施 B3、人力资源 B4 以及支持政策 B5 五个方面。国际旅游业绩可以从国际旅游者入境人数 C1、国际旅游收入 C2、逗留时间 C3（指过夜游客平均逗留时间）三个方面去考察；休闲旅游资源可以从土地面积 C4、娱乐资源 C5（指娱乐总消费）、观光资源 C6（指观光总消费）、购物资源 C7（指购物总消费）、会展资源 C8 五个方面去评价和分析；休闲旅游基础设施通过对外交通 C9、餐饮场所 C10、住宿场所 C11、旅行社总数 C12 四个方面去评估；人力资源主要从在校大学生人数 C13 和旅游业从业人员数 C14 两个方面考察；支持政策则是从旅游国际政策 C15 方面分析。再将第二层的住宿场所具体细分为评价指标层（D1——客房总量，D2——高级酒店客房总量），共 5 个综合指标，15 个单项指标和 16 个原始指标，具体层次结构模型如图 2 所示。

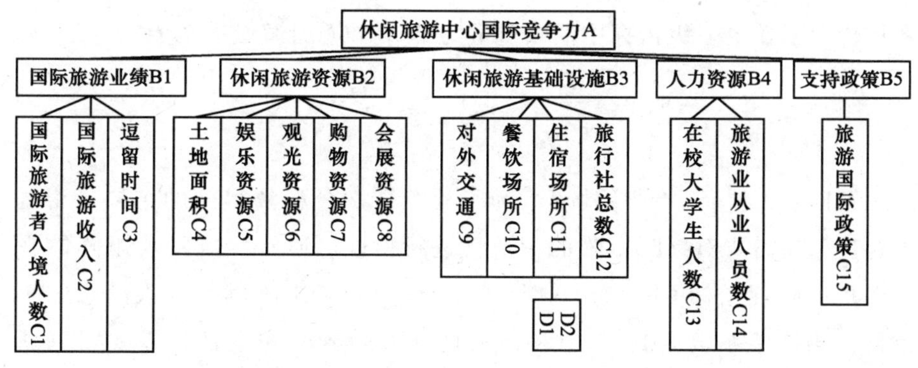

图 2　休闲旅游中心国际竞争力评价指标层次结构模型图

（二）分析方法

运用层次分析法（AHP）和专家函询调查法，并借助计算机进行指标权重的确定，具体操作步骤如下。

第一步，向有关专家发放征询问卷，根据相关专家征询结果，确定评价因子的相对重要性，按照1—9比例标度法得出相应评价指标的标定值（即评价因子之间重要性比较标定值），如表1所示。

表1　　因子相对重要性标定值

两因子相对重要性比较	极其重要	重要得多	明显重要	稍显重要	同等重要	稍不重要	不重要	很不重要	极不重要
标定值	9	7	5	3	1	1/3	1/5	1/7	1/9

第二步，根据层次结构模型，通过对相应层次中各因子之间的相对重要性做出比较判断（即对于上一层次某一准则而言，在其下一层次中所有与之相关的元素中依次两两比较），构成两两比较的判断矩阵，并采用表1的规则进行判断评分，从而构造出各因子间相对重要性的标定值判断矩阵。

第三步，计算判断矩阵的最大特征根 T_i，计算公式为：

$$T_i = \sqrt[n]{\prod_{k=1}^{n} X_{ik} \cdot K} \quad (i=1, 2, \cdots, n; k=1, 2, \cdots, n)$$

上式中，X为评价因子，n为评价因子的个数，K为Xik的数目。则各评价因子在上一级指标中的权重值为Wi，权重计算公式为：

$$W_i = \frac{T_i}{\sum_{i=1}^{n} T_i} \quad (i=1, 2, \cdots, n)$$

第四步，进行一致性检验。为了检验层次分析法得到的结果是否基本合理，还需要对判断矩阵的一致性进行检验。通常，当判断矩阵的平均随机一致性指标 CR<0.10时，本文认为判断矩阵具有令人满意的一致性；当检验系数 CR≥0.1时，不具令人满意的一致性，需要对判断矩阵进行调整，直到出现令人满意的一致性为止，最后得到确定的指标

权重（如表2）。

表2　　旅游休闲中心国际竞争力指标权重

<table>
<tr><th>综合指标</th><th>权重</th><th>单项指标</th><th>权重</th><th>原始指标</th><th>权重</th></tr>
<tr><td rowspan="3">国际旅游业绩</td><td rowspan="3">0.5147</td><td>逗留时间</td><td>0.0539</td><td>过夜游客平均逗留时间</td><td>0.0539</td></tr>
<tr><td>国际旅游者人数</td><td>0.1329</td><td>国际旅游者人数</td><td>0.1329</td></tr>
<tr><td>国际旅游收入</td><td>0.3279</td><td>国际旅游收入</td><td>0.3279</td></tr>
<tr><td rowspan="5">休闲旅游资源</td><td rowspan="5">0.2662</td><td>土地面积</td><td>0.0088</td><td>区域土地面积</td><td>0.0088</td></tr>
<tr><td>娱乐</td><td>0.1358</td><td>娱乐总消费</td><td>0.1358</td></tr>
<tr><td>观光</td><td>0.0169</td><td>观光总消费</td><td>0.0169</td></tr>
<tr><td>购物</td><td>0.0345</td><td>购物总消费</td><td>0.0345</td></tr>
<tr><td>会展</td><td>0.0702</td><td>每年举办大型国际会展次数</td><td>0.0702</td></tr>
<tr><td rowspan="5">休闲旅游基础设施</td><td rowspan="5">0.0642</td><td>对外交通</td><td>0.0381</td><td>每周航班数目</td><td>0.0381</td></tr>
<tr><td>餐饮场所</td><td>0.0048</td><td>餐饮场所数目</td><td>0.0048</td></tr>
<tr><td rowspan="2">住宿场所</td><td rowspan="2">0.0048</td><td>客房量</td><td>0.0021</td></tr>
<tr><td>高级酒店客房量</td><td>0.0027</td></tr>
<tr><td>旅行社总数</td><td>0.0166</td><td>旅行社总数</td><td>0.0166</td></tr>
<tr><td rowspan="2">人力资源</td><td rowspan="2">0.1181</td><td>在校大学生人数</td><td>0.0295</td><td>在校大学生人数</td><td>0.0295</td></tr>
<tr><td>旅游业从业人员数</td><td>0.0885</td><td>旅游业从业人员数</td><td>0.0885</td></tr>
<tr><td>支持政策</td><td>0.0368</td><td>国际政策</td><td>0.0368</td><td>入境免签证国家或地区数量</td><td>0.0368</td></tr>
</table>

（三）数据来源及无量纲化处理

1. 无量纲化处理

考虑到数据的权威性、可获得性、全面性和可靠性，本文采用的是规范的统计资料，绝大部分数据来源于香港特区政府统计处，香港特区政府教育局，香港旅游业网，以及澳门统计暨普查局等公布的2013年的数据，只有在校大学生人数为2012年的数据，对于一些无法直接获取的指标数据，采用代用数据，比如休闲旅游资源采用的数据为相应的旅游总收入，会展资源采用的数据为每年举办的大型国际会展次数，对外交通采用的数据为每周航班数，国际政策采用的数据为入境免签国家或地区数量。

无量纲化，也叫数据的标准化、规范化，是一种通过数学变换来消除原始变量不同单位影响的方法，是对指标进行综合评价的前提和基础，本文运用的是直线型无量纲化方法中的比重法，具体转换公式为：

$$P_i = \frac{10D_i}{\sum_{i=1}^{n} D_i} \quad (i=1,2,3,\cdots,n)$$

上式中，P_i 为某指标转换后无量纲化后指标的数值，D_i 为转换前该指标原始值，n 为同一评价指标所选取样本总数。按上述公式对香港和澳门各指标数值进行无量纲化处理后指标值如表 3 所示。

2. 国际竞争力大小计算

综合评价值由加权求和多指标综合评价模型求得，即将各评价指标的权重值和无量纲化后的指标值代入以下公式加权求和：

$$F = \sum_{i=1}^{n} W_i P_i$$

上式中：F 为旅游休闲中心国际竞争力综合评估结果值，P_i 为第 i 个评价指标无量纲化后的分值，W_i 为第 i 个评价指标的权重，n 为评价指标的总数。最终得出香港和澳门旅游休闲中心国际竞争力的总评价值。

第一步，最后一级原始指标按上述公式依次进行计算得出各单项指标数值（见表 3）。

表 3　各指标原始数值和无量纲化后的指标值

评价指标	香港		澳门	
	原始值	无量纲化后的指标值	原始值	无量纲化后的指标值
过夜游客平均逗留时间（晚）	3.4	6.42	1.9	3.58
国际旅游者人数（百万人次）	13.6	5.60	10.7	4.40
国际旅游收入（亿港元）	557.2	5.50	455.4	4.50
区域土地面积（平方公里）	1101	9.77	25.8	0.23
娱乐休闲总消费（亿港元）	70.5	0.20	3513.4	9.80
观光总消费（亿港元）	7.3	2.97	17.3	7.03

续表

评价指标	香港		澳门	
	原始值	无量纲化后的指标值	原始值	无量纲化后的指标值
购物总消费（亿港元）	1275.8	8.15	289.0	1.85
每年举办大型国际会展次数	85	5.56	68	4.44
每周航班数	3109	7.83	863	2.17
餐饮场所数量（千所）	8.5	8.33	1.7	1.67
客房总量（千间）	70.0	7.21	27.1	2.79
高级酒店客房量（千间）	44.5	6.50	24.0	3.50
旅行社总数	309	5.94	211	4.06
在校大学生人数（千人）	330.4	9.22	28.1	0.78
旅游业从业人员数（千人）	1183.2	8.50	208.3	1.50
入境免签国家或地区数量	163	6.85	75	3.15

资料来源：香港旅业网，http：//partnernet.hktb.com；香港特别行政区政府教育局网站，http：//www.edb.gov.hk；香港特别行政区政府入境事务处网站，http：//www.immd.gov.hk；澳门治安警察局网站，http：//www.fsm.gov.mo；香港政府统计处，http：//www.censtatd.gov.hk；澳门特别行政区政府统计暨普查局，http：//www.dsec.gov.mo。

第二步，单项指标也按照加权求和公式进行计算，得到综合和指标分值（见表4）。

表4　　单项指标分值

单项指标	逗留时间	国际旅游者人数	国际旅游收入	土地面积	娱乐资源	观光资源	购物资源	会展资源
香港	0.346	0.744	1.804	0.086	0.023	0.050	0.281	0.390
澳门	0.193	0.585	1.475	0.002	1.331	0.119	0.064	0.312
单项指标	对外交通	餐饮场所	住宿场所	旅行社总数	在校大学生人数	旅游业从业人员数	国际政策	——
香港	0.298	0.040	0.033	0.099	0.272	0.753	0.252	——
澳门	0.083	0.008	0.015	0.067	0.023	0.132	0.116	——

第三步，单项指标也按照加权求和公式进行计算，得到综合和指标分值（见表5）。

表5　　综合指标分值

综合指标	国际旅游业绩	休闲旅游资源	休闲旅游基础设施	人力资源	支持政策
香港	2.894	0.834	0.470	1.024	0.252
澳门	2.253	1.826	0.173	0.156	0.116

把综合指标的数值代入加权求和公式计算得出旅游休闲中心国际竞争力大小数值，得出香港世界旅游休闲中心国际竞争力得分为5.474，澳门世界旅游休闲中心国际竞争力得分为4.526。

四　香港澳门世界旅游休闲中心竞争力提升路径

（一）评价结论

旅游休闲中心国际竞争力最终计算结果显示香港世界旅游休闲中心竞争力高于澳门旅游休闲中心国际竞争力，香港旅游休闲中心国际竞争力综合评价值是澳门的1.2倍；根据表5综合指标的竞争力评价值，除旅游休闲资源外，其余各综合指标香港具有绝对优势，如国际旅游业绩竞争力综合评价值比澳门高0.641分，人力资源竞争力综合评价值比澳门高5.564倍。从表4单项指标竞争力评价值来看，虽然香港土地面积远远高于澳门，但娱乐和观光这两个指标的评价值，澳门明显高于香港，尤其是娱乐指标的评价值大约是香港的58倍，这表明澳门的博彩业在澳门旅游业中具有举足轻重的位置；其他方面，香港的综合评价值比澳门的高0.1分以上的国际旅游业绩、人力资源、支持政策方面，香港单项指标评价值都高于澳门，与目前两地旅游休闲资源分配实际情况相符。在每年举办的大型国际会展方面香港不占绝对优势，而在国际旅游收入方面明显高于澳门，这可能是由于香港入境免签国家或地方数量多、区域面积大，因此国际旅游者人数较多且游客逗留时间较长，国际旅游收入较高。

旅游休闲基础设施和人力资源方面，香港要明显好于澳门，其中旅游休闲基础设施方面的差值达 0.30 分，主要差距在于每周航班数上；人力资源方面的差值高达 0.87 分。因此对于澳门，土地面积的扩大，旅游休闲基础设施的改善，人力资源的培养是其建设国际休闲旅游中心需要努力的方向，同时，中央政府应加大对澳门经济多元化的支持力度。

（二）政策指向

1. 大力吸引国际游客

旅游签证因素是影响入境旅游业发展的必要条件之一，它对吸引国际游客，增加国际旅游收入，促进旅游休闲业繁荣与发展具有重要的作用。世界上许多国家为吸引国际游客，例如欧盟国家、美国、韩国等纷纷采取免签证或施行很简便的签证制度。目前，港澳旅游休闲中心面临的一个共同问题，就是旅游休闲客源的内地化倾向加大，国际化客源偏少，脱离了世界休闲旅游中心的发展目标。中央政府在确保香港和澳门的国家主权和社会安全的基础上，可以考虑简化落地签证及实行免签的制度，适度降低入境旅游签证门槛，增加入境旅游免签国家或地区数量，延长入境旅游可逗留时间，刺激国际游客在香港澳门消费，带动港澳旅游休闲业的发展，增强港澳旅游休闲业在国际上的持续竞争力。

2. 完善旅游休闲基础设施

基础设施是改善旅游休闲环境，提高旅游休闲国际竞争力的重要组成部分。近年来，香港虽然加大了对城市基础设施建设的重视，注重打造旅游休闲的核心吸引力，但旅游休闲基础设施建设仍然无法满足日益增长的休闲旅游需求。澳门的旅游休闲基础设施与世界旅游休闲中心的要求相差甚远，因此，必须加强两地基础设施建设，进一步完善对外交通运输条件，提高休闲旅游服务水平，进一步改善食宿条件，不仅扩大机场容量和服务水平，而且要增加高档酒店的数量和服务水平，同时也要适当增加青年旅社、快捷酒店设施，降低休闲旅游者的住宿成本，延长游客在港澳的逗留时间，提高旅游休闲经济效益。

3. 提升旅游服务质量

香港旅游业人才不足，大部分旅游业从业人员没有参加过专门的培训，导游队伍整体素质偏低，游客和导游之间冲突不断，在很大程度上影响香港旅游业的健康发展。澳门旅游休闲业的发展也面临着专业人才缺乏、从业人员素质偏低和旅游教育比较落后的现实。因此，香港和澳门特区政府有必要创造良好制度环境来吸引人才，建立良好的旅游人才开发和利用机制。引进国际化的旅行社和旅游管理人才，重点引进旅游高级旅游行政管理人员、企业管理人员以及计算机、外语、旅游规划、设计研究等专业人才，加强和改善职业培训，旅游局开展职业培训和继续教育，以获得职业资格、等级证书及提高从业人员对旅游行业的认知为目的。在提高旅游服务水平方面，按照国际化的要求，增加旅行社尤其是接待国际游客旅行社的接待能力，提高旅游从业人员的技能和服务水平。

4. 深化区域旅游休闲合作

香港旅游休闲中心的发展，面临着旅游休闲资源不足的制约；澳门土地面积狭小，发展旅游休闲的空间有限，使旅游休闲面临发展瓶颈。要突破这些瓶颈，最优的解决方式就是发挥区域合作优势，与周边地区广泛开展旅游合作，积极拓展旅游休闲空间，借助外力发展旅游休闲经济，共同建设具有较强国际竞争力的“粤港澳大珠三角旅游休闲区”，这将大大地促进香港和澳门旅游休闲业的发展，更有利于构建澳门世界旅游休闲中心。

跨境媒体收购的媒介话语建构研究

——以阿里巴巴收购香港《南华早报》为例

张志安[*] 章 震[**] 曾子瑾[***]

近年来，香港本土主义思潮有所崛起，不同政治意识形态光谱的媒体尤其是新兴的网络媒体对于港人的价值观具有重要影响。在这种背景下，内地企业与香港传媒合作发展呈现出特殊的张力关系。阿里巴巴集团收购香港《南华早报》就是观察这种张力关系的典型案例。阿里在收购《南华早报》前后，媒体和社会各界主要聚焦于收购行为的背后意图、可能产生的影响等方面展开讨论。相关讨论逐步聚焦在关于收购行为正当性（Legitimacy）的质疑和辩护等问题层面。正当性是理解国际收购过程中各方话语表达的重要内涵，收购双方通过话语实践将其收购行为正当化，以此回应社会公众的质疑。在国际收购研究中，学者们也围绕企业言说收购行为正当化乃至进行危机传播管理等问题展开探讨。它本身既是一种契约的宣示，又在建构收购行为的合理性和必要性。鉴于此，本文将分别对收购双方、港台媒体和内地媒体等行动主体的正当性话语实践展开论述，并在社会语境中阐释其社会意涵以及提出传媒合作的相关建议。

---

* 张志安，中山大学粤港澳发展研究院副院长、传播与设计学院教授，复旦大学信息与传播研究中心研究。

** 章震，中山大学传播与设计学院 2015 级新闻学专业硕士研究生。

*** 曾子瑾，中山大学传播与设计学院 2015 级新闻学专业硕士研究生。

一　收购双方的话语实践与正当性建构

本研究对收购双方的公开信或公告进行话语分析后，研究发现，收购双方都通过话语来建构其收购的“绩效正当性”（见表1）。阿里巴巴集团副总裁蔡崇信致《南华早报》读者的一封信更强调其“价值正当性”（见表2），而《南华早报》公告则更强调收购的“程序正当性”。

（一）收购双方都通过话语建构其收购的“绩效正当性”

在收购《南华早报》前，阿里巴巴集团主要以副总裁蔡崇信的名义和身份在网上发布致读者的公开信。在公开信中，蔡崇信强调收购背后的“商业逻辑”，他讲道：“为什么阿里巴巴要投资进入传统媒体，一个不少人眼中的夕阳产业？道理很简单：我们不这么看。”蔡崇信主要从产业属性角度去定位媒体，这种去意识形态化的表述直接将其收购行为放在商业发展的框架中进行理解，从而试图减少外界的过度联想。

表1　　收购双方公开信或公告中的“绩效正当性”意识形态集束

收购双方：绩效正当性				
结构框架	隐喻	范例	警句	描述
资本与技术助力纸媒转型、两家公司产业优势互补	传奇报纸、标志性的地位者、享誉国际、挑战、纸媒剧变、传统媒体、夕阳产业、阿里人、完美的机会	开放网络付费内容，买方很可能从内容及品牌中挖掘出更大价值	我们深信，阿里是最有能力带领《南华早报》更进一步的	然而就像很多纸媒一样，《南华早报》遭遇了挑战。但这种挑战。恰恰是数字时代的阿里巴巴的优势所在。这就是为什么我们相信，两家公司能很好地互补

总体上，蔡崇信的公开信主要说明帮助传统媒体产业转型来建构其收购的绩效正当性。首先，蔡崇信强调两家公司产业优势互补，《南华早报》是百年传奇报纸，具有较高的公信力和社会地位，但在社交媒体时

代，“就像很多纸媒一样，在新闻报道和发行的剧烈变化过程中，《南华早报》遭遇了挑战。”[①] 面临纸媒的转型困境，蔡崇信认为阿里的核心优势能够帮助《南华早报》顺利转型，他讲道：“换句话说，我们看到了一个完美的机会：能够把《南华早报》的深厚传统和我们的科技结合，创造一个属于数字科技时代的新闻业未来。”

蔡崇信还在公开信中宣示其商业目标，即通过扩大读者群及实行全面免费阅读来建构其收购的又一绩效正当性。“我们的理想是把读者扩展到全世界范围。”为此，蔡崇信提前告知阿里会拆除付费墙，让广大读者都能够免费读到《南华早报》的网上内容。“在经过充分时间的准备后，我们会开放《南华早报》的网络付费内容——让大家能在网上和移动设备上随时随地免费读到《南华早报》的报道。”[②] 这些承诺和行动都让广大读者受惠，以此支持阿里收购《南华早报》。实际上，后来马云在接受媒体采访时，也兑现了这样的承诺，并讲述了阿里做出取消付费墙决定的背后原因。他宣称“做出取消付费墙的决定是基于其对全球最大电子商务平台淘宝网的运营经验”[③]。

作为被收购方的《南华早报》也认可阿里收购的绩效正当性，他们在收购公告中认为，传统出版业的未来具有不确定性，阿里可能从内容及品牌中挖掘出更大价值，这将会以变现方式给股东提供更多实际的效益。可见，《南华早报》的公告话语中主要表明了会为“股东”和“企业未来”带来实际效益来建构其收购的“绩效正当性”，这与上述的蔡崇信的公开信中所建构的绩效正当性维度有所不同。

（二）阿里副总裁在公开信中更强调其收购的“价值正当性”

在阿里收购《南华早报》之前，社会各界人士质疑阿里的收购会影响到《南华早报》的编辑独立性。蔡崇信在公开信中做出回应：“这种批评本身就带有偏见……日常的编辑决定将会由编辑们在新闻编辑室里做

---

① 蔡崇信：《致〈南华早报〉读者的一封信》。

② 同上。

③ 《香港〈南华早报〉今起网上内容免费》，2016 年 4 月 5 日，财新网（Companies. caixin. com/2016 - 04 - 05/100928542. html？location = 35）。

出，而不是在董事会里。”① 编辑独立方针是媒体维护自身公共性的制度保障，有利于维护其专业主义的实践常规，避免媒体过度商业化或沦为特定利益集团的舆论工具。《南华早报》有一百多年的历史、传统和文化，在香港乃至国际媒体中具有较高声誉。蔡崇信在公开信中有关编辑独立的郑重承诺，就是要表达维护媒体核心价值的姿态，即对公共利益的追求。作为收购方来说，许诺不触犯媒体行业的独立性和公共性，是其建构收购行为“价值正当性”的重要表述。

表2　阿里巴巴集团副总裁公开信中的“价值正当性”意识形态集束

阿里巴巴集团：价值正当性				
结构框架	隐喻	范例	警句	描述
编辑独立、维护新闻真实客观、不干预编辑方针	批评有偏见、在编辑室、不在董事会、让天下没有难做的生意	事实上，这正是为什么我们认为，当世界在通过媒体报道了解中国时，需要获得多种观点	日常的编辑决定将会由编辑们在新闻编辑室里做出，而不是在董事会里	在报道新闻上，《南华早报》会秉持客观、准确与公平的原则。这也意味着有勇气去挑战传统思维，下功夫去确保新闻真实，核查信源，并且探索所有的观点

（三）《南华早报》集团公告中更强调其“程序正当性”

作为上市公司，《南华早报》严格遵循了港交所交易规定。根据上市规则所载的与出售事项有关规定，当出售业务超过75%股份时，其必须向广大股民发布公告。我们通过对其公告《与媒体业务有关的非常重大出售事项及特别现金股息及终止须予披露交易》进行分析，可以发现，该公告具体交代了出售的背景和过程。如公告中提到，“于二〇一五年十一月二十五日，本公司宣布，其已收到某第三方的初步接触，表示可能有兴趣购买本公司的具体业务”。之后在2015年12月11日，《南华早报》集团与阿里巴巴签订买卖协议（见图1）。

① 蔡崇信：《致〈南华早报〉读者的一封信》。

香港交易及結算所有限公司及香港聯合交易所有限公司對本公告的內容概不負責，對其準確性或完整性亦不發表任何聲明，並明確表示，概不對因本公告全部或任何部份內容而產生或因倚賴該等內容而引致的任何損失承擔任何責任。

SCMP

SCMP Group Limited

南華早報集團有限公司*

（於百慕達註冊成立之有限公司）（股份代號：583）

與媒體業務有關的
非常重大出售事項
及
特別現金股息
及
終止須予披露交易

本公司的財務顧問

HSBC

图1 《南华早报》集团公告

《南华早报》在公告中还透露，董事会通过调查后，知悉最终的买方和实际收益人为独立第三方，相对可靠可信。对于交易价格方面，他们参考和比较了市场其他交易案例和目标集团的预期，是经过“认真考虑”的。另外，集团在公告中还具体说明了买卖协议的先决条件和款项用途。总体上看，《南华早报》集团通过一系列符合规定的做法和信息披露建构自身被收购的“程序正当性”。

二 港台媒体的新闻报道与话语实践

整体上看，港台等媒体对于此次收购活动给予了较大关注。《大公报》《香港商报》《星岛日报》和《苹果日报》均将其作为头版头条新闻，其他报纸也在显著位置发表报道和评论。

（一）部分港台和中资媒体成为“绩效正当性”话语的设置者和扩音器

各家媒体都不同程度地谈到这次收购的绩效正当性，但其承担的角色、报道的侧重点和倾向都有一定区别。台湾的《中国时报》在收购前一个月就刊发《电商巨头马云传收购〈南华早报〉》的报道，将此次收购比作2013年亚马逊收购《华盛顿邮报》的重演，提前设置和塑造了“互联网企业帮助纸媒转型”的报道框架。“如果达成协议，这笔交易将是亚马逊创始人杰弗里·P. 贝索斯（Jeffrey P. Bezos）于2013年收购《华盛顿邮报》（WASHINGTON POST）的重演。在纸媒面临动荡的时代，贝索斯的收购是对一个主要媒体品牌的重大支持。”在阿里收购之后，不少媒体的报道则沿用了上述的类比案例和话语框架。

阿里巴巴集团副总裁蔡崇信的公开信在网上曝光后，大部分香港和台湾媒体在报道中都有引用和涉及，产生了“议程设置”的效果，如台湾《工商时报》和香港《大公报》的报道基本是以蔡崇信的公开信作为主要消息源和报道内容，比较认可收购双方从传统媒体数字化转型、扩大读者群以及免费阅读等不同维度的绩效正当性话语。如《大公报》在文章中说道：“阿里正是看准这个数码时代的时机，为《南华早报》带来数码化的转变。”[①] 另外，文章还引用了南华早报集团行政总裁胡以晨对此次收购的说明，“凭借在移动端方面的专长，阿里巴巴将能利用科技让《南华早报》创造更多内容，面向全世界。集团欢迎阿里巴巴投放更多资源于新闻编采和业务营运上，让《南华早报》的发展更稳健”。这段说明则从被收购方的角度建构此次合作的绩效正当性。此外，台湾《工商时报》、香港《头条日报》等也从免费阅读、读者群扩大以及内容业务拓展等层面，肯定了阿里收购《南华早报》的正面意义。

表 3　媒体报道中的“绩效正当性”意识形态集束

部分港台和中资媒体：绩效正当性				
结构框架	隐喻	范例	警句	描述
资本与技术助力传统媒体转型、两家公司产业优势互补	“玩具篮”再添一员、百年老店、电商巨头、数位优势、大数据模式	如果达成协议，这笔交易将是亚马逊创始人杰弗里·P. 贝索斯于 2013 年收购《华盛顿邮报》的重演	阿里正是看准这个数码时代的时机，为《南华早报》带来数码化的转变	凭借在移动端方面的专长，阿里巴巴将能利用科技让《南华早报》创造更多内容，面向全世界。集团欢迎阿里巴巴投放更多资源于新闻编采和业务营运上，让《南华早报》的发展更稳健

① 《阿里买〈南早〉带领百年老店迈向数码化》，《大公报》2015 年 12 月 12 日。

（二）以私人资本为主的商业化报纸成为“价值正当性”的主要质疑者和消解者

立场相对中立和自由主义的港台报纸对于此次收购报道较为负面，对这次收购的“价值正当性”有消解者。这种消解主要体现在两方面：一是，对蔡崇信公开信中声称的编辑独立多有质疑。如香港《明报》直接对蔡崇信公开信发出质疑：“话是这么说，但资本家花了钱，凭什么不当老板？甚至允许自家的媒体骂自己？这不符合逻辑。”文章认为，“资本家的想法与新闻的价值观永远会有矛盾”。它把此次收购看成阿里对于企业形象的管理，以此减少企业置于“负面新闻”情境中和面临话语权被动的局面。

表4　　媒体报道中的“价值正当性”意识形态集束

媒体：价值正当性				
结构框架	隐喻	范例	警句	描述
政治控制	政治目的、政商背景、兴风作浪、红二代、高危的活儿、护身符、补齐短板、江派入幕之臣、政治工具、司马昭之心、染红、传声筒	阿里……被《纽约时报》打上“红二代”的背景标签……这一定让马云恨得牙紧紧的，一定要拿回话语权	百年老报，沦为政治工具，香港传媒生态亦在红色资本围攻下，正式改写	话是这么说，但资本家花了钱，凭什么不当老板？甚至允许自家的媒体骂自己？这不符合逻辑。资本家的想法和新闻的价值观永远会有矛盾

二是，将这次收购从“媒体编辑独立”延伸到“政治控制”的高度来加以批判和反思。如台湾《自由时报》指出马云及阿里与中共领导阶层关系密切，收购之举证明“中共正加强控制香港媒体，未来情况只会变本加厉”①；香港《壹周刊》更是以《〈南早〉变红早　马云廉价献宝》

① 《阿里巴巴买走南华早报》，《自由时报》2015年12月12日。

为标题发表文章，认为阿里此次收购是马云“洗底投诚”的政治筹码，百年老报沦为“政治工具”。文章还称《南华早报》自1993年被郭鹤年收购以来就已逐步“染红”，而其第二把交椅、主管香港新闻的副总编辑早已建立了不少内地人脉，打通“西环经脉”①。

上述两个维度的价值正当性消解并非截然分开，而是有所勾连。如在解读阿里收购《南华早报》的原因时，有媒体认为阿里被《纽约时报》打上了“红二代”的背景标签，这一定让马云“恨得牙紧紧的”。马云投资媒体，不仅是要“为自己抢回话语权”，还要挑战国际上有关中国的各种“误解”，“实在不应该只用单一负面的论调来涵盖中国”②。

三 内地媒体的新闻报道与话语实践

总体上，内地媒体对阿里巴巴收购《南华早报》一事从“绩效正当性”和“价值正当性”维度进行了正面肯定和积极建构，其中，财经类媒体与综合类媒体表现各有差异。

（一）财经类媒体主要塑造收购的双向和多重“绩效正当性”

与之前收购双方或港台部分媒体建构的绩效正当性稍有不同，内地财经类媒体不仅强调收购对于《南华早报》的绩效意义，同时还强调收购对于阿里巴巴集团乃至中国电商企业的正面影响，以此塑造收购的双向和多重“绩效正当性”。如有媒体认为，这次收购是“传媒跨界融合的必然发展趋势”，也是“互联网企业进军新闻媒体产业的捷径”③；或认为此次收购也预示着互联网巨头加优质传统媒体将成未来趋势④；或认为这预示着“新的基于信息交换的业务模式”的衍生，“基于信息交换的电商3.0版正呼之欲出”⑤。

另外，有媒体认为收购行为不但扩大了对香港资本市场与信用市场

① 《〈南早〉变红早　马云廉价献宝》，《壹周刊》2015年12月17日。

② 《马云为何要收购〈南华早报〉》，《明报》2015年12月31日。

③ 《阿里收购〈南华早报〉为网络阅读免单》，《中国知识产权报》2015年12月18日。

④ 《阿里媒体版图再扩充　完善商业帝国》，《北京商报》2015年12月14日。

⑤ 《阿里借收购〈南华早报〉打造“全球战略”》，《中国经营报》2015年12月21日。

的辐射，而且为阿里巴巴的集团形象和社会责任感添加了不少分数。[①] 还有媒体将此次收购与之前阿里被《纽约时报》《巴伦周刊》和《福布斯》等外国媒体“唱红唱空”相联系，并认为阿里急需全方位发声管道，维护和塑造其在国际市场的正面形象。[②]

（二）综合类媒体侧重维护收购的“价值正当性”，并且将其延伸到中国企业乃至中国走向世界、争夺话语权的正当表现

内地综合类媒体普遍持有阿里不会影响《南华早报》独立性的观点，且认为这是中国企业和中国走向世界、争夺话语权的正当表现（见表5）。《北京日报》通过刊发胡宇齐个人评论回应外界质疑。文章认为，西方媒体对收购行为“集体犯了过敏症”，西方媒体始终在为西方意识形态和价值观充当“吹鼓手”，话语体系里渗透着满满当当的自家利益谋算。该文认为，敏感紧张的背后恰恰反映出“西方对舆论工具的极端看重”是“对话语权转移的担心”，“西方媒体向来标榜自己完全自由、客观中立，而惯于攻击中国对舆论的管控”[③]，表达了对西方媒体的不满态度。

表5　　综合类媒体新闻报道中的“价值正当性”意识形态集束

综合类媒体：价值正当性				
结构框架	隐喻	范例	警句	描述
编辑独立、中国企业走出去、争夺话语权	通向世界的窗口、有色眼镜	有《南华早报》内部员工向德国之声表示，连日来他们的编采人员饱受外界舆论压力，被批评报章将被“染红”	西方媒体向来标榜自己完全自由、客观中立，而惯于攻击中国对舆论的管控	而只要符合报纸已有特点、优势及阿里巴巴的经营路线方针，“编辑自主”是绝对不成问题的

① 《阿里收购南华早报能否复制亚马逊式的成功》，《每日经济新闻》2015年12月16日。

② 《阿里传媒帝国逐渐成型》，《上海证券报》2015年12月14日。

③ 胡宇齐：《西媒对中资的格外敏感》，《北京日报》2015年12月18日。

《人民日报海外版》也在台港澳专版（第003版）上刊发雷蕾个人评论文章。该文强调在“香港”这一特殊地点，选择一份以“英文”作为报道语言的报纸，不仅能为阿里巴巴全球化打造良好的环境，而且能让国际社会听见中国企业的声音。[①] 这篇文章所建构的价值正当性范围已从媒体行业上升到“中国企业走出去”的战略高度，文章将阿里巴巴集团视为中国企业在国际舞台上的代表，寄望于此次收购可以帮助中国企业建立国际话语权。

四　结论与对策

（一）内地与港台媒体对阿里巴巴收购《南华早报》的不同话语

1. 跨境媒体收购行为中不同行动主体的诉求和话语呈现差异特征

第一类行动主体（收购双方）都通过助力传媒转型等“绩效正当性”话语正当化收购行为。在此基础上，阿里巴巴则更强调其“尊重媒体独立性”来建构其收购的“价值正当性”，《南华早报》则通过公告传达“遵守交易规定”建构其被收购的“程序正当性”。第二类行动主体（港台媒体、内地媒体）中，香港的中资媒体成为“绩效正当性”话语的主要设置者和扩音器，以私人资本为主的商业化报纸成为“价值正当性”的质疑者和消解者，此处价值正当性讨论范围已从“媒体编辑独立”过渡到“政治控制”；而内地财经类媒体主要塑造收购的双向和多重“绩效正当性”，综合类媒体则通过刊发个人评论维护收购的“价值正当性”。总体上，这两类行动主体的话语互动过程中，媒介话语采纳了收购双方的“绩效正当性”话语，而对“价值正当性”进行一定的创造性构建和消解，收购方原本的“价值正当性”主要聚焦于行业的公共性，而内地媒体和港台媒体分别勾连到国家或地区的话语权和意识形态层面。

2. 地缘政治环境为收购行为的价值正当性建构提供了社会语境，媒体转型语境则为收购的绩效正当性建构创造了特殊机遇和话语机会

为什么不同区域和类型媒体对于此次收购行为存在不同的正当性话

---

① 雷蕾：《阿里巴巴收购〈南华早报〉图的啥?》，《人民日报》（海外版）2015年12月16日。

语表达和解读方式？陈韬文曾提到，如果要探究某一行为或现象背后的原因，大体有这样两种办法：第一是直接询问当事人或行动者本身，让他们自己说出其行动背后的原因，第二种是将其行为放在一定的脉络中（contextualize）进行解读。前者，在本研究中不太有可操作性。后者，需要研究者自己作为这个文化情境中长期生活的人需要对收购行为背后所可能导致的文化解读进行深描[①]，以及对此进行再解读。法国哲学家保罗·利科更进一步地谈到这种文本解读包含高度语境化的解读和去语境化的解读这两种方式[②]。

香港部分报纸对此次收购行为的“价值正当性”解读是高度语境化的，即通过中国大陆和香港的政治经济交往环境和焦点事件记忆为收购行为解读提供了整体的社会语境基础。一方面，由于受到英国的长期殖民，一部分香港人的社会观念与国家主流意识形态存在疏离。另一方面，香港媒体其政治平行度较高，存在从支持建制到反建制的意识形态光谱。这也就不难理解，香港媒体和内地媒体在收购行为的价值正当性话语表达中差异较大。

另外，媒体转型语境则为收购的绩效正当性解读创造了特殊机遇和话语机会。此次阿里的有效收购，其话语表达较为突出在“互联网资本和技术拯救新闻业”的框架下说明收购背后的逻辑和缘由。更为重要的是，阿里对于媒体的收购是延续性的，并非“突如其来”，阿里此前的传媒业战略也有目共睹，这使得许多媒体较为认可和采纳其话语框架，共同塑造其收购的“绩效正当性”。

（二）内地企业和香港传媒合作切实发展的对策建议

1. 充分把握不同媒体的现实诉求、所有权特征和意识形态光谱

在媒体收购和合作过程中，媒体的现实诉求、所有权和意识形态光谱分别牵涉合作的基本前提、合作的对象以及可能引发的正当性危机类

---

① 中国人民大学新闻学院“新闻传播学案例库”：《当代城市报纸对“农民工”新闻报道的叙事分析》案例访谈，访谈对象：李艳红，http：//211.71.215.185/YanJiuFangFa/content/2010－06/22/content_16044_8.htm，2017年11月3日。

② 参见［美］丹尼尔·哈林、［意］保罗·曼尼奇：《比较媒体体制：媒介与政治的三种模式》，陈娟、展江等译，中国人民大学出版社2012年版，第2页。

型。因此，内地企业如果要进入香港进行合作或并购，应该首先通过这样两个维度掌握合作媒体的现实情况。其一，收购方企业应该全面了解媒体的现实困境和诉求，比如当下传统媒体急需进行数字化转型，需要互联网企业帮助其探索新型运营模式和盈利方式。其二，收购方的企业需要对投资区域的媒体生态尤其是媒体的意识形态光谱有所了解。就香港媒体而言，收购方企业需要具体对“泛民”（支持香港推行民主及普选政治）、中立和建制（支持香港现有制度）等几类主要媒体意识形态光谱做出区分。在此基础上，既对收购行为的媒体报道和舆论有基本预判，也能有所选择地与当地媒体展开公共对话。

2. 灵活运用不同类型的正当性话语，为收购或合作争取舆论支持

为有效预防或应对社会质疑和争议，企业在收购过程中还应灵活运用不同类型的正当性话语进行公开发声。

——就价值正当性而言：企业应格外注意，媒体是社会的公共产品，承担着报道现实、影响舆论和塑造价值观等多重功能。若外界质疑收购会影响媒体编辑独立和公共性问题时，企业应善于运用价值正当性话语进行回应，以此削弱社会舆论场中的阴谋论以及收购背后的政治猜想。

——就绩效正当性而言：当前，媒体转型语境给跨境媒体收购提供了十分重要的绩效正当性话语机会。此次阿里的有效收购，在绩效正当性话语实践层面上做出实效。阿里以蔡崇信的个人名义提前发布公开信，掌握话语主动权，具有一定的说服力。并且，该公开信阐述如何帮助《南华早报》进行数字化转型，以及说明拆除付费墙给用户带来实惠。今后的媒体收购可以对这些绩效正当性的话语有所借鉴。

——就程序正当性而言：在具体的市场交易中，收购双方应准确及时地公开收购的流程和交易内容，这对于程序正当性建构十分必要。若是媒体和公司已上市，收购双方必须遵守相应的上市公司规定，发布相关交易公告。如果说，绩效正当性解决的是“为什么进行收购”的问题，那么，程序正当性就是解决“怎样进行收购”的问题。

3. 构建从跨境收购到跨国收购的正当性话语、原理和机制

尽管本案例讨论的是内地与香港地区的跨境传媒融合发展，但同样对中国企业进行跨国媒体合作和收购具有启发意义。比如，微信、今日头条等互联网企业正在世界各地进行业务开拓、产品合作和用户扩张，

而对国内受众而言，本国企业应该更加善于讲述“中国企业走出去”的发展故事，提振民族自信心以及国家认同感。面对国外受众，企业应该充分尊重不同国家和地区媒体的编辑准则和行业文化，通过承诺和延续其新闻行业的价值共识来凝聚共识、争取舆论，通过更加具有针对性的公共传播来强化中国企业的良好形象和社会责任感。总之，中国企业应该更加善于通过传达自身的社会责任、利益共享的发展理念来塑造与被收购传媒之间的“价值共同体”和“利益共同体”关系，以此构建跨国媒体收购的正当性话语、原理和机制。

生态养老：粤港澳夕阳服务领域合作模式探索

周云水*

当前，我国人口老龄化形势严峻，随着家庭养老功能的弱化，现行养老模式难以满足养老服务的新要求。基于我国养老现状，以社区为平台，整合社会资源，挖掘社会成员合作养老潜力，构建跨区域合作的养老新模式是一个值得研究的新课题。本文通过界定生态养老社区的内涵，提炼总结其基本特征，结合我国生态养老社区建设中的现实不足，提出粤东山区需要依托毗邻港澳的地理优势，基于良好的生态条件和深厚的宗亲文化根基，在原有大型围龙屋的基础上对社区住宅适当改造辅以优质的医疗和社工服务，形成多层次渐进式生态养老社区的发展模式，以适应不同老年群体的养老服务需求。本文基于粤东河源、梅州、揭西等客家山区生态养老的实践调研，以粤东山区联结珠三角和港澳在“夕阳”领域合作的路径为研究目标，旨在探讨粤东山区发展生态养老的路径。笔者力图从多个角度，结合粤港澳成功的养老社区案例，以粤东三个生态养老农业休闲示范区为例，解析生态养老的功能体系与发展模式，阐释“农业产业+养老社区+相关产业”的新型商业经营模式，并探索出粤东客家山区养老产业合理的发展途径和有效的盈利平台，努力实现为“夕阳人群”服务的“朝阳产业”可持续发展。

---

* 周云水，人类学博士，副研究员，目前就职于广东嘉应学院客家研究院，主要研究客家社会变迁和客家华侨商业文化。

一　生态养老的概念及其研究范式

生态养老是指通过亲近生态环境，享受自然之美，并在和谐的自然和人文环境中实现生理、心理健康的一种积极养老方式。当前，各地正在探索建设的生态养老社区，正是按照节能、环保、低碳和无障碍、无污染、高科技的要求，为老年人营造一个多元共生的社会生态环境。生态养老是社会文明进步的必然要求，是人类崇尚自然的迫切需要。一方面，国家连续 7 年提高企业退休人员基本养老金，老年人收入大大提高，产生了生态养老的需求；我国自实施计划生育以来，家庭单位趋于小型化，老年问题日趋凸显。另一方面，人为因素对于自然资源生态环境所产生的负面效应不断加重，老年人越来越需要自然养老、生态养老。

（一）生态养老的概念

生态养老不同于养老机构，配备有更好的医疗设施，更好的景观环境及更高端贴身的服务及更丰富的养生养老休闲活动设施。生态养老按照田园资源进行分类，可以分为农业养生养老、温泉养生养老、葡萄酒庄园养生养老、森林度假养生养老、山地度假养生养老、文化创意养生养老等种类。按照生态养老的分类标准，其养老的核心集中为六个方面：环境养生、营养养生、运动养生、科学知识养生、医疗保健养生、文化艺术养生。

为了保障老年人合法权益，发展老龄事业，弘扬中华民族敬老、养老、助老的美德，我国各级政府对养老事业给予了极大的关注与支持，并不断出台相关的政策与法律对老年人的生活予以保障。2015 年 3 月 18 日，由国家民政部、老龄委直接领导的中国老龄事业发展基金会决议正式成立“生态养老工程项目管理委员会”，向社会宣传普及“生态养老”理念，为老人养老创造国家级的生态养老院，以此改善老人的养老条件与生活环境。生态养老通过亲近生态环境，享受自然之美，并在和谐的自然和人文环境中实现生理、心理健康的一种积极养老方式。近年来，上海、浙江、湖南等地，都在积极探索生态养老新模式，涌现出东滩、乔营、北大荒、赤马湖、丽水等地推出的“生态养老社区模式”。

当我们提到与生态养老密切相关的田园时，人们往往很容易联想到大片的庄稼，就如陶渊明笔下“阡陌交通，鸡犬相闻”的宁谧农庄生活那样，田园中适合生态养老的资源不仅有农业一种，但农业是生态养老的重点资源。农田、农耕、绿色农作物等为生态养老人群提供了在田间耕种、收获果实的成就感，农耕文化的体验使其感受着中国传统文化的精髓，而重点的绿色养生餐是食疗康复的关键。另外，田园一般都具有适合生态养老的微地形，如避暑山地、森林、温泉等养生资源，空气清新，水质优良，具有鲜明的生态养老资源优势。我们若能为老年人营造一种在大自然中的休闲生活，就既能让他们享受到便利的医疗与服务设施，也能让其感受到青春活力与充实而精彩的生活，生态养老产业的结合开辟了生态养老产业发展的新天地，是未来生态养老发展的趋势。

都市田园是分布在大城市近郊，拥有便利的交通与良好的生态资源、宁谧的度假环境，它以乡村旅游为基础，融合现代化的基础设施、艺术化的度假环境、情境化的体验经历，将农业发展与城市扩张相融合，将一种自然生态的生活带入城市人群，吸引消费者主动到都市近郊购置第二居所或自主创业。都市田园的自然特征同时也正符合了生态养老人群的需求，老年人群体的特征是身心自由，不需要考虑上下班，而且乡村田野云缠雾绕、山青林秀、水乡平畴沃野、稻浪翻滚、花木扶疏，乡村古朴淳厚的田园之美，正迎合了老年人返璞归真的愿望，是一种理想的生态养老方式。都市生态养老是以农业田园环境为依托，结合当地山地、森林、温泉、中草药等各种养生本底，与农业生态种植，绿色度假居住，传统农耕文化体验相结合，打造最为自然健康的生态养老生活方式。

（二）生态养老的研究范式

有学者提出生态养老社区是当前国际养老服务发展的新兴趋势之一，要发展养老健康事业，需加强区域合作，形成区域养老养生健康旅游事业发展的协调协商机制，在遵循“政府主导、企业主体、市场化运作”的原则下，实现资源整合，提高中国养老健康事业整体实力，也可突破各地经济发展的瓶颈。只有创新探索养老服务模式，为老年人提供多元化的养老“归宿”，才能实现新常态下养老健康产业的协调发展，让中国的老人们老有所依、老有所乐。也有学者对比日、英、美养老产业发展路径后，提出居家养老、社区养老、机构养老三架齐驱是必然趋势，日本市场化的居家养老服务、英国市场化的社区养老服务、美国市场私人养老模式都证明：单纯依靠政府的养老体系难以满足社会需求，市场化筛选出最适合的养老模式，同时催生一批高效的养老与服务机构。还有学者指出中国养老产业正面临融资难、用地难、人才缺乏等问题，完善政策、引入社会力量将有助于合理规划养老健康服务产业的发展。中国目前面临人口老龄化的严峻局面，人口老龄化的现状导致了老年人未富先老、家庭养老负担重、养老方式与实际需求不符等一系列社会问题。为应对迅速发展的人口老龄化问题，政府期待以创新办法解决老问题，鼓励养老健康家政消费，并探索建立产业基金等发展养老服务，制定支持民间资本投资养老产业的税务、收费政策。

生态养老通过新建、扩建、改建、购置等方式，因地制宜地建设养老服务设施，鼓励通过整合、置换或转变用途等方式，将闲置的医院、企业、农村集体闲置房屋以及各类公办培训中心、活动中心、疗养院、小旅馆、小招待所等设施资源改造用于养老服务。充分发挥市场机制的基础性作用，通过用地保障、信贷支持、补助贴息和政府采购等多种形式，积极引导和鼓励企业、公益慈善组织及其他社会力量加大投入，参与养老服务设施的建设、运行和管理。对于老年人来说，得到高品质的健康照料至关重要。在田园中养老养生，享受的是乡村的田园环境，是以生态资源为基础的养生休闲体验。乡村生活与生态休闲是因果互动的关系，乡村生活的体验包括吃生态绿色食品、住农家院落、学习农耕文化、体验原生态民俗表演，等等。现代生态休闲科技含量逐渐提升，在农业活动中展现着越来越重要的作用，同时也逐步纳入农业休闲活动中，包括研发的高科技生态农作物的科普教育与观光体验，如参观太空食品、精良种子、特种农作物如方形西瓜、巨型南瓜等；游客还可参与农产品的加工制作深体验，在农业制作中进一步体会生态科技的魅力。高科技生态休闲还包括生态住宿，低碳节能的建材与绿化、建筑设计等，这些都将成为提升生态养老品质的要素。

二　粤东发展生态养老产业的基础

如今，城市人口老龄化已经是一个不争的事实，而社会家庭单位趋于小型化，使得居家养老的弊端不断出现，养老难的问题日趋尖锐。随着老年人自身及其子女经济能力不断提升，越来越多的老人趋向于选择一种更为健康积极的养老方式。老年人在经过几十年的忙碌工作后，对亲近自然、享受生活有着更多的向往。随着生活水平的日益提高，远离污染的环境，走近大自然，选择生态养老将成为一种趋势，粤东山区具备了发展生态养老产业的基础。

（一）传统养老模式与客家族群的价值观

中国是崇信儒家文化的国家，长期以来形成了“家庭养老”的传统模式，养儿防老、家长的主导地位、几代同堂等传统观念根深蒂固。选择家庭养老的人们，他们生活在家庭中，感到“熟悉”和“自由”，经济上也比较划算，从社会的角度考虑，家庭养老的社会硬件设施成本几乎为零。但家庭养老在新形势下的脆弱性显示出其历史的局限性。现代社会的人际竞争加剧，生活节奏加快，工作负担加重，致使家庭养老的人力成本剧增，一般家庭难以承受，赡养者疲惫不堪；加上“421 型”家庭的增多、空巢家庭等问题的出现，家庭养老这一传统养老方式必将随家庭结构的变化而逐步向社会养老过渡。

机构养老是指由专门的养老机构（包括福利院、养老院、托老所、老年公寓、临终关怀医院，等等）将老人集中起来，进行全方位的照顾。正规的养老机构，其日常管理均要严格。机构养老是我国重要的养老模式之一，但不能满足众多其他需求的老年人群需要。

社区居家养老的基本做法是：在城市各个社区建立养老护理服务中心，老人仍然居住在自己的家里，享受服务中心提供的营养和医疗护理以及心理咨询，并由服务中心派出经过训练的养老护理员按约定定时到老人家中为老人提供做饭、清扫、整理房间等家务服务和陪护老人、倾听老人诉说的亲情服务。所以，有人说：社区居家养老是一个无围墙的养老院。开展居家养老服务相对于机构养老，更为适应我国老年人的生活习惯和心理特征、满足老年人的心理需求、有助于他们安度晚年，也更为符合中国实际，符合大城市中心城区发展的社区为老服务的新路子。

家庭养老、机构养老和社区居家养老是我国目前三种基本的养老模式。家庭养老是传统的养老模式；养老院养老是社会化的养老模式；社区居家养老是一种兼顾家庭和社会的养老模式。按照《辞海》的解释，“宗亲”是指“同母兄弟”或“同宗亲属”。古人对宗亲的认识很早，《史记·五宗世家》记载“孝景皇帝子凡十三人为王，而母五人，同母者为宗亲”。《后汉书·梁冀传》也提到“诸梁及孙氏中外宗亲送诏狱，无长少皆弃市”。除了这两种含义之外，宗亲也可专指同一祖先所出的男系血统。汉文化的传统相对强调宗亲的这种意义，当代宗亲文化大都借姓氏结成社会团体，以联络感情，求得团结，维护共同利益，共谋生存与发展的社会团体。宗亲文化是民间文化的重要组成部分，包括谱牒文化、宗祠家庙文化、姓氏历史名人文化等，凝聚着民族的乡土情、骨肉情与真善美，自然是心灵的家园，在自然风光优美的田园中，远离了城市的喧嚣与躁动，心灵回归了简单的本真，纵情山水之间，精神得到最大程度的放松。在都市田园中养生、种田、种花、做手工艺品、安静地读书、徒步行走、与朋友聚会等，这些简单而自在的活动会让疲惫的心灵重新获得氧气与动力。针对老年人容易感到孤独的心理特征，设计田园会所、读书会、运动俱乐部等具有人文关怀的度假产品，产品设计上注重细节处理，以便于老年人进行情感交流，精神世界得到充实与满足。医疗护理涉及医药产品、保健用品、营养食品、医疗器械、休闲健身、健康管理、健康咨询等多个领域。为医疗康复病人提供相关医院、诊所、药品超市、保健品超市、相关健康管理等机构，为每个在这里养生养老的人提供专属的健康管理档案与康复治疗方案，对于医疗型田园养老养生，还将从医学研究、医学养护、医学培训及学术会议接待等几个方面来进行开发，实现医疗高端化，为客户提供就近就医的便利与高水平的康复效果。

（二）客家山区拥有生态养老的丰厚资源

农业是养生之本，是人们生活的物质来源，农业滋养着土地，同时也优化生态环境，演绎着多姿多彩的生态景观，供应着丰富的农作物食品，是原生态生活的根本。随着时代的发展，农业也逐渐从传统农业演变为现代农业、未来农业。农业的形态也从最初的种植为主发展为种植、观光、体验等形式并存。农业的娱乐化与休闲化逐步成为度假的主要休闲方式，游客通过在农业的生态环境中农耕劳作，体验农业文化、农业观光、吃绿色农家饭、住农家屋等活动来养生养心，目前农业养生养老的方式，其一是将农业作为社区养生养老配套，其二是游客深入农村，在生态条件较好的地方租住当地农家，与当地人一起生活等，例如广西巴马长寿村。现如今科技农业的进步带来农业作物的附加值提升，安全绿色食品对健康的重要性不断凸显，而农业的养生养老价值也会越来越高。

在全国58个中国长寿之乡中，就有4个在梅州——蕉岭县、丰顺县、大埔县、梅县区。其中，蕉岭县更是被国际自然医学会认定为世界第七个、全国第四个“世界长寿乡”。

全世界长寿群体中女性总数是男性的三倍以上，目前梅州健在的496位百岁老人中，其中男性79名，女性417名，女性比例约为84%，为男性的5倍。其中蕉岭县健在的45名百岁老人全部都是女性。此外，各县市（区）目前最年老的百岁老人清一色都是女性，且均在105岁及以上，其中梅县、兴宁最年老的都是110岁，梅县的110岁人瑞则年长75天。

梅州全市八个县市区中均有20位以上的百岁老人，而兴宁市是唯一一个百岁老人达百人，绝对数量位居全市榜首。不过换算成百分比的话，百岁老人占比最大的则是蕉岭县，每10万人口中有20位百岁老人，远高于“中国长寿之乡”认证标准。百岁老人多是农村户籍，其中大埔、梅县百岁老人均为农村。据统计，496位健在百岁老人中，有450位是在农村居住，占总数的90.7%。不过，梅江区均属城区范围，其辖区内23位百岁老人均是城里人。

梅州是全国十佳绿色环保标志城市、中国最具幸福感城市和中国十佳优质生活城市，也是首批国家生态文明先行示范区之一。梅州人的长寿离不开青山绿水的好环境。养生到梅州，健康又长寿。走在乡间小道上经常可以看到，百岁老人劈柴煮饭、提水挑担、唱歌下棋。

蕉岭是全国林业生态最好的县之一，全县森林覆盖率达79.26%，全年空气质量良好率达100%。梅州水土富含“长寿因子”。经科学检测，蕉岭县境内富含人体所需要的微量元素——硒。蕉岭所产的大米、蔬菜、水果等富硒农产品，获得多项国家认证，成为蕉岭人健康长寿的秘方。吃长寿食品，喝长寿山泉水，品长寿文化……蕉岭长寿老人、长寿村、长寿饮食、长寿经验皆是得天独厚的宝藏。大自然亦献给勤劳朴实的蕉岭人诸多财富：灵芝、蜂蜜、冬笋、红菇、绿茶、金橘、淮山、豆干、葛粉、竹稻米，“蕉岭县十大长寿食品”肯定能让你满意而归。

丰顺县旅游资源丰富且独具特色，尤以温泉、漂流、瀑布、登高等特色旅游最为著名。拥有温泉这一得天独厚资源的丰顺，是上天造就的养生福地。丰顺是著名的温泉之乡、华侨之乡、中国长寿之乡，尤以温泉、漂流、瀑布、登高等特色旅游最为著名。经国土资源部检测，丰顺温泉属医疗型偏硅酸氟氡温泉，氡含量高，达到了医疗用热矿水氡水命名的标准。

穿梭于百侯、大麻、茶阳、湖寮、枫朗等不乏诗意的小镇，独具客家特色的人文景观映入眼帘：一座座白墙墨瓦的民居，一层层，一围围，加上田园、翠竹和芭蕉点缀，令人陶醉。

大埔山川毓秀，风光旖旎，有国家3A级景区西岩茶乡度假村和省级双髻山森林公园，有山势雄奇的阴那山和风光秀丽的丰溪林场，有集生态、旅游、观光、休闲于一身的西湖公园，还有阡陌纵横、蔚为壮观的广东省乡村旅游示范基地。大埔长期保留着“舌尖上的客家”，花生、金针菜、腐竹、茶叶、蜜柚、大埔娘酒、豆腐干、蜂蜜、农家大米、矿泉水等被评为“十大长寿食品”。来到大埔，吃货们必能一饱口福。

得天独厚的生态环境，民风淳朴的人文环境，自然生态的绿色食品，加上科学的饮食方式，构成梅县人口长寿不可或缺的重要因素。梅县区有森林面积269.4万亩，森林覆盖率已达74%，空气的清新度和纯净度特别高，全年空气质量良好率达100%，天然的大氧吧无不让踏足梅县的人陶醉。梅县是广东文化旅游特色区的核心区和生态文化重地。有以茶文化为主题的雁南飞茶田景区，以养生文化为主题的雁鸣湖度假村，以禅文化为主题的灵光寺，以客家文化为主题的桥溪古韵。在生态饮食方面，金柚是梅县区最具代表性的名优农产品之一，有“天然水果罐头”“水果之王”“岭南佳果”之美誉，金柚果肉营养丰富，含植物蛋白、铁、钙、碳水化合物及胡萝卜素、维生素等多种物质，被称为营养保健食品，此外，茶叶也是生态产品、养生食品，在日常生活中，茶叶是客家人保健的良方。

三 客家山区生态养老的实践经验

随着我国老龄人口的逐步增多，老龄市场消费迅速发展，一方面是因为我国经济发展到了一个新的水平，人均 GDP 达到 3000 美元以上，社会保障体系的逐步完善，使得老年人对老年住宅、老年保健、老年休闲等领域的消费热情激增；另一方面，目前年龄在 40—45 岁的一批中年人也将在 10 年后步入老年，他们是目前社会的主流，有着较高的收入及教育水平，在未来十年老年人独立居住的养老观念将会形成，生态养老市场需求也将达到顶峰。

针对越来越多消费能力与教育水平都较高的老年人，目前市场上的生态养老模式也同样层出不穷，例如康复型生态养老、医疗型生态养老、居家型生态养老、异地生态养老、农业休闲生态养老等，不同特征的老年人群对不同的生态养老方式具有不同诉求，而作为以农业休闲和健康养生为主体的生态养老模式，因其特殊的自然养生条件与康复身心的人文环境，并与生态休闲、农业旅游、山地森林度假等产品相结合，开创了养生养心、医疗康复、休闲度假、生态享受的新生态养老时代。

（一）源自传统文化的养老实践经验

梅州是国家生态文明先行示范区、中国最美生态休闲旅游城市，也是全省唯一一个全境纳入原中央苏区的地级市，拥有丰富的山水人文资源、特色休闲和健康养生资源。优美的自然环境和丰富的南药、温泉等生态资源，促使梅州养生养老产业迅速发展，相继开发了银竹养老养生城、雁回巢养生养老旅游产业园等养生养老项目，打造养生养老经济圈。梅江韩江绿色健康文化旅游产业带。文化是体验的源泉，是生态养老的灵魂所在。在都市田园中养生，一方面是绿色环境、绿色食品对身体的滋养，同时也是乡村本土历史文化、生态文化、农耕文化对人精神的陶冶。通常每个地区的农耕历史文化中都有传统养生的方法，例如客家山区农耕文化中对茶的养生功效较为注重，山乡田野中可以采集到的中药材多达上百种，在客家山区潮湿炎热的环境中较为实用，铁皮石斛、枫斗、西红花、绞股蓝、发芽糙米、红茶都是客家山区养生材质，铁皮石斛作为养阴药被应用于神经、内分泌、呼吸、消化等系统疾病的治疗，还被成书于一千多年前的道家典籍《道藏》中，体现着当地养生中草药，养生文化的发展。本土的民俗文化常常在休闲度假区中以情景化的方式体现出来，如客天下文化产业园的客家小镇，正中央的木质桌凳，挂在西墙上的斗笠、蓑衣，放在东墙角的磨石，客家山区农户各种各样有趣的摆设都尽情展现，而与之配套的客家民俗一条街，粮店、茶馆、南北货店、布店、修钟表店、摇面店、糕饼店、豆腐店、铁匠店、秤店、中药店等沿街而设，街道两侧还散落着修伞的、磨刀的、补锅的、修鞋的、爆米花的游摊散贩。住在客家山区农家院的客人走进这条昔日的客家山区农村集镇小街道，20 世纪六七十年代前客家山区乡村集镇场景再现眼前，仿佛经历了一场穿越，深刻地体验了客家山区农耕文化。

运动养生是指用活动身体的方式维护健康、增强体质、延长寿命、延缓衰老的养生方法。中华民族的运动养生特色是：以中医的阴阳、脏腑、气血、经络等理论为基础，以养精、练气、调神为运动的基本特点，强调意念、呼吸和躯体运动相配合的保健活动。传统的运动养生，经过历代养生家的不断总结和补充，逐渐形成了运动肢体、自我按摩以练形，呼吸吐纳、调整鼻息以练气，宁静思想、排除杂念以练意的保健方法。用活动身体的方式实现维护健康、增强体质、延长寿命、延缓衰老的养生方法。在田园的环境里，有山地、有大片草地、有森林溪水等资源，把运动场所搬到大自然中，可根据具体自然资源特点开展如高尔夫、滑雪、溯溪、越野自行车、徒步等运动养生活动。

（二）生态养老产业链条初具规模

为加强对梅州市健康产业发展工作的领导，促进客家山区健康产业持续快速健康地发展，2015 年 8 月，梅州成立以副市长为组长的健康产业发展领导小组，坚持“走出去”与“引进来”相结合，通过加强学习交流活动，不断深化广大领导干部对养老养生产业的认识。一是多次组织领导干部赴河池市巴马县等地考察调研，认真学习借鉴各地在发展养老养生产业方面的好经验好做法。二是积极促成北京梅州商会来梅考察，引进“生命健康谷”项目，整合国家“千人计划”专家团队及国内顶级医疗机构等高端资源，发展以高新生物医疗科技为支撑的再生医学、观光医疗和高端养老产业，打造一流的国家级综合性生物医药健康产业园区。三是与广州中医药大学签订《健康养生旅游产业合作框架协议》，依托对方在中医药健康养生方面的人才和技术优势，推进中国健康小镇、中华文化养生谷等12个项目的合作，构建以健康养生旅游为抓手的绿色经济平台。四是经市委、市政府研究同意，委托以申曙光教授为首的中山大学课题组编制《梅州市健康产业发展规划》，通过实地考察和深入分析，对梅州养老产业、养生产业等重点功能模块进行科学规划，目前初稿已完成。

另外，梅州积极扶持鼓励景区（点）引进社会资本开发生态养老产品。突出优势，打造中高端养生养老产品，梅州养生养老资源丰富，有较好的自然生态，难得的立体气候，优质的空气质量，多元的民族文化，积极开发中高端养生养老产品，以满足社会中高端收入人群的养生养老需求。一是以生态养老和休闲度假为主题，立足生态园林山水、“绿色环保”以及原生态园林的休闲区的特点，保留了人文传统生活景点，对梅江堤岸进行保护性开发，将人为景点与天然景点融为一体，打造天然春光山色，充分利用生态园自然景观，形成“可览、可游、可居”的环境景观和集“养身—娱乐—餐饮—住宿—观光旅游—生产（苗圃）”于一身的景观综合体。例如，“世界长寿之乡”蕉岭县有97个行政村建有125个篮球场、137个羽毛球场、63个文体广场、43个休闲小公园；蕉岭县是全国林业生态最好的县之一，全县森林覆盖率达79.26%，县城绿化率达95%，空气好，水质优，水土富含硒，食品绿色环保；治安好，民风淳，尊老敬老成风，举办了长寿文化节，开展了“金婚银婚好夫妻”评选表彰活动，全县老人自发组织的文娱体育健身队有469个，老人精神文化生活丰富；再比如，“中国长寿之乡”大埔县不仅生态环境好、民风淳朴、社会和谐、生活态度乐观、生活方式健康，等等。在当前以家庭养老为主要养老方式的情况下，长寿之乡所具有的社会和谐稳定、邻里关系和睦、家庭成员亲近等特点和优势，充分发挥了家庭养老的优势，使老人能得到必要的经济扶助和精神关怀，养老无忧，安享幸福晚年。

粤东客家山区拥有丰富的地热资源，在生态养老方面更具优势。温泉也是一种地下水，可又不同于一般的地下水，它不仅具有许多物理方面的特性，如较高的温度、酸碱度、温泉水本身的浮力和压力，等等，还具有化学方面的特性，如有多种多样的气体、矿物质、微量元素和化学组分、阴离子、阳离子，等等。这些也是温泉能够治疗疾病的物质基础。不同的温泉能够治疗不同的疾病，例如氡温泉具有消炎、镇静、止痛、脱敏等作用；碳酸温泉有促进血液循环，增进食欲和消化，利尿的作用；硫化氢温泉，有双向调节血压的作用，能改善冠状动脉功能不全，对轻型冠心病有一定的疗效；碘温泉对治疗甲状腺、垂体和卵巢的疾病，有令人满意的疗效。都市近郊的田园温泉具有很明显的地理优势与人群市场优势，除了日常泡浴，还结合体检、诊断、医疗、康复、疗养、健身等一系列手段深入开发，打造温泉康复疗养基地，融入休闲地产开发，配套健身、温泉会所、特色 SPA、银行等配套设施，可称为温泉生态养老大型公园。

粤东客家山区拥有良好的生态植被，不管是山地还是平原，都有着有利于中草药生长的土壤，《本草纲目》对百合、人参、何首乌、灵芝、当归、五味子、红枣、山药、核桃等多种中草药的养生功效都具有记载，是中医诊疗的依据与来源。在以中草药生态养老为主体的度假开发中，中草药种植园是必不可少的，可依据中草药不同的外形与特点做中草药主题景观，同时配有植物解说，供社区度假生态养老人群学习认识。生态养老社区同时还邀请老中医常年坐诊把脉，并针对不同人的身体状况定制不同的中医管理档案。同时，药膳食疗也必不可少，养生会馆会为社区提供健康饮食管理，开设健康讲堂，同时引入中华中医文化的运动养生术，如五禽戏、太极拳、武术等，让生态养老社区动静皆宜，景观与体验并存。

绿色建筑目前在世界范围内被广泛关注，低碳环保是国际趋势，在生态养老社区中更应该率先示范，包括太阳能风能利用、生态环保、低耗材料使用、倡导健康绿色的生活方式等。传统客家围龙屋具有较低的容积率，其质朴的外观与清新的环境能够让人心灵致静，针对老年人在心理上容易产生孤独感的心理特点与需要，给予了特别关注，空间布局体现老年人自立性、健康性、安全性，围龙屋按老年人的人体尺度和心理、生理特点进行改造，体现适用性，兼顾老人与照顾者的使用要求，空间可改造。总之，传统围龙屋改造之后的舒适性与环保性为生态养老提供了很好的环境，是低碳生活背景下的新型养生养老模式。

四 以生态养老推动粤港澳夕阳服务领域的合作

养老服务涉及千家万户和社会生活的方方面面，是一个长期而复杂的系统工程，加快养老服务体系建设是迎接人口老龄“浪潮”，推进养老服务事业发展的重要途径，需要全社会的关心、支持和共同参与，为实现“老有所养、老有善养”而共同努力。

澳门的长者服务发展经历了三个阶段：1982 年以前主要是社会互助；1983—1999 年政府与民间社团合作，为长者提供服务；澳门回归后，政府明确了“老有所养，老有所属，老有所为”的方阵，制定了总体目标，并统一了评估工具。面对人口老龄化的挑战，香港已经发展了一套长期照顾的政策、服务体系和服务模式，在过去十年间，香港特区在扶持体弱老年人居家安老方面做出的努力和尝试，包括制定了长期照顾的政策、统一评估机制、社区服务的圈人照顾管理模式，其所积累的经验值得粤东山区发展生态养老产业时借鉴和学习。

（一）港澳与粤东地区文化共通

民政部鼓励社会力量、民营机构开展社区和家庭的养老服务，尤其鼓励港澳养老服务提供者，到内地办非营利性的养老机构。原部长李立国表示，对于社区居家养老服务，将采取三项措施：一是指导各地加强社区日间照料的设施，让老年人在本社区就可以得到就餐、医疗等服务；二是鼓励社会力量、民营机构，开展社区和家庭的养老服务；三是依托“互联网 +”鼓励建设养老服务综合信息平台，建设没有围墙的养老院。中央鼓励港澳养老服务提供者，到内地尤其是广东福建举办非营利性的养老机构，并且可以按照非营利性的机构属性享受相应的优惠政策。比如，2016 年 4 月 13 日上午，江门市政府、印尼力宝集团和广东南粤集团共同签署战略合作协议，三方将充分发挥各自优势，探索建立“政府指导、校企合作、医养并举、海内外联合办学”的创新型办学模式，打造粤港澳健康养老产业基地。梅州雁南飞茶田景区巧妙地将“生态养老”

和“休闲度假”合二为一，相互促进。规划的景点、设施具有很多唯一性和排他性，特别是根据项目地理环境所设置的景点，因巧妙地与自然景观相融合，形成了独特的景观群。项目建筑群以客家围龙屋为主题风格，同时结合花卉苗圃的生态园林建设，将生态与古朴清新的气息和谐统一，始终坚持两大优先，“保护生态环境优先”“保护当地人民利益优先”，真正做到了努力实现养老社区的可持续发展，打造出该区域独一无二的中高档“生态养身和休闲度假”特色旅游综合体。新型生态养老社区应努力实现政府、社会、第三方组织的共融。丰顺汤坑养生养老社区在建设过程中借鉴国外先进经验，展开政企合作，共同开发温泉养生养老社区，充分发挥双方各自优势，实现共赢。在开发过程中，还积极引入其他社会组织，为其多样性养老服务提供平台，培育各种特色鲜明的社会服务队伍，实现多元主体共同参与社区的建设与服务。温泉山庄主要服务对象为自理型老人。老人们可以在护工人员的陪同下，到山庄内的菜地里浇浇水、摘摘菜，体验开心农场式的农耕生活，还可以在水果成熟的季节，就近采摘新鲜水果，这对老年人的身心健康大有益处。

老有所养是改善民生的重要内容，也是加快梅州振兴发展的重要保障，而要解决梅州凸显的老龄化社会的问题，关键是要大力发展被誉为“银发经济”的养老产业。目前，梅州 521 万人中 60 岁以上老人有 67.5 万人，占全市总人口数的 13%，超过老龄化社会界定标准的 3.1%。因此，在老龄化社会进程中加快探索建立较完善的养老模式，已成为建设富庶美丽幸福梅州重中之重、当务之急。为了解决养老问题，梅州市采取了很多很好的办法，其中很关键很实用的就是采取了社会养老保险全覆盖的做法。还有，梅州正在探索居家养老模式，去年 8 月梅州首个居家养老服务中心在客家山区街道挂牌成立。截止到 2016 年 6 月，梅州全市共有公办养老机构 124 家，其中农村公办养老机构 117 家，民办养老机构 22 家。

由于养老养生产业涉及企业、行业、产业、战略等层面，未来需要企业打基础、政府搭建平台进一步发展。梅州市与广东省民政等部门沟通，承接珠三角养老产业转移；鼓励有实力的品牌养老企业进驻；引导金融企业推出适合老人的理财产品；大力发展银发教育事业，培养专业养老服务人才。养老养生产业是服务老人的朝阳产业，具有很好的产业发展前景，梅州拥有良好的生态优势，具备发展这一产业的潜质。但是养老养生产业又是进入门槛较高的行业，随着生活水平的提高，人们对养老的要求不断提高。向养生、休闲、度假等多功能过渡，梅州离承接或发展这一产业还有很长的路要走。梅州地处山区，引进专业化的品牌养老企业，必须有便捷的交通，尊老敬老公共服务的丰富化，如推出示范基地、养老金融产品，这些均是政府需要担当的职能。梅州正在开发文化特色旅游，养老养生产业从长远来说也是其中的一环，良好的养生品牌必将丰富文化旅游的内涵，拉长文化旅游的产业链，带动养生产品的开发，促进梅州南药种植、老年、休闲基地等系列产业发展。

（二）粤港澳夕阳服务合作前景广阔

随着我国老龄化人口规模的快速膨胀，养老问题是事关公平与稳定的重大社会问题。如不立即着手解决老年人的养老问题，将无法集中高效使用有限的社会优质劳动力资源，直接影响到国民经济的可持续发展。会给政府带来沉重的负担，严重影响社会的发展与进步。目前养老方式与实际需求不匹配。中国的传统文化决定了单纯以进入养老院的养老方式无法满足现实的养老需求，中国的主流养老模式应为社区居家养老。我国城乡空巢家庭超过50%，农村留守老人占农村老年人口的37%，城乡家庭养老条件明显缺失。加快发展社会养老服务事业，应对人口老龄化问题，势在必行。在这样的形势下，粤东山区更应该探索生态养老的发展路径，突破传统的养老方式，以实现老有所养、老有所乐、老有所学、老有所为、老有所医、老有所安、老有所惠为目标，养老社区的建设将在解决目前养老供需矛盾和实现老年人健康养老等问题上起到重要作用，无论是理论指导还是社会实践都具有积极的意义。

中国作为一个人口大国，在养老事业发展的初级阶段也正在不断地摸索。经历了郊区大规模兴建养老社区的开发模式之后，养老项目的发展正在逐渐回归老年人原有的生活场所：适老化住宅、老年公寓、社区老年人活动站的兴建，促进了以居家养老为中心的发展；同时，伴随着市场和政策的开放，医养结合文化养老、异地养老等各种各样的养老项目也百花齐放。此外，生活在乡村的老年人的生活环境也在不断改善，乡村养老住宅和公共养老设施的环境正在不断改善。

粤东客家山区需要定位为港澳及珠三角城市的后花园，以民办公助、公建民营、政府购买服务等方式，创新互助养老、居家养老等模式，逐步建立“以居家养老为基础、社区服务为依托、机构养老为支撑”的养老服务体系。养老事业是个系统工程，需要政府、金融机构、医疗机构以及相关社会服务机构的共同参与，尤其是地理毗邻的粤港澳区域通力合作，才能解决养老健康产业面临的政策碎片化、产业链条不完善、专业人才匮乏等问题。在家风传承与生态资源方面，粤东河源、梅州、揭西等客家山区具备了在夕阳服务领域与港澳合作发展生态养老产业链的基本条件，无论是宗族文化还是地域社会历史传统，都支持客家山区基于已有资源大力开拓跨区域合作的愿景。只要地方政府善于利用客家传统历史文化资源，充分发挥外出乡贤及港澳同胞的民间资金，给予灵活的政策支持，生态养老将成为粤港澳夕阳领域合作的重要平台，为粤东客家山区的社会经济发展注入活水。

澳门中学生心理资本与学校联结、友谊质量等的关系

陈　俊[*]　陈玉洁[**]

一　绪论

心理资本是个体在成长和发展过程中表现出来的一种积极心理状态，是可被开发的能力，它能使个体从逆境、冲突和失败中快速恢复，帮助个体更加和谐地与自身和社会互动，提高幸福感和健康心理水平。而青少年阶段的身心发展尤为迅速，如个体能培养自信、乐观、满怀希望以及无比坚韧的心理资本，则能更好地适应社会。可惜对于现时处于急速变化的澳门中学生而言，他们的心理资本会否因为社会的转型、经济模式的改变而产生一定的影响？这些影响又会否对其亲子关系、学校联结、友谊质量以及自尊等因素发生改变，出现适应不良的行为，这正是本研究探讨的一环。

澳门，是一个中西文化汇聚的小都市，人口为64万余①。自赌权开放以来，成功带动了经济的发展，但同时也衍生出不少社会问题，澳门青少年的认知能力明显下降，自我意识出现不良的倾向，出现自我个性

* 陈俊，华南师范大学心理学院教授，博士生导师。

** 陈玉洁，澳门镜平中学教师，心理学硕士。

① 鲍思高青年村机构、澳门统计暨普查局：《澳门青少年健康生活元素现况研究》，2015年第四季度。

膨胀、悲观等负面情绪，甚至出现偏差的社会行为，这都应当引起政府及教育界关注。

据“2014 年澳门青年指标的调查”中，最多受访青年出现的偏差行为是讲粗口，占 39.76%；其次是深夜游荡、吸烟和赌博，分别占 10.20%、6.51% 和 5.35%，这些偏差行为相对较为轻度。但在身心健康方面的发展却有走下坡路趋势，根据“2015 亚太区青少年成长身心健康研究报告”指出：本澳中学生有两成出现焦虑症，一成出现忧郁及紧张受压等症状。就心理发展的观点，青少年介于儿童期到成年期的过渡时期，而此时期，青少年在对学校、家庭及社会环境做适度适应时，经常遭到一些挫折与压力，身心经常处于剧烈的变化，故此，心理学家称此时期为暴风期，而遭遇这些挫折、压力、紧张，令青少年失去身心上的平衡，这种不稳定的躁动时期，心理学称之“心理上的断乳”（psychological weaning）时期，容易导致“自我同一性的危机”（Ego-Identity Crisis），容易出现精神、心理上的否定、焦虑、孤独、无助等不健康的心理症状①。

随着社会的发展，心理资本在社会中扮演着重要的角色。心理资本强大的学生，善于发现自己的长处和优点，又能正视自己的缺点并及时改正；充分认识并显示自己的实力，有助于学生提升个人的自信心，更好地适应社会发展。心理资本是个人资源极其重要的组成部分，对平衡、缓解冲突有着不可忽视的作用，并且能为个体提升竞争性的优势。此外，此调查数据也能为教学人员提供较适切的学生预防及发展性的辅导服务。

二　研究回顾及评析

（一）心理资本的研究概述

1. 心理资本的概念

“积极心理资本”这个概念是由 Luthans 等人于 2004 年提出的，简称“心理资本”，它是个体在成长和发展过程中表现出来的一种积极心理

① 蔡美雪：《生活压力、制握信念、社会支持与青少年偏差行为之关系》，台湾：成功大学教育研究所，2006 年。

状态，是衡量个体在社会竞争力的指标，最早出现在经济学、投资学和社会学等文献当中。

Luthans 等认为心理资本是超出人力资本和社会资本的，到 2007 年他们对积极心理资本重新定义，认为它包含了四个核心成分：自我效能（自信）、韧性、希望和乐观，是个体的基本心理力量和状态，是可以测量、无限开发和管理的。

有关心理资本的概念分析，一般可分为三类：特质论、状态论和类状态论。特质（trait）论认为心理资本类似于人格特质，是个体内在相对稳定的心理质量，对个体的行为产生重要的影响（Letchr，2004）。Hosen 认为可通过学习的途径来获得或开发，Cole（2006）也认为心理资本是一种影响个体行为与产出的人格特质。

状态（state）论则认为心理资本是状态性的而非特质性的，是会随着环境的变化而变化（Goldsmith）。Luthans 等人认为心理资本是状态性的，是可以进行训练、培养和管理的；Avoli（2004）等认为心理资本可有效预测员工的心理状态，引导员工做积极的事情，从而提高员工的工作满意度和工作绩效。

类状态（state-like）论认为心理资本同时兼备特质和状态两种特性，彼此不能分割，二者其实是同一维度的两个极端（Avolio，2006）。

2. *心理资本的构成要素*

不同的研究者由于背景及文化差异、研究视野不同或研究取样数量与代表性不同，因而对心理资本的构成要素有着不同的解读，包括二维度、三维度、四维度及多维度等（刘少峰，2014）。通常学者们更倾向于认为，心理资本包含：自我效能、韧性、乐观和希望等要素。

（1）自我效能，是个体在未曾经历过、难以预测且具有压力的特定情境中，对自己整合并执行相关行动的能力知觉并拥有表现和付出必要的努力、完成具有挑战性任务的自信。黄慧（2011）指出具有高自我效能的学生往往会运用比较有效的认知策略来帮助学习，善于管理时间及学习环境，能调整自己的努力情况，这种正面的分析使压力情境被视为正常的挑战而非威胁。

（2）乐观。指个体遇到逆境或困难时，能对失败的原因进行积极归因，使自己的心态平和、情绪稳定。Seligman 认为乐观的人在成功时会归因于自身稳定的内在因素，例如自己的能力，而在失败时会把原因归结为不稳定的外在因素，例如运气。

(3) 希望。是指个体通过各种方法努力实现预期目标的积极心理状态，并且在必要时能够调整或重新选择实现目标的方法和路线。[1] 认为希望是一种正向的动机状态，是一种认知的思考历程。

(4) 韧性，又称心理弹性、复原力或抗逆力，是指当个体处于生活逆境、悲伤或重大挫败时的复原能力，是个体具有的某些特质和能力，使其在困境中散发出保护个人不受挫折或压力情境的影响，使个体重新获得自我控制的能力，并发出健康的反应行为。

(二) 亲子关系的研究概述

"亲子关系"的遗传学定义是指亲代和子代之间的生物血缘关系，在此指以血缘与共同生活为基础，心理学上是指父母与子女之间的相互关系，作为家庭中最基本、最重要的一种关系。亲子关系是与生俱来，是儿童早期最为重要的人际关系，对儿童心理发展具有无可比拟的重要性，且在正常的情况下亲子关系直至成年会长期存在[2]。

有研究显示青少年期比童年期发生的亲子冲突更多（Montmayor, 1983），但后期的研究显示，大多数青少年与父母的冲突强度较弱，与父母的亲和程度仍高。这表明青少年期并非像早期心理学家所认为的那样，青少年的重要特征就是亲子间发生激烈而明显的冲突，实质只是亲子关系的转变期，而不是破裂期[3]。

方晓义[4]等人研究发现，亲子冲突与青少年的问题行为、犯罪、吸毒、性行为、学习成绩差之间存在显著相关。

---

① Snyder, C. R. Hope, "Theory: Rainbows in the Mind", *Journal of Psychological Inquiry*, Vol. 13, 2002, pp. 249 – 275.

② 王云峰、冯维：《亲子关系研究的主要进展》，《中国特殊教育》2006 年第 7 期，第 77—83 页。

③ Laursen, B., Coy, K. C., Collins W. A., "Reconsidering Changes in Parent-child Conflict across Adolescence: A Meta-analysis", *Child Development*, Vol. 69, 1988, pp. 817 – 832.

④ 方晓义、张锦涛、刘钊：《青少年期亲子冲突的特点》，《心理发展与教育》2003 年第 3 期，第 46—52 页。

（三）学校联结及其相关研究

学校联结（School Bonding）是青少年成长中行为、心理健康和学习问题的紧密相关概念，也是影响学生成长的重要变量之一。最先提出这个概念的是 Hirschi 的“社会控制论”，他强调学校联结对青少年的影响，认为当学生感到自己与学校相联结时，才会主动内化学校的目标和价值观，从而减少出现不良行为的可能性。之后，不同学者基于“温斯布雷德宣言”中概括出学校联结的主要定义：学校联结是指学生们感觉到学校中的成年人不仅关心他们的学习，同时把他们当成独立的个体看待。因而学校联结可以看成学生与学校、老师受同伴之间建立的一种亲密关系，并主动投入学习的一种状态。共有三个主要维度：学校依恋、老师依恋和学校承诺。学校依恋是指学生对学校所抱持的一种归属、认同和依恋的情感；老师依恋是指学校情境下的师生互动，以学生与老师的情感联系为特征；学校承诺主要表现为学生对学业成绩的积极投入，如拥有较高的学业抱负、按时完成作业以及对学校纪律的遵守等。

（四）友谊质量及其相关研究

友谊是指两个个体之间形成的一种自愿的、互惠的关系[①]。友谊质量是两个个体之间友谊关系的亲密程度，杨丽珠（2012）所指的是友谊关系的状态，既指友谊特征，也是对友谊程度的评价（李小青，2009）。友谊促使青少年获得社会支持、安全感，并能促进青少年自我概念及健康人格的发展，友谊质量影响着青少年的社会适应水平。有研究表明，具有高质量友谊的青少年同时具有更好的社会适应和应对压力的能力，并且有更好的学校参与及更高的自尊。Lansford，Criss 和 Pttit 研究表明，高友谊质量的青少年有更少的反社会行为。Berndt，Hawkins 和 Jiao 的研究中发现，友谊具有积极特征的学生也具有较高水平的社交和领导能力。因此，友谊质量是影响青春期心理问题的一个重要因素。

---

① George T. P.，Hartmann D. P.，“Friendship Networks of Unpopular，Avrage，and Popular Adolescents”，*Child Development*，Vol. 67，1996，pp. 2301 – 2316.

（五）自尊及其相关研究

自尊是对自我的一种评价性和情感性体验（Wang Y.，2001），作为自我系统的重要特质与学生心理健康之间的关系直接而密切。杨丽珠认为自尊作为一种起中介作用的人格变量，对学生的认知、动机、情感及社会适应性行为均有重要、广泛的影响。

个体若得到他人的尊重、支持、承认，他也就尊重自己，赋予自己价值；若受到重要他人的否定、轻蔑，他也就否定、轻蔑自己[①]，即个体自尊的形成受到来自他人的社会支持影响。

三 研究方法

（一）研究对象

以澳门中学生作为研究对象，初一级至高三级各随机抽样，每级受试人数约 120 人。实得有效问卷 733 份，其中男、女生分别为 360 人、373 人。被试的人口学、社经数据包含：性别、年龄、年级、是否独生、是否参加课外活动、是否有宗教信仰、家庭经济、父母就业状况等特征。

（二）研究假设

假设 1：澳门中学生心理资本表现出不同的心理发展特点。即其自我效能、韧性、乐观、希望等四个不同维度的发展在不同年龄、性别、课外活动的参与、父母职业、是否独生子女及宗教等因素中表现可能有差异。

假设 2：澳门中学生的学校联结、友谊质量、亲子关系及自尊等方面亦存在不同的发展特点。

假设 3：澳门中学生的心理资本、亲子关系、友谊质量、学校联结与自尊等方面具有显著的相关。

---

① 张静：《自尊问题研究综述》，《南京航空航天大学学报》（社会科学版）2002 年第 2 期，第 12—23 页。

（三）研究工具

本研究使用张阔（2008）编制的积极心理资本问卷。该问卷包括四个维度：自我效能、韧性、希望、乐观。所有题目均按七点计分。该问卷的系数为0.79，分量表上自我效能为0.83，希望为0.81，韧性为0.71，乐观为0.79，表明该问卷全量表及分量表的信度较好，符合施测要求。

亲子关系问卷采自Chen和Paterson（2006）的研究。

采用Resnick等人1997年编制的学校联结量表，共6个项目。测量中学生的教师支持和学校归属感程度。

中文版友谊质量问卷采用邹泓等（1998）修订的Paker和Asher（1993）编制的友谊质量问卷。

采用Rosenberg编制的自尊量表，共10个项目。

我们首先对各个量表进行内部一致性检验。结果表明，心理资本量表、亲子关系量表、学校联结量表、友谊质量量表、自尊量表的Cronbach a 值分别为0.868，0.762，0.832，0.934，0.858。对整份量表进行内部一致性检验，其Cronbach a 为0.940，由此可见问卷的信度较高。

四 研究结果与分析

（一）心理资本状况

为了解澳门中学生在性别、是否独生、有无参与课外活动以及有无宗教信仰等方面对他们心理资本的影响，对此进行了平均数差异检验，结果详见表1。由表1得知，独立样本 t 检验表明，澳门中学生中独生子女的心理资本得分显著高于非独生子女，有参加课外活动的中学生心理资本得分显著高于没有参加课外活动的中学生，而性别以及有无宗教信仰对澳门中学生的心理资本得分没有显著性影响。

单因素方差分析表明年龄状况对澳门中学生的心理资本影响不显著，$F(2,732)=1.35$，$p>0.05$。年级状况对澳门中学生心理资本的影响是显著的，$F(5,732)=2.05$，$p<0.05$。事后比较发现，高一的学生心理资本得分最低，其中初二、高二和高三学生的心理资本得分均显著

高于高一学生。父母就业状况对中学生心理资本的影响不显著，F（2，719）=1.12，$p>0.05$。

表1 心理资本的性别、是否独生、有无参与课外活动和宗教信仰差异比较

		人数	M	SD	t
性别	男	360	115.54	18.81	1.70
	女	373	113.33	16.53	
是否独生	是	157	117.87	17.43	2.77**
	否	576	113.48	17.67	
有无参与课外活动	有	581	116.37	16.62	5.77***
	无	152	107.32	19.23	
有无宗教信仰	有	142	114.52	17.69	0.08
	无	591	114.39	17.72	

注：* $p<0.05$，** $p<0.01$，*** $p<0.001$。下同。

对澳门中学生在心理资本的各维度上的得分进行 Person 相关分析，得出以下结果，详见表2。

表2、 心理资本各维度相关分析

	1	2	3	4
1. 自我效能	—	0.348**	0.525**	0.533**
2. 韧性	0.348**	—	0.264**	0.322**
3. 希望	0.525**	0.264**	—	0.511**
4. 乐观	0.533**	0.322**	0.511**	—

以上相关分析表明，各维度之间均有显著的正相关。

为了解澳门中学生在性别、是否独生、有无参与课外活动、有无宗教信仰、年级、年龄以及父母就业情况等方面对他们心理资本的4个维度的影响，对此进行了平均数差异检验，结果详见表3。

表 3　　　　心理资本 4 个维度在各个人口学变量上的差异比较

变量		人数	自我效能	韧性	希望	乐观
性别	男	360	30.92 +6.51	30.22 +6.81	27.75 +6.04	26.66 +5.96
	女	373	30.05 +5.65	28.73 +6.04	28.08 +5.51	26.46 +28
t			1.94 *	3.13 **	-0.79	0.47
是否独生	是	157	31.25 +5.72	29.99 +6.75	29.14 +5.80	27.48 +5.27
	否	576	30.05 +5.65	29.32 +6.38	27.58 +5.72	26.31 +5.69
t			1.81	1.15	3.02 **	2.33 **
有无参与课外活动	有	581	31.12 +5.75	29.59 +6.35	28.60 +5.47	27.06 +5.48
	无	152	28.11 +6.70	29.08 +6.79	25.38 +6.06	24.75 +5.66
t			5.53 ***	0.87	6.29 ***	4.59 ***
有无宗教信仰	有	142	30.67 +6.06	28.70 +6.38	28.22 +6.17	26.94 +5.52
	无	591	30.43 +6.11	29.65 +6.47	27.84 +5.68	26.47 +5.65
t			0.42	-1.58	0.70	0.89
年龄（岁）	11—14	297	29.83 +6.16	30.60 +7.05	27.93 +5.94	26.64 +5.73
	15—17	342	30.70 +5.99	28.49 +5.88	27.83 +5.77	26.35 +5.64
	18—20	94	31.22 +6.12	29.44 +6.05	28.17 +5.26	27.07 +5.23
F			3.90 *	8.59 ***	0.13	0.67
年级	初一	118	29.60 +6.15	30.71 +7.14	28.20 +5.99	26.27 +5.80
	初二	118	29.86 +6.74	31.50 +7.12	27.18 +6.29	26.63 +5.82
	初三	124	30.59 +6.47	28.54 +6.44	27.97 +5.39	26.82 +5.74
	高一	133	29.89 +5.69	28.25 +5.62	27.03 +5.71	25.35 +5.65
	高二	130	31.55 +4.85	29.17 +5.76	28.84 +5.79	27.62 +4.89
	高三	110	31.42 +6.48	28.79 +6.13	28.31 +5.28	26.72 +5.70
F			2.32 *	5.11 ***	1.86	2.30 *
父母就业情况	均就业	551	30.54 +6.00	29.42 +6.50	27.96 +5.67	26.61 +5.61
	父就业	117	30.48 +6.09	29.74 +6.02	27.76 +5.89	25.75 +5.70
	母就业	52	29.02 +6.86	29.60 +7.00	27.04 +6.44	27.23 +5.62
F			2.15	0.23	1.24	1.74

（二）亲子关系状况

为了解澳门中学生在性别、是否独生、有无参与课外活动以及有无宗教信仰等方面对他们亲子关系的影响，对此进行了平均数差异检验，t 检验表明，澳门中学生的性别、是否独生、有无参与课外活动以及有无宗教信仰对其亲子关系都没有显著性影响。

（三）学校联结状况

为了解澳门中学生在性别、是否独生、有无参与课外活动以及有无宗教信仰等方面对他们学校联结的影响，对此进行了平均数差异检验，结果详见表4。

表4　学校联结的性别、是否独生、有无参与课外活动和宗教信仰差异比较

		人数	M	SD	t
性别	男	360	20.72	4.08	1.09
	女	373	20.40	3.84	
是否独生	是	157	21.20	4.07	0.59
	否	576	20.38	3.91	
有无参与课外活动	有	581	20.77	3.87	2.83**
	无	152	19.75	4.19	
有无宗教信仰	有	142	20.85	3.93	1.00
	无	591	20.48	3.96	

由表4得知，独立样本t检验表明，澳门中学生中有参加课外活动的中学生学校联结得分显著高于没有参加课外活动的中学生，而性别、是否独生以及有无宗教信仰对澳门中学生的心理资本得分没有显著性影响。

（四）友谊质量状况

独立样本t检验表明，澳门中学生中女生的友谊质量显著高于男生，非独生子女的友谊质量显著高于独生子女，有参加课外活动的学生友谊质量显著高于没有参加课外活动的学生，而有无宗教信仰对澳门中学生的友谊质量没有显著性影响。

（五）自尊状况

为了解澳门中学生在性别、是否独生、有无参与课外活动以及有无宗教信仰等方面对他们自尊的影响，对此进行了平均数差异检验。

独立样本 t 检验表明，澳门中学生中女生的自尊显著高于男生，独生子女的自尊显著高于非独生子女，而有无参与课外活动以及有无宗教信仰对澳门中学生的自尊没有显著性影响。

（六）各量表相关分析、回归分析以及中介效应检验

对澳门中学生在心理资本、亲子关系、学校联结、友谊质量和自尊这五个量表上的得分进行 Person 相关分析，详见表 5。

表 5　各量表之间的相关分析

	1	2	3	4	5
1. 心理资本	—				
2. 亲子关系	0.320**	—			
3. 学校联结	0.501**	0.374**	—		
4. 友谊质量	0.415**	0.265**	0.439**	—	
5. 自尊	0.674**	0.345**	0.418**	0.338**	—

由表 5 得知，澳门中学生的心理资本、亲子关系、学校联结、友谊质量和自尊这五个方面具有显著的相关。

心理资本、亲子关系、学校联结、友谊质量、自尊这五个变量之间是否存在相互的预测作用？为此对它们依次进行回归分析，其结果详见表 6。

表 6　亲子关系、学校联结、友谊质量、自尊对心理资本的影响

	R	R2	F	亲子关系（β）	学校联结（β）	友谊质量（β）	自尊（β）
心理资本	0.73	0.53	204.28***	0.032	0.21***	0.135***	0.53***

由表 6 可知，澳门中学生的学校联结、友谊质量、自尊对其心理资本具有良好的预测作用，建立回归方程为 $Y = 23.38 + 0.133X1 + 0.947X2 + 0.117X3 + 1.88X4$。

根据温忠麟等人[①]（2004）提出的中介变量的条件各检验方法：中介变量可以由复回归分析来检验。

采用多元回归分析，将性别、年级、年龄、是否独生、有无宗教信仰、有无参加课外活动、家庭经济状况以及父母就业作为控制变量，建立回归方程。在分析过程中，将所有变量进行标准化处理。

表 7　自尊在亲子关系和友谊质量之间的中介效应

步骤	预测变量	因变量	R	R_2	F	B	t
第一步	亲子关系	友谊质量	0.27	0.07	55.33***	0.27	7.44***
第二步	亲子关系	自尊	0.35	0.12	98.90***	0.35	9.95***
第三步	亲子关系	友谊质量	0.37	0.14	59.10***	0.17	4.61***
	自尊					0.28	7.65***

从检验结果来看，首先检验回归系数 c 显著；继续第二步做 Baron 和 Kenny 部分中介检验，即依次检验系数 a，b，结果发现 a，b 值都显著，意味着亲子关系对友谊质量的影响至少有一部分是通过了中介变量自尊实现的；继续第三步做 Judd 和 Kenny 完全中介检验中的第三个检验，即检验系数 c′，结果发现 c′显著，说明只是部分中介过程，即亲子关系对友谊质量的影响只有一部分是通过中介变量自尊实现的。

从表 7 可看出，亲子关系与友谊质量的回归系数显著性水平很高，

---

① 温忠麟、侯杰泰、张雷：《中介效应检验程序及其应用》，《心理学报》2004 年第 36 期，第 614—620 页。

对自尊进行中介效应分析时发现，引入自尊后，亲子关系对友谊质量的显著性水平有所降低。所以，自尊在亲子关系和友谊质量之间存在部分中介作用，中介效应值为0.10，中介效应占总效应的37.74%，也就是说亲子关系对友谊质量依然存在直接效应，并且直接效应值为0.17。

总而言之，中介效应表明澳门中学生的自尊在其亲子关系和友谊质量之间存在部分中介效应，也就是说，澳门中学生的亲子关系通过影响其自尊最终影响其友谊质量。

五 讨论

（一）澳门中学生心理资本的一般特点

从表1中我们可以看到，澳门中学生在性别及宗教信仰等方面对其心理资本得分没有显著性影响，而在是否独生子女及年级方面的差异显著性较大，讨论如下。

1. 澳门中学生心理资本在性别及宗教上的差异

澳门中学生心理资本在性别上的得分虽没有显著性影响，但男生的韧性水平仍高于女生，显示出性别特征，这可能与性别角色和社会期望有关，这一结果和国内许多研究一致。在社会生活中，男性被看作理性的、有能力的、承担的、坚强的和不易倒下的；而女性则被看作被动的、情绪的，从而使她们在韧性方面得分较高。

宗教方面，澳门中学生的心理资本没有显著的差异，这一结果与大多研究结果不一致，究其主要原因是由于被试的学校没有宗教信仰，学科上没有设置宗教科目，学生较少有接触机会，而受试学生的家庭亦较少有宗教信仰，因而宗教对心灵上的影响在本研究中未有显著的区分。

2. 澳门中学生心理资本在是否独生子女上的差异

澳门中学生中独生子女的心理资本显著高于非独生子女，尤其在希望和乐观两个维度上有较显著的差异。这结果与蓝艳等人的研究一致，独生子女的能力评价分数高于非独生子女。社会普遍认为非独生子女在社交、适应等能力上一般比独生子女强，独生子女在创造性能力上比非独生子女强[①]，独生子女更自信，对自我评价更高。而生活的满足，致使独生子女比非独生子女对生活更充满希望和乐观。[②] 曾对是否独生子女进行研究分析，发现独生子女在父母更多的关怀下，其不良的情绪能得到适度、适时的释放，故心态会较平和、身心健康水平较高，不易出现自责倾向。此外，由于独生子女的父母会给他们较明确的目标，所以独生子女会为了父母的期望而努力坚持，韧性亦会较强。

3. *澳门中学生心理资本在有无参加课外活动上的差异*

有参加课外活动的中学生心理资本得分显著高于没有参加课外活动的中学生，推其原因，参加课外活动可提升学生的学习机会，学生可从课外活动中接触和学习更多课本外的知识，让他们培养出自己的兴趣及发挥个人潜能的机会，从而发现自己的优点，提升自我及对未来发展的信心。此外，有参加课外活动的中学生在活动训练中会得到志同道合的同侪及训练导师的关心，感受到被关注及得到支持的满足，因而对生活较有憧憬及抱负，所以有参加课外活动的中学生在“自我效能”“希望”和“乐观”等维度方面得分较为显著。

（二）澳门中学生的学校联结的一般特点

澳门中学生中有参加课外活动的中学生学校联结得分显著高于没有参加课外活动的中学生，而性别、是否独生以及有无宗教信仰对澳门中学生的心理资本得分没有显著性影响。

有参加课外活动的澳门中学生学校联结得分显著高于没有参加课外活动的中学生。Libbey（2004）曾指出学校归属感、依恋、学业参与、安全感以及教师支持是学校联结的重要组成因素，而参与课外活动的学生往往能在团体中得到老师的关爱及同伴的支持，能在信任与支持、陪伴与娱乐、肯定自我价值和亲密交流中快乐地成长，学生充满信心，能提高自信、希望、乐观等积极心理资本，在学校中感受到快乐、幸福和满

① 黄希庭、余华、郑勇：《中学生应对方式的初步研究》，《心理科学》2000 年第 23 期(1)，第 1—5 页。

② 风笑天：《独生子女的社会化过程及其结果》，《中国社会科学》2000 年第 6 期，第 118—208 页。

足，表现积极主动，不断进步，遵守校规，能更好地适应学校生活。

澳门中学生在学校联结上，以经济困难的学生得分最低。这与祖培[①]的研究结果一致。他的研究结果说明农村学生于学校归属感上的得分比城镇学生低，因为他们的家庭经济状况较差，贫穷——这些剥夺感使得他们欠缺自信、无自尊，在学校变得退缩，感到欠缺支持，慢慢形成一种社会排除[②]。刘翠秀和韦耀波[③]指出，家庭收入对中学生自尊发展产生差异。原因可能是家庭的经济状况决定了青少年从小的生长环境，家庭经济情况好的学生，从小获得的资源较多，无论是教育资源、物质资源、人力资源，等等。但家庭经济情况较差的学生，容易产生攀比心理和自卑心理，这会导致学生很多情绪问题，从而影响其交友情况。

（三）澳门中学生的友谊质量一般特点

澳门中学生中女生的友谊质量显著高于男生；非独生子女的友谊质量显著高于独生子女；有参加课外活动的学生友谊质量显著高于没有参加课外活动的学生，而有无宗教信仰对澳门中学生的友谊质量没有显著性的影响。

澳门中学生中女生的友谊质量显著高于男生，这与不少研究结果相符，例如刘海娇[④]对青少年友谊质量的研究指出：青少年女生的友谊质量显著高于男生。刘艳[⑤]的研究也显示，于友谊质量上，女生的友谊质量比男生的高。与男生相比，女生在心理上对朋友的依恋性更强，更愿意与同伴分享彼此的秘密，相互倾诉心声，当自己不自信或失败时也希望能在亲密的朋友中得到支持及肯定。因此女生在肯定价值、亲密与交流上

---

① 祖培：《中专生学校归属感与自我概念的关系及其干预研究》，硕士学位论文，河北师范大学，2013年。

② 黄圣纭：《穷孩子，低成就？家庭贫穷对子女教育成就与生涯选择的影响》，台湾：台湾大学社会工作学研究所2005年版。

③ 刘翠秀，韦耀波：《中学生自尊与人际关系发展研究》，《继续教育研究》2008年第9期，第56—67页。

④ 刘海娇：《青少年亲子关系？友谊关系的特点及其抑郁和孤独感的关系》，硕士学位论文，山东师范大学，2011年。

⑤ 刘艳：《农村中学生亲子关系和友谊质量特点的调查研究》，《集美大学学报》2015年第16期（6），第40—44页。

的得分显著高于男生。

由于有参加课外活动的中学生学校联结得分显著高于没有参加课外活动的中学生，所以可推断有参加课外活动的学生友谊质量显著高于没有参加课外活动的学生。由于友谊质量的高低与学校联结存在相关，所以可反推论学校联结得分较高的学生一般都有会充满自信、希望与乐观的积极心理资本，并以良好的心态对待周围的同伴，因而在团体中较易得到同侪的欢迎及支持，从而建立高质量的友谊。

（四）澳门中学生亲子关系与友谊质量：自尊的中介作用

对澳门中学生的心理资本、亲子关系、学校联结、友谊质量和自尊这五个量表上的得分进行 Person 相关分析，得出澳门学生在这五个方面具有显著的相关，即心理资本越高，亲子关系越好；心理资本越高，学校联结越强；心理资本越高，友谊质量越高；心理资本越高，自尊越高；亲子关系越好，学校联结越强；亲子关系越高，友谊质量越好；亲子关系越好，自尊越高；学校联结越强，友谊质量越高；学校联结越强，自尊越高；友谊质量越高，自尊越高。

利用回归分析对澳门中学生的心理资本、亲子关系、学校联结、友谊质量和自尊这五个变量进行预测作用分析。结果显示，心理资本对友谊质量有较好的预测作用，其中乐观对友谊质量的预测最佳。

中介效应表明澳门中学生的自尊在其亲子关系和友谊质量之间存在部分效应，也就是说，澳门中学生的亲子关系通过影响其自尊最终影响其友谊质量。

自尊是个体对自己的优缺点及个人价值的自我评价，作为人格的核心因素，既可与亲子关系起到相关影响，也可对友谊质量起到直接相关影响，所以自尊可在亲子关系及友谊质量间起到中介变量作用，而根据本研究结果得出，自尊对澳门中学生的亲子关系及友谊质量起到部分中介作用。即亲子关系越好，良好的亲子关系中的父母可能会对个体从事的活动给予更多的社会支持，这些支持对个体的自我管理、自尊的建立是不可或缺的。稳定的自尊对中学生来说，是形成良好社会适应性的重要心理机制，并将在与父母互动的社会技能，运用到同伴交往中，进而影响同伴的友谊质量。

六　结论与建议

（一）结论

本研究以澳门中学生为研究对象，初一至高三学生共733人，采用问卷调查方式，通过大数据分析，探讨澳门中学生心理资本特质及其部分影响因素。研究表明：

（1）澳门中学生中独生子女的心理资本显著高于非独生子女；有参加课外活动的中学生心理资本得分显著高于没有参加课外活动的中学生；而性别及有无宗教信仰对澳门中学生的心理资本得分没有显著性影响。高一学生的心理资本得分最低，其中初二、高二和高三学生的心理资本得分显著高于高一学生。

（2）澳门中学生的性别、是否独生、有无参与课外活动以及有无宗教信仰对其亲子关系都没有显著性影响。

（3）澳门中学生中有参加课外活动的中学生，其学校联结得分显著高于没有参加课外活动的中学生。

（4）澳门中学中女生的友谊质量显著高于男生，非独生子女的友谊质量显著高于独生子女；有参加课外活动的学生友谊质量显著高于没有参加课外活动的学生。

（5）澳门中学生的心理资本、亲子关系、学校联结、友谊质量和自尊之间具有显著的相关，澳门中学生的自尊在其亲子关系和友谊质量之间存在部分中介效应，也就是说，澳门中学生的亲子关系通过影响其自尊最终影响其友谊质量。

（二）建议

现今澳门的中学生正处于一个价值矛盾的社会里，社会经济结构的急速转型，虽能带动经济起飞，但伴随着的可能是青少年价值观的迷失。一方面教育界希望学生能保持应有的认知水平；另一方面，家庭负担、金钱诱惑等不利因素影响着澳门青少年价值观的发展，特别是中学生，由于其价值认知发展尚未稳定，较易受影响。“2015年亚太区青少年成长身心健康研究报告”及澳门鲍思高青年中心举办的“2015年青少年健康生活元素现况研究报告”指出：澳门青少年对自我信心下降，认为自己是一个失败者。而本研究结果显示，澳门中学生的心理资本水平未见高，因而如何提升中学生的心理资本水平，使学生的心理资本由弱变强，提升他们的自我效能感与自尊水平，增进其学校联结、改善亲子关系等，以应付这变化不定的社会，更好地适应社会，这正是我们教育工作者责无旁贷的职责。

1. *学校层面上的建议*

建议学校重视心理资本的投资，提高学生心理素质。加强学校德育的基本理念，提高教育工作者的心理辅导能力，设置贴近青少年日常生活的学校德育内容，针对学生的个别差异，采取符合学生心理特点的教育方法，矫正学生的不良行为。此外，培养师生感情，使学生在学校得到情感上的支持，要尊重学生的个别差异，让学生感到个人的存在价值，以提高学生的自尊及增强其学校联结。

建议学校于课程安排上做出合理安排，增设课后辅导课，采取多元评核方式，提升学生学习的动机，减少留级率，提升学生的学习成功，有助自信心的增强。

本研究发现，有参与课外活动的学生，不论在心理资本、学校联结、友谊质量及自尊等方面得分较高，所以校方应增设课余活动的种类及活动设施，让学生有机会发展个人潜能，并从同侪互动的层面得到学习和支持，建立健康的人格特质。现时澳门初中各级开展有这类活动，例如：初一级“飞鹰计划”、初二级参加军训、初三级“慈青营”，目的是让学生亲身体验学习生活中可能遇到的困难或挫折，培养学生的意志力，让学生学会积极面对困境。建议学校可将此类有意义的活动延伸至高中各阶段。

增加家校合作机会，建议学校在可能的条件下，多举办一些亲子活动或讲座，鼓励家长多参与，借此了解子女在学校的学习和成长情况，也可提升亲子关系。

2. *政府层面上的建议*

澳门教育暨青年局早已意识到，随着社会形态的转变带给中学生心理的冲击，于是多年前已增设驻校学生辅导服务，辅导对象为全校学生、老师及家长。主要与学生进行个案辅导工作，给予情绪上的支持，亦有主题讲座，协助学生解决问题，提升学生价值观和自尊等方面水平。每年澳门政府均要求教师必须接受30小时的培训课程，提升教师专业知识。然而涉及提升学生心理资本策略的课程很少，建议政府可邀请国内外专家，为澳门教师共谋计策。

3. 家庭层面上的建议

家庭中，应培养和提升父母的教育观念和方法，注重培养与子女的亲子交流能力，多以身作则，控制自己的不良情绪，多注意子女的情绪变化，不能单注重子女的学业成绩，应着重子女的内心世界。此外，亦应多与学校沟通，实行家校合作，这样才能让子女享受心理健康带来的好处，促进子女适应水平的提高。

4. 个人层面上的建议

个人心理资本的提升，除了上述所论的学校、政府及家庭等外在因素外，个人也是责无旁贷的。常言道，最能帮助自己的人就是自己。所以我们内心也要强大。例如：我们应常保持乐观心态，增加身心正能量。增强韧性及抗压能力，建立正确价值观，积极参加社团活动，为他人提供社会支持也是十分重要的，在他人需要时给予帮助，对助人者自身也有益。提高自我效能，可运用自我暗示方式，进行“肯定自我价值”的相关训练，这样也能唤起自我效能。最后，应照顾好自己，鼓励自己参加感兴趣和能使自我放松的活动，这样可使你有精力继续前进。

存贷关联、消费平滑与粤港澳金融一体化

周天芸[*] 宋 毅[**] 屈影秋[***]

一 引言

随着区域经济一体化从低级阶段向高级阶段的演进，货币金融的地位和作用日益突出和重要，区域金融体系主要是适应国际贸易融资的需要而发展，在国际贸易中发挥中介和融通作用。此外，区域贸易的发展也需要提供单一货币的雏形与之相配合。随着区域经济一体化由关税同盟向共同市场转化要求资本和劳务等生产要素能够在经济区内自由流动以优化资源配置，于是建立统一的金融市场、允许资本跨国流动成为构建共同市场的关键和经济一体化的主要内容。金融在经济一体化中的核心地位与主导作用得到体现。金融不仅在区域经济交易中起媒介作用，在区域资源流动与配置中起导向作用，而且在区域经济运行中起调控作用，也是区域经济一体化的关键。

"粤港澳"金融一体是由国际金融中心香港、国际娱乐中心澳门与生产制造的广东省构成，在金融关系的衔接下融合形成地域空间组织，三地分别扮演金融核心和金融腹地的角色。"粤港澳"金融一体化的意义在

---

* 周天芸，中山大学国际金融学院、中山大学粤港澳研究院教授。

** 宋毅，中山大学国际金融学院本科生。

*** 屈影秋，中山大学国际金融学院本科生。

于明确"粤港澳"相互依赖，分别承担一体化系统中的作用，并受系统内其他地区发展状况的影响。由于粤港澳地域条件的独特性，决定"粤港澳"独特的金融空间结构和金融运行模式，在区域金融系统内发挥不可替代的作用。

香港是国际金融中心，珠三角是世界一流的生产制造业基地，2003年6月29日CEPA（《内地与香港关于建立更紧密经贸关系的安排》）的签订，意味着"大珠三角"的融合和发展走向更宽阔的领域、更高的层次。2004年6月在广州签署的《泛珠三角区域合作框架协议》，意味着中国迄今为止规模最大、范围最广的区域经济合作的启动，也标志着中国区域政府体制最大的合作框架正式形成，即将实施的"深港通"标志着粤港两地金融市场的融合，而2017年预计通车的港珠澳大桥更从地理上奠定区域金融一体化的基础。本文基于区域金融一体化的政策框架和基础设施，研究粤港澳金融一体化的进程，通过测量粤港澳金融一体化的程度，为金融一体化背景下的经济政策提供理论和实证依据。

二 文献综述

区域金融一体化一直是业界关注的重点，学界也对此问题进行较为深入的研究，现有文献对于金融一体化程度的测度主要从以下两方面进行：一是基于价格，在一价定律的基础上，实现完全金融一体化的国家或地区，金融产品的价格（利率、股价等）趋于一致，即不存在套利机会；二是基于数量，金融一体化意味着成员之间的金融开放，资本实现自由流动，一体化程度越高，意味着市场之间的资本流动和金融服务交易量越大。

基于资产价格进行金融一体化程度测量的方法，通常使用利率和股价作为测量工具。利率作为金融产品的价格，经常被用来判断经济体之间是否实现一体化，Rien 等（2010）① 在分析欧洲信贷和债券市场时，

① Rien J. L. M. Wagenvoort, André Ebner, Magdalena Morgese Borys, "A Factor Analysis approach to Measuring European Loan and Bond Market Integration", *Journal of Banking & Finance*, Vol. 35, No. 4, 2011, pp. 1011 - 1025.

通过 beta 趋同来检测不同经济体利率是否有向基准利率趋同的趋势，以此作为判断经济体之间是否出现金融一体化；通过 sigma 趋同来检测经济体之间金融一体化的趋势，即通过对欧洲各国资金和债券利率的比较来判断欧洲信贷和债券市场是否存在套利机会，亦即欧洲信贷和债券市场是否达到一体化。而股市作为金融市场的重要组成部分，也经常被用来判断金融一体化的程度，Yu 等（2010）① 在评价亚洲金融市场一体化时，通过不同股票市场回报率的分布情况，以此作为判断亚洲各国金融一体化的程度，因为在一价定律之下，相同的资产在不同的市场所获得的收益应当是相同的。如果在不同市场的回报率相差较大，意味着亚洲各国并没有实现完全的金融一体化。Raphael 等（2011）② 通过比较同一股票在不同市场的价格，测度三个指标：套利溢价，即套利所能收获的利润；当出现套利机会后，市场间价格趋同的速度；市场价格差异不足以弥补套利成本的区间。溢价越小，趋同速度越快，区间越小则说明市场间的一体化程度越高；魏清（2009）③ 在通过长三角金融一体化概念的界定，尝试用资产价格是否趋同来考察长三角金融一体化的程度。通过比较长三角地区正规银行的利率、非正规金融的规模和利率，发现长三角苏浙沪三地资金的价格存在差异，即长三角金融市场并没有实现完全一体化；而在基于资产数量的方法方面，Feldstein & Horioka（1980）④ 运用经合组织（OECD）21 个国家 15 年的数据，对每个国家的国内储蓄和国内投资关系进行测量，以此判断该国资本市场开放程度，关系越小表明开放度越好，一体化程度越高，而这种基于存贷关系对金融一体化程度的测量方法也得以广泛运用；Montiel（1994）⑤ 运用存贷关系方

① Ip-Wing Yu, Kang-Por Fung, Chi-Sang Tam, "Assessing Financial Market Integration in Asia-Equity Market", *Journal of Banking & Finance*, Vol. 34, 2010, pp. 2874 – 2885.

② Raphael Espinoza, Ananth akrishnan Prasad, Oral Williams, "Regional Financial Integration in the GCC", *Emerging Markets Review*, Vol. 12, 2011, pp. 354 – 370.

③ 魏清：《长三角金融一体化的现状—基于银行贷款价格的分析》，《经济论坛》2009 年第 21 期。

④ Feldstein and Horioka, "Domestic Saving and International Capital Flows", *The Economic Journal*, Vol. 90, No. 358, 1980, pp. 314 – 329.

⑤ Peter J. Montiel, "Capital Mobility in Developing Countries: Some Measurement Issues and Empirical Estimates", *The World Bank Economic Review*, Vol. 8, No. 3, 1994, pp. 311 – 350.

法从资本流动性角度对1970—1990年的东亚各国数据进行回归，发现东亚各国的资本流动性从低到高依次为：菲律宾、泰国、印尼、韩国、马来西亚和新加坡，而其中新加坡是资本流动性最高的国家；Anders（2001）[①] 同样运用存贷关系方法对90个发展中国家1975—1995年20年的面板数据进行回归，发现对于东亚国家而言，市场开发度仍很低，资本的流动性很差；Bayoumi（1990）[②] 认为实现金融一体化后，一国的消费可以通过国际资本市场实现平滑，平滑后的消费将与本国国民收入不再相关，而与其他国家的消费变动则呈现趋同，并采用经合组织（OECD）中21个国家或地区1973年到1995年间的数据进行实证分析，发现成员间的消费相互关系不强；Lane & Milesi（2003）[③] 提出用资产与GDP的比值作为衡量金融一体化的指标，IFIGDP =（FA + FL）/GDP，其中FA和FL分别指国外资产与负债的总量，GDOGDP =（PEQA + FDIA + PEQL + FDIL）/GDP，PEQA（PEQL）表示间接投资中的股票资产（负债），FDIA（FDIL）表示直接投资中的股票资产（负债），两个指标的值越大，表明一体化的程度越好；魏清（2010）[④] 根据Feldstein和Horioka[⑤] 存贷关系的理论，用长三角两省一市银行存贷款数据进行分析，发现自1994年分税制以来，长三角两省一市的银行存贷款相关性变大，说明分税制阻碍金融一体化，认为是财政能力的下降和金融控制能力的加强造成这种长三角金融去一体化的倾向；吴凌芳、黄梅波（2009）[⑥] 分

① Anders Isaksson, “Financial Liberalization, Foreign Aid, and Capital Mobility: Evidence from 90 Developing Countries”, *Journal of International Financial Markets, Institutions and Money*, Vol. 11, 2001, pp. 309 - 38.

② Tamin Bayoumi, “Financial Integration and Real Activity”, *Studies in macroeconomics series*, Manchester, 1997, U. K.: Manchester University Press.

③ Philip R. Lane and Gian Maria Milesi-Ferretti, “International Financial Integration”, *IMF Staff Papers*, Vol. 50, 2003, IMF Third Annual Research Conference (2003), pp. 82 - 113.

④ 魏清：《长三角金融一体化的现状—基于银行存贷款关系的分析》，《工业技术经济》2010年第1期。

⑤ Feldstein and Horioka, “Domestic Saving and International Capital Flows”, *The Economic Journal*, Vol. 90, No. 358, 1980, pp. 314 - 329.

⑥ 吴凌芳、黄梅波、《东亚金融一体化：基于资本流动的实证分析》，《特区经济》2009年第9期。

析东亚金融一体化程度，同样运用 *Feldstein* 和 *Horioka*① 存贷关系理论，发现在经历过 1997 年亚洲金融危机后，为避免对外国资金的过分依赖，防止危机的再次发生，东亚各国或地区陆续开放本国资本账户，加速推进了东亚金融一体化。其中东盟是东亚各子区域中金融一体化程度最高的区域；张颖熙（2007）② 采用存贷关系方法，利用 1952—2005 年间的面板数据，实证分析中国珠三角、长三角和环渤海地区的金融一体化进程，发现随着区域金融的发展，中国地区间金融一体化程度并没有显著提高，甚至在某种程度上呈下降趋势，在三大经济区域中，珠三角金融一体化程度最高，其次是长三角地区；邬晓霞、李青（2015）③ 选取 2003—2012 年京津冀地区 13 个城市的地区生产总值以及年末存贷款余额，运用无条件和有条件的 Feldstein 和 Horioka④ 存贷关联分别对京津冀地区金融一体化程度进行测度，发现京津冀地区的存款—贷款相关系数呈现平稳降低状态，在排除经济周期及地方政府因素干扰之后，京津冀地区的存款—贷款相关系数进一步降低，即京津冀地区金融一体化水平逐年提升；张峰、肖文东（2016）⑤ 通过运用 F-H 模型对京津冀金融一体化状况进行测度，结果发现三地金融资源具有一定的流动性，但金融一体化水平不高。

综上，虽然国内外的研究采用各种方法测度区域金融一体化的水平，但对于粤港澳区域经济体的研究并不多见，本文借鉴现有的研究和检验方法，应用粤港澳三地的相关数据，对于粤港澳的区域金融一体化进行测度和分析，对未来的粤港澳区域金融发展提供理论基础。

---

① Feldstein and Horioka, "Domestic Saving and International Capital Flows", *The Economic Journal*, Vol. 90, No. 358, 1980, pp. 314 – 329.

② 张颖熙：《区域金融发展与金融一体化问题研究》，《中央财经大学学报》2007 年第 5 期。

③ 邬晓霞、李青：《京津冀区域金融一体化进程的测度与评价》，《广东社会科学》2015 年第 5 期。

④ Feldstein and Horioka, "Domestic Saving and International Capital Flows", *The Economic Journal*, Vol. 90, No. 358, 1980, pp. 314 – 329.

⑤ 张峰、肖文东：《京津冀区域金融一体化测度与评价》，《求索》2016 年第 7 期。

三 区域金融一体化的测度方法

本文从数量角度测度粤港澳的金融一体化，尝试基于存贷关系和消费平滑两种方法进行实证研究，两种方法都以金融完全一体化下，资本市场高度开放，资本实现自由流动作为理论基础，但基于消费平滑方法的设计更具新意，由于消费是经济的最终目标，通过消费平滑来判断金融一体化程度比通过存贷关系判断金融一体化更能体现金融一体化带来的好处。

（一）基于存贷关系的测度

Feldstein 和 Horioka[①] 提出利用一国储蓄与投资相关性测量金融一体化程度，是从宏观层面上衡量跨国资本流动性最常用的手段，其理论依据是储蓄、投资与资本流动的关系。

在封闭经济下，一体化的资本市场存在一个统一的世界真实利率，任何一个国家的储蓄资金都被视为世界储蓄池的一部分，一国储蓄的增加为世界范围的投资提供资本，而每个国家的储蓄也会对世界范围内的投资机会做出反应，即任何一国出现的投资机会将得到世界范围内资金支持，意味着在开放经济下，一国的储蓄和投资决策是相互分离的，高储蓄率的国家不一定有高投资率，而低储蓄率的国家可以有高投资率。在金融市场完全一体化情况下，国家之间的资本完全自由流动，一国的国内储蓄和国内投资之间的相关系数应该很低甚至无关。在 Feldstein 和 Horioka[②] 的研究中，投资率和储蓄率之间的关系用下式表示：

$$\left(\frac{I}{Y} = \alpha + \beta \frac{S}{Y}\right)$$

其中 I/Y 是国内总投资与国内生产总值的比值；S/Y 是国内总储蓄与

---

① Feldstein and Horioka, “Domestic Saving and International Capital Flows”, *The Economic Journal*, Vol. 90, No. 358, 1980, pp. 314 – 329.

② Ibid. .

国内生产总值的比值；β 的值越大，则说明资本流动性越差，亦即全球金融一体化程度越弱。Feldstein 和 Horioka① 同时指出，即使在资本完全自由流动的假设下，如果 β 值很高，也可能影响储蓄和投资的因素都发生变动，而不一定反映储蓄和投资间的对应关系。

本文通过投资率和储蓄率之间的关系，分析粤港澳区域内金融一体化的情况测度粤（21 市）港澳各市的金融一体化程度，而当 β 取不同的值时，对应有不同的经济意义：

如果 β 的估计值最后趋近于 1，意味着粤港澳各市的储蓄增量不会转移到其他城市去，反映各市储蓄和各市投资的变动都受到高回报率刺激，意味着粤港澳各市并没有实现完全的资本自由流动，即区域金融一体化程度不高；

如果 β 值小于 0，则意味着本市投资率和储蓄率呈现负相关关系，反映本市资金较多投资于外地市场，或者反映外地资本对于本市投资占据较大比例，说明资本的流通频繁；

如果 β 值趋近于 0，则反映一旦某市出现投资需求，其他各市资金能够迅速流入，因此各市投资能拥有充足资金来源而不受本市储蓄总额的限制，投资率和储蓄率则很难呈现对应关系。

（二）基于消费平滑的测度

假定经济个体的效用函数相同，且经济个体能够在资本市场自由借贷，当某经济个体的收入发生波动时，其为了实现最优的消费，将会通过资本市场进行融资实现消费平滑，而不受到收入波动的冲击，因此，任何单个经济个体的收入变动给其消费带来的冲击将被消除，消费只会对整个经济体的冲击做出反应，在效用函数相同的前提下，个体间的消费变化将会趋同。如果把每一个国家看成一个经济个体，当国与国之间实现完全金融一体化时，资本能够实现自由流动，各国则通过国际资本市场融资来实现消费平滑，因此设定如下回归方程：

$$\Delta C_{it} = \alpha + \beta\Delta\ (y - i - g)_{it} + \gamma\Delta C_{At} + \xi_t$$

① Feldstein and Horioka, "Domestic Saving and International Capital Flows", *The Economic Journal*, Vol. 90, No. 358, 1980, pp. 314 - 329.

其中Δ是一阶差分符号[①]；ΔC_{it}是在 t-1 到 t 时刻，本国消费的变动；ΔC_{At}是在 t-1 到 t 时刻，其他国家的消费变动；$\Delta(y-i-g)_{it}$指 t-1 到 t 时刻，i 国可供消费的国内资源变动[②]；β指一国消费增长与一国产出变动间的关系；γ指一个国家的消费增长与其他国家的消费增长间关系；β越小，γ越大，则说明资本市场越开放，金融一体化程度越高。

对于不同的β、γ值，有着不同的经济意义，如果β估计值趋近于 1，意味着各国消费变动仍然依赖于其各自的收入变动，而没有通过国际借贷实现，即区域金融一体化程度弱；如果β估计值小于 0，则意味着各国的消费变动与各自的收入变动呈现负相关，反映本国消费更多的是通过国际借贷实现，或者本国资金更多流向国际信贷市场，即各国之间资本流动频繁，金融一体化程度强；如果β估计值趋近于 0，则意味着各国的消费变动与各自的收入变动并没有很强的联系，一旦出现过度消费可以通过国际信贷市场实现，即金融一体化程度强。

如果γ估计值趋近于 1，则意味着各国的消费变动相互一致，说明各国消费能够通过信贷市场得到平滑而不会因为各自收入变动而受到影响，即金融一体化程度强；如果γ估计值趋近于 0，则意味着各国的消费不存在关联，说明各国消费没有通过信贷市场实现消费平滑而受到本国特有冲击的影响，即金融一体化程度弱。

而在完全的金融市场一体化情况下，一国消费增长与其他国家消费增长之间完全相关，而与本国产出之间的关系则不明显，即$\beta=0$，$\gamma=1$。

四　粤港澳金融一体化的实证检验

由于粤港澳区域金融一体化进程始于香港、澳门回归，从历史演进的角度，本文采用粤（21 城市）港澳共 23 个城市 1997—2014 年间的面板数据，采用存贷关系法和消费平滑法，实证粤港澳的金融一体化程度，数据来源于《广东省统计年鉴》（1997—2014），香港特别行政区政府统

① 一阶差分用来使数据平稳，等于当期数据减去上一期数据。

② （y-i-g）中 y 为本市 GDP，i 为本市总投资，g 为本市政府消费，（y-i-g）即等于本市 GDP-本市总投资-本市政府消费。

计处网站，澳门特别行政区经济局网站。

（一）基于存贷关联模型的实证检验

根据 Feldstein 和 Horioka[①] 的方法构造实证模型：

$$\left(\frac{I}{GDP}\right)_{it} = \alpha + \beta\left(\frac{S}{GDP}\right)_{it} + u_{it}$$

上式中的下标 i 表示城市，t 表示年份，u_{it}表示误差项。

模型中储蓄率 S/GDP 为自变量，投资率 I/GDP 为因变量，笔者根据等式 Y = C + S 计算各市的储蓄和投资数据，储蓄等于各市的名义 GDP 减去私人消费和政府消费；各市投资等于各市的资本形成总额，包括固定资产形成总额加上存货增量。

根据图 1 可知，粤港澳平均投资率和储蓄率均呈现出先下降再弱上升趋势，平均投资率由 0.364 上升为 0.451，平均储蓄率由 0.445 上升为 0.463，投资率的变动要更为明显，投资率和储蓄率之间可能存在一定的相关性；

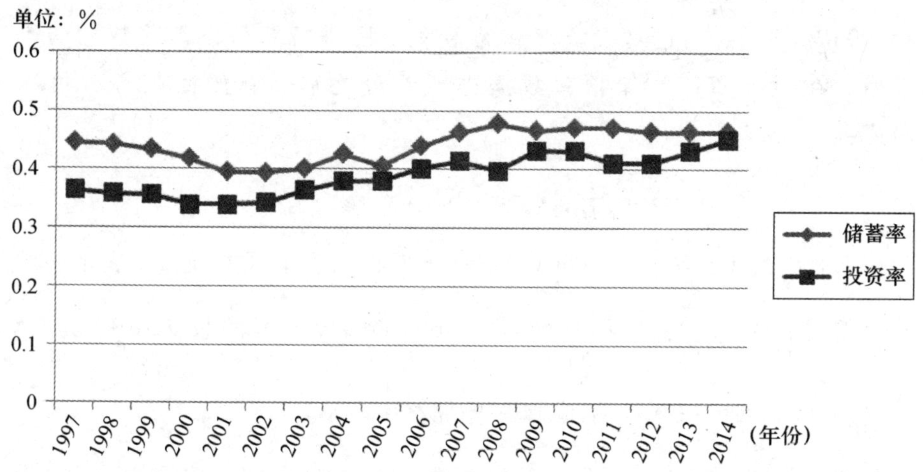

图 1　粤港澳 1997—2014 历年平均投资率、储蓄率变动

---

① Feldstein and Horioka, "Domestic Saving and International Capital Flows", *The Economic Journal*, Vol. 90, No. 358, 1980, pp. 314 - 329.

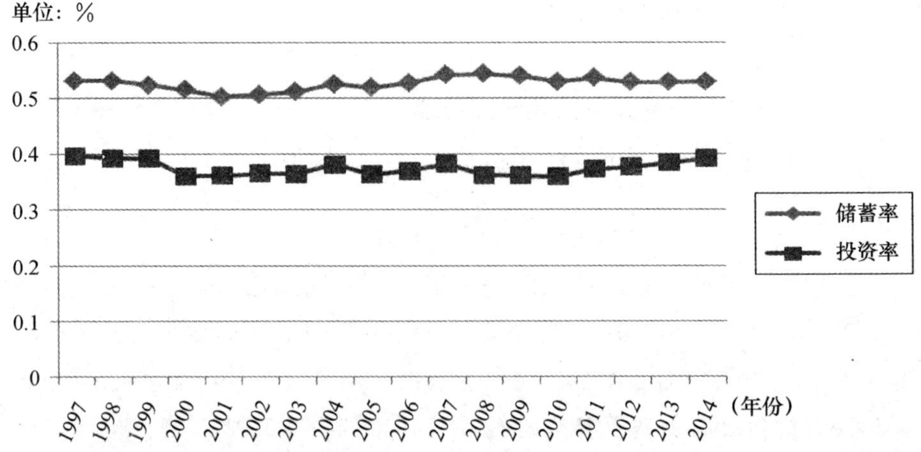

图2　珠三角9市、港、澳1997—2014历年平均投资率、储蓄率变动

图2显示珠三角9市的平均投资率和储蓄率则比较平稳，平均投资率由0.396下降为0.391，平均储蓄率由0.532下降为0.529，投资率和储蓄率变动方向相同，两者之间关系通过回归进一步检验。

由于回归的数据存在单位根，显示不平稳，根据 Tamim Bayoumi (1990)① 方法，通过对投资率和储蓄率分别进行差分以消除数据的不平稳。在对投资率、储蓄率数据进行差分之后，新的回归方程可以写成：

$$\Delta\left(\frac{I}{GDP}\right)_{it} = \alpha + \beta\Delta\left(\frac{S}{GDP}\right)_{it} + u_{it}$$

上式中的下标 i 表示城市，t 表示年份，u_{it}表示误差项；Δ 表示一阶差分符号；$\Delta\left(\frac{I}{GDP}\right)_{it}$表示在 t-1 到 t 时刻，i 国的投资率变动；$\Delta\left(\frac{S}{GDP}\right)_{it}$表示在 t-1 到 t 时刻，i 国的储蓄率变动。

本文分别对珠三角、港、澳11市和粤港澳23市进行实证检验，结果如表1。

① Tamim Bayoumi, “Saving-Investment Correlations: Immobile Capital, Government Policy, or Endogenous Behavior?”, *Staff Papers-International Monetary Fund*, Vol. 37, No. 2, 1990, pp. 360-387.

表1　　粤港澳23市与珠三角、港、澳11市的金融一体化测度结果

	粤港澳23市	珠三角、港澳11市
a	0.00270*** (0.000233)	-0.00120*** (0.0000405)
β	0.335* (0.181)	0.623*** (0.188)
R2	0.0617	0.1713
A-R2	0.0319	0.0174
Prob (F-Statistic)	0.0767	0.0079

注：*表中不带括号的数字表示系数估计值，带括号的数字表示系数估计的标准误。* $p<0.1$，** $p<0.05$，*** $p<0.01$。

结果表明，粤港澳23市的投资率—储蓄率的相关性为0.335，即β估计值大于0但小于1，意味着粤港澳各市的储蓄增量不会转移到其他城市去，各个城市的投资依靠本市的投资，区域市场虽然有所融合，但一体化的程度并不高，表明粤港澳各市并没有实现完全的资本自由流动；珠三角、港澳11市的投资率—储蓄率相关性为0.623，投资率和储蓄率也呈现正向关系，区域金融市场的一体化。

结果表明：（1）无论是粤港澳整体，还是仅珠三角、港、澳地区，投资率—储蓄率相关性均为正，按照模型β模型的判断方法，表明粤港澳的金融一体化程度总体上均未达到较高水平；（2）与珠三角、港、澳11市相比，粤港澳各市投资率与本市储蓄率相关性较低，表明资本流动性总体较强，金融一体化的程度略高于珠三角、港、澳地区，但总体上仍未达到较高的金融一体化水平。

利用存贷款关系模型对粤港澳金融一体化程度进行测度，无论是粤港澳整体还是珠三角、港、澳地区都得到投资—储蓄的正相关，都显示较低水平的区域金融一体化程度，这与预期和实际情况基本相符。中国现阶段尚未实现资本的完全自由流动，虽然是在改革开放的先驱广东省，金融市场的融合设计在逐步推进，但总体上资本流动的限制仍然存在，所以粤港澳整体和珠三角、港、澳地区的β估计值均为0到1之间的正值，反映粤港澳区域金融市场融合程度有限，区域金融一体化的程度不高。本文运用消费平滑的方法，继续检验粤港澳的金融一体化程度。

（二）基于消费平滑模型的实证检验

根据前述的理论，消费平滑的回归方程如下：

$$\Delta C_{it} = \alpha + \beta\Delta\ (y-i-g)_{it} + \gamma\Delta C_{At} + \xi_t$$

上式中，下标 i 表示城市，t 表示年份，ξ_t 表示误差项；本文利用 23 市的数据再次测度粤港澳的区域金融一体化水平。

表 2　　变量均值的统计性描述（1997—2014 年）

粤、港、澳 23 市				珠三角、港、澳 11 市			
	△C	△（y-i-g）	△CA		△C	△（y-i-g）	△CA
广州	393.2119	420.7092	32.94116	广州	393.2119	420.7092	37.56095
深圳	341.6928	523.3797	42.93698	深圳	341.6928	523.3797	75.65301
珠海	34.21233	16.34188	73.87899	珠海	34.21233	16.34188	101.1691
汕头	44.20901	38.18437	45.06784	佛山	159.3494	224.5316	95.41913
佛山	159.3494	224.5316	48.65623	东莞	172.3464	206.0408	84.17186
韶关	23.87883	13.27745	41.77597	中山	64.84733	83.57008	63.41077
河源	22.86351	18.39681	49.97687	江门	50.48943	39.9292	94.99462
梅州	33.95429	15.67534	47.70149	惠州	68.68832	42.7665	58.96941
惠州	68.68832	42.7665	37.14804	肇庆	35.96696	28.49597	90.04775
汕尾	24.17566	1.958547	47.02224	香港	364.7113	469.22	71.20127
东莞	172.3464	206.0408	40.96853	澳门	40.86667	152.9733	86.90844
中山	64.84733	83.57008	44.4444	Mean	156.9439	200.7235	78.13694
江门	50.48943	39.9292	44.35057	S. D.	136.2287	179.8119	18.22462
阳江	20.19253	12.8455	58.32006				
湛江	54.69848	42.63089	37.0525				
茂名	37.58207	63.32441	41.66461				
肇庆	35.96696	28.49597	32.403				

续表

粤、港、澳23市				珠三角、港、澳11市			
	△C	△（y-i-g）	△CA		△C	△（y-i-g）	△CA
清　远	30.46037	23.80805	41.52161				
潮　州	25.87567	21.67598	36.04577				
揭　阳	39.40089	36.38565	44.90345				
云　浮	18.33567	-1.68536	49.9568				
香　港	364.7113	469.22	41.52165				
澳　门	40.86667	152.9733	37.88516				
Mean	91.39173	108.4537	44.26713				
S. D.	113.4561	153.0688	8.596884				

注：* 表中数值为1997—2014年各市变量的均值。

基于统计描述，虽然珠三角、港、澳11市在地理上毗邻港澳，又是侨乡聚集之地，推动珠三角经济的持续飞跃和都市圈现代化建设的整体发展，都市圈的整合有力地促进区域经济的整体发展，迅速缩减珠三角经济区与港澳地区的经济差距，经济不断融合，但资本流动仍然受到限制，尽管粤港澳区域金融一体化的进程不断加快，但珠三角、粤港的变量统计描述与粤港澳的变量统计描述没有显著的差异。

利用前述的实证模型，本文分别对粤、港、澳23市和珠三角、港、澳11市进行实证检验，结果如表3所示。

表3　粤、港、澳23市珠与三角、港、澳11市的金融一体化测度结果

	粤港澳23市	珠三角、港、澳11市
a	5.229608（15.71692）	8.063089（28.62288）
β	0.4071418***　（0.0310921）	0.3803784***　（0.0386104）
γ	0.4596266**　（0.1717757）	0.4621393**　（0.2018623）
R2	0.5860	0.5441
Prob（F-Statistic）	0.000000	0.000000

注：* 表中不带括号的数字表示系数估计值，带括号的数字表示系数估计的标准误。* $p<0.1$，** $p<0.05$，*** $p<0.01$。

结果显示，粤、港、澳 23 市的本市消费产出相关性为 0.407，而珠三角、港、澳 11 市的本市消费产出相关性为 0.380，系数差异不大，表明两个分样本的消费平滑水平均不高，即金融市场的融合程度不高，市场一体化的水平有限；同时，23 市样本的各市消费相关性为 0.459，11 市样本的各市消费相关性为 0.462，且回归系数显著，表明基于消费平滑方法的珠三角、港、澳 11 市的市场一体化水平高于粤、港、澳 23 市的一体化水平。

实证表明，无论是粤、港、澳 23 市，还是珠三角、港、澳 11 市，各市消费变动与本市产出变动相关性并不高，各市消费变动相关性也仅在 0.46 左右，显示两个样本的金融一体化水平总体并不高，进一步验证了前述存贷关联的结果；同时，珠三角、港、澳 11 市的各市消费相关性与粤、港、澳 23 市相比略高，表明粤港澳和珠三角、港、澳的金融一体化水平无显著差异，区域资本流动性总体上较弱。

五　结论

本文采用粤、港、澳 1997—2014 年的数据，运用存贷款关联、消费平滑两种方法，通过面板数据的固定效应模型，对粤港澳的金融一体化程度进行测度，两种方法的实证结果都表明，粤、港、澳地区的金融一体化仍然处于较低水平，表明区域金融一体化仍然需要得到国家政策的支持。

"粤港澳"金融合作基本属于"自觉需求反映型"，金融合作关系基本是民间自发地对经济、经贸、投资的发展的自觉反应，缺乏有意识的规划、组织与协调。虽然存在融资与贷款、金融市场、金融机构、金融人才、货币流通等丰富的合作方式，但总体上，金融合作的层次还不够深入，基本停留在"要素互补"阶段，因此，区域金融一体化的水平并不高，本文的实证结果也验证这个判断。

本文的研究对于粤港澳区域金融发展的政策措施具有一定的借鉴意义，通过广东经济的加速发展，随着香港、澳门回归后的经济定位，粤港澳的经济联系日益密切，粤港澳金融合作进入新的阶段。为此，国家可以实施一系列的规划和政策支持，加强粤港澳地区间的合作与沟通，促使粤港澳实现更好的经济、金融一体化，从而使粤、港、澳的金融一体化水平达到较高程度。

基于金融一体化的规律，香港、澳门和广东的政府部门重视并积极介入金融合作，促使“粤港澳”金融合作从“自觉需求反映型”向“协调供给引导型”转变，合作层级从“要素互补”向“功能互补”提升。一方面引导粤、港、澳金融合作逐渐向全面、系统的方向过渡，构建香港金融扩张、澳门金融发展和广东金融开放的整体格局，另一方面，粤、港、澳金融一体化是大势所趋，通过政府的介入和政策的支持，能够加速区域金融一体化的进程，实现区域金融融合，有效促进区域经济的发展。

港珠澳大桥通车后对澳门社会经济发展的影响

谢振泽*

一　港珠澳大桥概述和建设价值

20 世纪 80 年代以来，香港、澳门与内地之间的运输通道，特别是香港与珠江三角洲东岸地区的陆路运输通道建设发展迅速，有力地保障和推进了香港与珠江三角洲地区经济的互惠互利发展。然而，香港与珠江西岸的交通联系却一直比较薄弱，造成珠江两岸经济发展差异很大，这一格局影响了大珠江三角洲地区经济社会的协调发展。

1983 年起，香港、内地与澳门有关学者和企业家及政府部门多次提出修建连接香港、珠海与澳门跨海大桥的建议，后来终于得到了中央政府与香港、澳门特别行政区政府及有关部门的高度重视和认可。于是，港珠澳大桥主体建造工程于 2009 年 12 月 5 日开工建设，将于 2017 年建成通车。

港珠澳大桥工程项目主要包括三项内容：一是海中桥隧工程；二是香港、珠海和澳门三地口岸；三是香港、珠海、澳门三地连接线。海中桥隧主体工程（粤港分界线至珠海和澳门口岸段）由粤、港、澳三地共同建设；海中桥隧工程香港段（起于香港散石湾，至于粤港分界线）、三

* 谢振泽，广东南方软实力研究院常务副院长。

地口岸和连接线由三地各自建设。

港珠澳大桥位于珠江口伶仃洋海域，是连接香港特别行政区、广东省珠海市和澳门特别行政区的大型跨海通道，是国家高速公路网规划中珠江三角洲地区环线的组成部分和跨越伶仃洋海域的关键性工程。大桥的建设有其政治上、经济上的必要性。第一，珠江三角洲地区是我国改革开放的先行地区和重要的经济中心区域，毗邻港澳，在全国经济社会发展中具有举足轻重的战略地位。然而，珠江三角洲在快速发展的同时，珠江两岸发展的差距也在逐步拉大，珠江西岸经济发展明显滞后于东岸，其与香港交通联系不便是影响珠江西岸经济发展的重要因素之一。第二，改革开放以来，香港与珠江东岸地区经济联系日趋紧密，珠江东岸地区率先建立起开放型经济体系，成为我国外向度最高的经济区域和对外开放的重要窗口。第三，澳门以旅游和金融保险为支柱产业，澳门和香港之间长期以来形成的产业分工和社会格局，使得两地的经济社会联系十分紧密。因此，尽快构建港珠澳交通大通道，增强香港及珠江东岸地区经济辐射带动作用，充分挖掘珠江西岸发展潜力，便捷港澳及珠江两岸之间的交通联系，已成为三地的共同愿望。

澳门作为海上丝绸之路最后一段，具有深厚历史和文化价值，以及丰富的旅游资源，是国家“一带一路”建设的重要节点。2015 年 3 月，国家发改委、外交部、商务部联合发布的《推动共建丝绸之路经济带和 21 世纪海上丝绸之路的愿景与行动》文件，也明确了澳门如何参与“一带一路”的建设，提出了要“充分发挥深圳前海、广州南沙、珠海横琴、福建平潭等开放合作区作用，深化与港澳台合作，打造粤港澳大湾区”，“发挥海外侨胞以及香港、澳门特别行政区独特优势作用，积极参与和助力‘一带一路建设’”。港珠澳大桥的建成将为澳门与粤港区域合作和发展带来难得的机遇。

二　港珠澳大桥建设对“一国两制”下区域交流与融合的重大促进作用

港珠澳大桥的建设将进一步完善国家和粤、港、澳三地的综合运输体系和高速公路网络。交通可入性为密切珠江西岸地区与香港地区的经济社会联系，改善珠江西岸地区的投资环境，加快产业结构调整和布局优化，拓展经济发展空间，提升珠江三角洲地区的综合竞争力，保持港澳地区的持续繁荣和稳定，促进珠江两岸经济社会协调发展，加速建设世界级珠三角都会区的进程必将发挥重要作用。

首先是提升珠三角地区经济再均衡发展能力。坐落于珠江口东岸的香港、深圳，集聚了区域内大量优质资源和辐射能力。由于交通的可入制约，香港、深圳的优质资源和辐射能力并不能很好地惠及珠江口西岸区域，这既是资源的浪费，又成为珠三角区域经济均衡发展的重要障碍。港珠澳大桥建成后，将极大缓解区域内资源流动不畅的问题，促进珠江东西岸的香港、深圳、珠海、澳门之间的互联互通，并通过香港、深圳、珠海、澳门四座机场的资源整合，提升整个珠江口区域的人流、物流运转能力，从而形成香港的法律、金融、贸易、国际转运以及澳门的休闲旅游、珠三角的制造业联动的局面，有效推动珠三角区域的经济再均衡发展。

其次是提升珠三角地区经济整合能力。珠江口东岸区域经过 30 多年的发展，历经多轮的产业结构调整和转型升级，已形成香港的服务业、深圳的制造业和高技术产业相得益彰的格局。珠江口西岸区域经济发展虽然相对滞后，但却拥有良好的自然生态环境、充裕的土地供应、较低的劳力成本。港珠澳大桥建成后，将大大压缩城市间的时空距离，交通的便利化必然降低各城市间的流动成本，势必会促使港澳和海外的优势资源，包括人才、资金、技术等资源向西岸聚集，以获取利润最大化，带动产业的聚集。这既为东岸的高端服务业和高端制造业提供更为广阔的市场，也必将促进珠三角地区的经济格局更趋健康和平衡。

最后是充分发挥“一国两制”的优势，促进区域深度一体化。港珠澳大桥将香港、澳门这两个“一国两制”下的特别行政区与祖国内地紧密相连，香港与澳门之间的联系和交流日益密切，有利于港澳同胞对“一国两制”的理论和实践进行相互了解和学习，最大限度地提升他们对“一国两制”的认知水平和实践水平。同时，通过港珠澳大桥也能够加强香港、澳门与大珠三角区域的社会经济文化往来，在不断深化的交流中促进全方位的一体化。

三　港珠澳大桥通车后对澳门经济社会发展的综合影响

澳门回归祖国以来，中央政府对澳门的可持续发展十分关切。在国务院发布的《珠江三角洲地区改革发展规划纲要（2008—2020 年）》中，首次提出了澳门建设“世界旅游休闲中心”的概念，把澳门定位为“世界旅游休闲中心”。2016 年出台的“十三五”规划进一步明确提出：“支持澳门建设世界旅游休闲中心、中国与葡萄牙语系国家商贸合作服务平台，积极发展会展商贸等产业，促进经济适度多元可持续发展。”中央政府多次明确“世界旅游休闲中心”和“中国与葡萄牙语国家商贸合作服务平台”的澳门发展战略定位，这是把全球的视野与长远的发展目标作为出发点，让澳门经济产业结构中博彩业的“一业独大”向旅游休闲产业转变，进一步推动澳门经济产业的适度多元化发展。港珠澳大桥建设对澳门世界旅游休闲中心、中国与葡萄牙语国家商贸合作服务平台的建设和经济适度多元化的实施作用巨大，这个机遇对澳门经济社会的转型发展以及中央政府对澳门在国家发展战略中的定位都具有极其重要的意义。具体来说，港珠澳大桥通车后对澳门经济社会发展的综合影响主要包括以下内容。

对建设澳门世界旅游休闲中心的影响。交通的可进入性是世界旅游休闲中心的重点衡量指标之一，特别是国际旅客的通达性将会改变澳门国际旅客只占旅客总数 10% 的极低比率现状。原因在于，大桥接驳后澳门可充分利用香港机场多条国际航线（澳门目前航线十分有限）。目前，香港机场已趋于饱和，第三条跑道即使通过环评也需要十年时间才能建成，这无疑给澳门带来了巨大的商机。由于制度相同，澳门可承担起香港第三条跑道的功能作用。澳门机场发展曾历经两岸直航、自由行两大机遇。港珠澳大桥通车，将是澳门机场发展的第三次机遇。此外，港珠澳大桥本身所具有的观赏价值将吸引全球各地旅客前来参观。港珠澳大桥建造的工程巨大，建成以后将跨越海洋超过 35km，并且有约为 6km 的海底隧道，加上为人们提供观赏平台的人工岛等建造设计特色，将使其成为中国南海一颗闪亮的明珠。港珠澳大桥的建成还有利于扩展澳门旅游休闲产业链条，提升澳门旅游休闲竞争力。港珠澳大桥建成以后，预计旅客的规模将扩大，旅客的结构也将更加多样。而各地旅客的消费喜好有所不同，这将引导澳门旅游休闲产业走向多元化的发展形态。

对建设中国与葡萄牙语系国家商贸合作服务平台的影响。2013 年，国务院副总理汪洋在澳门参加中葡论坛第四届部长级会议期间表示，中央政府支持澳门发挥“三个中心、一个平台”的作用（即葡萄牙语系国家食品集散中心、中葡经贸合作会展中心、中葡中小企业商贸服务中心，以及中葡双语人才、企业合作与交流互动的信息共享平台）。2016 年，中方宣布了针对中国与葡萄牙语系国家之间合作的 18 项新举措（2017—2019 年），其中涉及澳门平台作用就有 5 项，为中国和葡萄牙语系国家在澳门开展贸易、投资、会展、文化等多领域合作提供更多的实体性支持。港珠澳大桥建成以后，将使得澳门与香港等大珠三角的核心地区形成半小时交通圈，大大地缩短了地区间的交通距离，葡萄牙语系国家将有效利用香港的人才、资金与技术优势对澳门的辐射作用，更好地发展各种经济贸易合作。这样一来，澳门作为中葡经贸合作服务平台的作用将得以发挥。

对澳门经济适度多元化和产业格局的影响。众所周知，澳门产业结构单一，唯博彩业“一业独大”。过去，由于面积狭小、资源紧缺造就了澳门经济微型和外向型的特征，这必然促使澳门只能汇聚有限资源重点发展核心产业的局面。在澳门特殊的历史背景和制度安排下，博彩业成为澳门的核心产业。而数据统计显示，澳门博彩业收入正在逐渐式微，逐年下降。2015 年，澳门博彩收入下降了 20%，本地生产总值同比下降了 17%，成为全球经济表现最差的经济体之一。由此可得，澳门单一的经济结构不可持续，需要走适度多元化之路，这是它面临的艰巨任务和巨大挑战。近年来，澳门大力推动会展、文创等新兴产业发展，颇有成效。可见，澳门经济适度多元化完全可以预期。借助港珠澳大桥通车的机遇，迫使澳门及时调整发展思路，致力于构建以博彩业为龙头，会展、文创、旅游、零售、房地产、离岸服务、金融、冷链、中西结合医药产业等业态并驾齐驱的产业格局，从而实现经济适度多元化。

四 对策思考

根据上述港珠澳大桥建设对澳门发展诸多方面的影响分析，我们认为，今后一段时期，澳门应在“一带一路”的发展机遇下，抓住港珠澳大桥通车的契机，全面调整经济发展总体思路，紧扣“世界旅游休闲中心、经济适度多元化发展”的定位，构建新型澳门，确立以“桥头经济”带动旅游休闲经济的多元化发展，进而拉动澳粤港区域经济整合，开拓新的经济发展空间，发掘潜在经济增长点，以维护经济社会持续繁荣发展。

一是抓住大桥契机，优化产业结构，促进经济适度多元化发展。博彩业在澳门“一枝独秀”，这其中既是历史的选择，也有自然环境的局限，博彩业利润丰厚的特点令企业、政府和市民产生一种经济发展的路径依赖，而不想改变现状。然而，港珠澳大桥的开通和横琴开发为澳门的产业结构优化，促进经济适度多元化发展提供重大发展契机，政府职能决定了应首先承担起这一历史责任，引导和推动澳门可持续发展。

二是开发综合性旅游文化，完善配套服务设施，提升旅游服务质量。多年来，大多数游客都抱着一睹“赌城”风光的目的而赴澳门旅游。也由于澳门地窄人密，在澳旅客留宿率低，旅客多赴珠海、香港或深圳留宿。但近年来，香港酒店已经处于饱和状态，澳门可以将大桥通达性作为吸引国际旅客的切入点，开发新的房地产及相关产业，与大桥效应相衔接，完善交通网络的建设，提升旅游服务质量。

三是兴建新的商业区，提升澳门的城市品质。大桥通车后，澳门旅游发展原本规划的2020年旅客700万人次的客运量将提前到来，这为澳门的经济扩容提供重要依据。据此，我们建议大桥通车后，澳门可以兴建新的商业区，这能为澳门的新口岸及东北新填海注入新动力。同时，新的商业区可以扩大澳门的旅游环境容量，并吸引更多的国际旅客，进而带动经济社会的发展。

四是以大桥为新契机加强区域经济整合，在营造世界级珠三角都会区扮演重要角色。港珠澳大桥的建设将使澳门与香港的交通更加便捷，使澳门与区域之间的联系更加紧密。因此，澳门应当充分把握其自身不可替代的角色优势，加强与区域的经济整合，在建设世界级珠三角都会区中发挥重要作用。

五是未雨绸缪，切勿坐等大桥效应。香港和珠三角城市及相关区域和城市都热切期待着大桥尽快竣工，因为大家都在期待着大桥所带来的积极影响，从而提升自己在区域发展中的地位。大桥的建设到底能够对澳门产生多大的影响，关键还是要看澳门如何把握发展机遇。我们认为，澳门应针对其目前的形势，在大桥建成之前提前做好充分的准备，例如采取优化内部环境、完善基础设施、加强人才培养、储备资金等举措，以期在时机来临之时能够牢牢地抓住。

粤港澳民间合作在服务“一带一路”、自贸区战略的实施路径研究

李启华[*]　张嘉欣[**]

广东与港澳地区地缘相邻、血缘相亲、语言相通、商缘相生。随着国际政治和经济形势的变化，港澳民间合作工作面临着新的问题。加上国家大力推动“一带一路”建设和设立了广东自贸区的背景下，对港澳民间合作工作提出了新的要求。民心相通是国家“一带一路”建设中五个重点建设方向之一，这就要求民间合作工作要做到凝聚人心、汇集力量。而广东自贸区则是一个增进粤港澳全面合作的新平台。

在新形势下，要改变传统的港澳民间合作工作模式，形成民间合作新思维，推动粤港澳民间合作工作服务于“一带一路”及广东自贸区的建设。广东在港澳民间合作工作中具有得天独厚的优势，如地缘交通优势、经济产业优势和组织网络优势。充分挖掘广东所独有的这些优势，探索粤港澳在经贸产业、社会治理、文化教育、青年成长、制度改革和科技创新等领域上的深度合作，以新颖和有效的合作作为实现路径来加强粤港澳民间合作工作。

[*] 李启华，广东亚太创新经济研究院宏观经济研究中心主任、经济师。

[**] 张嘉欣，广东亚太创新经济研究院宏观经济研究中心研究员。

一 粤港澳民间合作的独特优势及面临挑战

（一）独特优势

1. 地缘交通优势

粤港澳地缘相近、血缘相亲、文缘相连、商缘相生，祖籍广东的香港、澳门同胞有600多万人。香港澳门拥有高度发展和复杂的国际交通网络，对接全球多个国家和地区。港澳民间合作工作是广东民间合作工作的一大特色、优势和亮点。党的十八大以来，按照中央的统一部署，广东积极主动开展港澳台海外民间合作工作，努力创新大团结大联合的联络平台，不断推动港澳长期繁荣稳定，为促进祖国统一大业和实现中华民族伟大复兴的中国梦做出积极贡献。新形势下，广东与港澳携手并进，联动发展，共建粤港澳大湾区，增强在国际社会中的影响力和竞争力。

2. 经济产业优势

粤港澳在经济产业上各有优势，互为支撑，使得广东的港澳民间合作工作得以顺利进行，联系港澳同胞，共同实现中华民族的伟大复兴。当前，珠三角地区经济正处于一个转出传统旧加工业、承接新一轮国际产业转移的新阶段。这与当前国际产业转移的重心开始由传统工业向新兴工业、由制造业向服务业转移的趋势相吻合。承接国际先进的产业转移是珠三角当前经济发展的核心内容之一，这也包括了对香港开放服务业。珠三角将因地利之便，率先借地缘之利享受香港服务业带来的好处，使珠三角的产业结构得到较大提升。而服务业率先对香港开放也对全国将起到“摸着石头过河”的示范作用。

3. 组织网络优势

祖籍广东的海外侨胞有3000多万人，遍布五大洲160多个国家和地区，是开展民间合作工作的重要力量。广东是留学归国人员大省，留学归国人员有5万多人，居全国第三。广东的民间合作工作经过几代人的艰苦奋斗，已经形成了一定的组织网络。近年来，广东通过发挥广东海外联谊会、世粤联会、世界客属恳亲大会、世界潮人大会、世界广府人恳亲大会、粤东侨博会、广东华人文化艺术节等平台作用，积极开展港澳、海外民间合作工作，为广东的全面深化改革凝聚智慧和力量。粤港澳通过“请进来、走出去”等形式，加强与世界各地华侨华人社团的联系，加大与华侨华人特别是新生代代表人士的联系交流，不断增强对中华文化的认同感和自豪感，为共同实现中华民族伟大复兴的中国梦做出新的贡献。

（二）面临挑战

1. 国内外经济社会不稳定因素增强，导致民间合作工作难度不断提高

来自港澳的投资占广东外资投资很大一部分，而近年来国内出现的经济起伏和社会变革正在越来越深刻地影响着国内投资环境的稳定。国际金融危机的发生使得我国对外贸易出现困难，其不良影响辐射到我国的中小企业，特别是在贸易发达的沿海地区，不少企业经营困难，失业人口增加，经济社会大环境的变动也间接影响了民间合作工作的顺利进行。粤港澳民间合作工作难度不断提高，主要体现为来自港澳投资的下降以及在这样的社会背景下出现的阶层分化，民间合作的对象范围也正变得越来越广。

2. 区域经济发展格局深刻调整，导致粤港澳合作面临激烈竞争

中国内地改革开放以来，粤港澳经济合作不断发展，优势互补，形成“前店后厂”的合作模式，极大地提高了三地的经济水平。与此同时，从区域经济发展的高度来看，三地经济的一体性愈受关注。由于过去的合作主要是来自民间的自发和分散的合作为主，合作各方大多以各自的利益为主考虑经济发展问题，区域经济的整体利益在合作中显得弱化，粤港澳区域经济的一体性程度仍然不高。虽然在香港澳门回归以后，三地政府间的合作不断加强，但受多种因素的制约，传统的合作模式没有得到根本改变，粤港澳区域经济发展的整体协调和一体性程度的提高仍需不懈努力。目前，粤港澳面临的竞争者不仅有长三角、京津唐等国内城市群，还有来自各国地区的强劲对手。为适应世界区域经济竞争的发展环境，粤港澳经济区应加快提升区域经济的竞争力。尤其是目前应在三地各自提升自身经济实力的同时，增强各方经济互动的合力。这就要求改变过去合作中各自相对分离的格局，强化粤港澳三地经济一体性发展。

3. 新常态下民间合作工作日趋复杂，传统民间合作工作模式面临较大压力

“十三五”时期，进入新常态是我国经济发展的显著特征。传统的粤港澳民间合作工作随着各地人员流动的频繁增加以及区域经济一体化进程，民间合作对象的范围变得越来越宽广。互联网科技的不断发展、新媒体的不断涌现，使得民间合作工作也日趋繁重。此外，各种新思潮层出不穷，与复杂的国际形势交织在一起，广东的港澳民间合作工作面临着越来越大的压力。一方面，紧紧围绕广东省发展升级、深化改革、法治建设等重点任务，如何解决发展升级中的一些短板问题，组织协调港澳同胞，共同解决，这是需要三地民间合作部门努力的地方。另一方面，如何服务好港澳同胞，继续保持广东对港澳地区的吸引力，也是广东民间合作工作的又一重点。

二　粤港澳民间合作工作服务于“一带一路”及自贸区建设的总体思路

（一）总体思路

充分挖掘和发挥粤港澳民间合作工作的独特优势，积极参与国家“一带一路”及自贸区建设，以社会人文交流合作为基础，以经贸产业合作为重点，以青年创新创业为突破，以改革创新为动力，整合多方资源，构建大民间合作格局，创新服务内容及路径，探索新形势下粤港澳民间合作工作的新模式和新举措，并为对台民间合作工作及粤台合作提供决策参考。

（二）定位功能

1. 服务于推动粤港澳深化全面合作

粤港澳民间合作工作服务于推动粤港澳深化全面合作。改革开放至今，广东省作为发展的前沿阵地积累了充足的资金支持和科研力量，同时，毗邻港澳是广东省发展的最大优势，借助“一带一路”发展机遇，与具有国际视野和丰富国际交流经验的港澳地区形成优势互补。以广州南沙、深圳前海及珠海横琴等粤港澳全面合作示范区为落脚点，通过粤

港澳各方共同努力，深入推进粤港澳地区的深化全面合作。

2. 服务于协助港澳参与“一带一路”及自贸区建设

粤港澳民间合作工作服务于协助港澳参与“一带一路”及自贸区建设。目前广东企业正逐步“向外走”，在这过程中面临着税务、风险防范、企业管理、文化差异、缺乏咨询专业顾问、融资困难等问题，港澳地区拥有国际型专业人才，包括律师、会计师及资产评估师等事务所均拥有庞大的国际网络，在国家确定的框架下，推进粤港澳服务贸易自由化，在金融服务、交通航运服务、商贸服务、专业服务、科技文化服务和社会服务等领域，取消或者放宽对港澳投资者的资质要求、股比限制、经营范围等准入限制措施。通过香港的国际专业人才和国际网络去搜索投资项目，可降低企业向外投资的失败率，使粤港澳三地都从“一带一路”建设中获得最大利益。

3. 服务于推动在粤港澳企业加快转型升级步伐

粤港澳民间合作工作服务于推动在粤港澳企业加快转型升级步伐。根据广东省“三个定位、两个率先”的发展目标及建设粤港澳大湾区的愿景，采取一系列重要举措，积极抢占经济制高点，推进粤港澳企业加快产业转型升级，协助在粤港澳企业共同建立以服务经济为主体，现代服务业、先进制造业、战略性新兴产业互动融合的现代产业体系，把握国家“十三五”时期的重要机遇，打通粤港澳三地甚至是“一带一路”沿线地区市场。

4. 服务于推动在粤港澳居民更好地融入本地社会

粤港澳民间合作工作服务于推动在粤港澳居民更好地融入本地社会。近年来粤港澳地区间跨境人口体现出高频率流动性，但移居广东各城市的港澳居民对本地认同感与归属感仍然缺乏。依托粤港澳三地居民间地缘相邻、经贸相依、语言相通、人缘相亲的天然优势，制定港澳居民返粤机制，适当放宽港澳居民在粤制约，简化港澳居民在粤办事流程，降低港澳居民在粤创新创业准入门槛，鼓励社会机构组织民间文化活动促进社会融合，推动在粤港澳居民更好地融入本地社会。

三 粤港澳民间合作在服务“一带一路”及自贸区建设的实现路径

（一）加快科技产业金融融合发展，探索粤港澳积极产业合作新模式

1. 以科技与金融合作为突破，推动在粤港澳企业加快转型升级

推动港澳科研资源与广东高新园区、专业镇、平台基地等建立协作机制，合作在珠三角主要城市设立孵化基地，实现港澳研发成果在粤产业化。推动粤港澳科技合作项目经费跨境流动，降低科技服务项目交易成本，粤港澳三方联合在广东省设立的研发中心进口研发设备、实验器材符合有关政策规定的，可依法享受进口税收优惠。抢抓跨境电商快速发展良机，充分发挥港澳国际化营商环境网络资源优势和广东省的辐射效应，有效整合粤港澳资源，共同建立合作机制，携手开展跨境电商业务，共同打造连接港澳、服务内地的商贸中心，为粤港澳跨境电商发展提供更好的支撑。加快智慧城和金融城建设，吸引更多企业进驻并完成转型升级步伐。推动广东金融机构与符合条件的互联网支付机构合作，为粤港澳跨境电子商务办理人民币结算业务。支持港资银行在粤设立更多营业机构，支持广东法人银行在港设立分支机构，推动深港两地资本市场互联互通。

2. 以新业态新商业模式为重点，培育发展一批港澳创新型企业

借助“互联网+”契机，以新业态新商业模式为重点，联合港澳资本共同培育一批创新型企业。抓紧开展天河中央商务区从形象到品质的整体优化提升，完成“全国中央商务区知名品牌示范区”建设，以建设粤港澳服务贸易自由化省级示范基地为契机，汇聚粤港澳高端元素，打造国际一流的中央商务区。加快粤港澳产业发展推动转型升级，加快培育新的产业爆发点，发展战略性新兴产业和产业集群，根据珠三角地区由“工业型经济”向“服务型经济”转型的关键阶段，进一步改造提升传统产业、大力发展现代农业、扶持新兴业态，构建以服务经济为主导的现代产业体系，吸取港澳在创新驱动阶段中创意设计、市场营销、品牌培养、金融服务和物流管理等诸多具有国际竞争力领域特长，为港澳创新型企业提供产业结构、劳动力、土地、低运营成本的营商环境，深

入推进港澳现代服务业优势和内地制造业优势的融合，充分发挥港澳在内地经济发展中的国际化综合服务枢纽作用。

3. 探索建设粤港澳产业合作园区，增强三地经济发展后劲

一方面，以广东为核心深化与港澳地区合作，打造粤港澳大湾区，共建21世纪海上丝绸之路国际枢纽，进一步扩大港口航运业发展规模，让粤港澳地区成为21世纪海上丝绸之路的重要节点；另一方面，将珠三角优势制造业与港澳专业化的服务业相结合，利用珠三角地区建立产业园区的优势，打造粤港澳“一带一路”产业合作园区，增强三地经济发展后劲。探索建立粤港澳产业合作园区，努力打造成三地产业合作转型升级的先行先试区、三地中小企业深度合作的重要载体、三地交流合作模式创新的示范平台。通过推进三地产业深度对接、服务业和金融业合作，争取在深化三地产业合作方面实现新突破，形成新亮点，构建新机制。此外，依托广州南沙、珠海横琴、深圳前海三个自贸区，进一步巩固粤澳工程承包及劳务工作方面的合作优势，扩大粤港工程承包及劳务工作方面的规模与层次。

4. 发挥香港国际金融中心优势，提升广东金融服务能力

发挥香港国际金融中心优势，继续保持中国内地走向世界的重要桥头堡和“超级联系人”地位，承担连接广东省与国际社会金融合作的纽带作用，引入外资“走进来”和帮助内地企业“走出去”，提升广东金融服务能力，同时提升香港参与合作能力。支持粤港机构合作设立面向“一带一路”沿线国家和地区的人民币海外投贷基金，为内地企业“走出去”开展投资、并购提供投融资服务。进一步推动广东企业在香港发行人民币债券，募集资金调回内地使用。支持广东自贸试验区内企业从香港地区借入人民币资金，引导香港的人民币资金参与广东自贸试验区的开发建设。

5. 发挥澳门国际旅游休闲中心优势，推升泛珠三角旅游服务水平

澳门是国际旅游休闲中心，让泛珠三角地区通过与澳门开展旅游合作，协同粤澳旅游产业发展，发展旅游新业态。共同编制旅游合作规划，形成区域旅游合作长远发展战略，推进旅游合作从市场合作向培训、行业标准制定等全面合作转化，加强产业开发、品质监管、联合推广、信息交流、协会沟通、过境便利等合作，开拓区域旅游市场，形成区域旅

游品牌，共同建设世界著名旅游休闲目的地；结合“一带一路”建设强化打造多条粤港澳“一程多站”精品旅游线路的宣传推广，开发文化历史、休闲度假、会议展览、医疗保健、油轮游艇等精品旅游项目，构建不同主题、特色、档次的多元旅游产品体系，进一步凸显粤澳国际休闲旅游目的地形象，共拓海外旅游客源市场；互为双方居民提供旅游通关、交通、支付等便利措施，加大力度推广“144 小时便利签证”，提升通关便利化水平，拓展入境旅游市场。

（二）搭建社会机构和行业组织的合作平台，共同提升粤港澳社会治理水平

1. 加强商协会交流合作

为继续深化供给侧结构性改革，出台一系列更实、更细、更全的政策措施，建立粤港澳企业联席会议和政府政策咨询机制，促进粤港澳商协会深化对接与合作交流，及时帮助港澳资本企业解决所面临的共性问题，并适当提供个性化协助服务。加强政策宣讲，改进提升政府服务，努力为港商澳商在广东的发展营造良好的环境。

2. 加强社会组织交流合作

按照市场为主、政府引导的原则，挖掘港澳社会组织管理与发展的先发经验，激发广东社会组织崛起的后发优势，推动粤港澳三方社会组织的合作发展，构建一个良性互动、服务社会、健康向上的粤港澳大社会。鼓励广东继续深入借鉴香港民间社会服务组织的经验，发展更多能够承接部分政府、事业单位职能的社会组织，打牢政府购买服务的社团基础。以粤港澳社会组织合作为试点，放宽港澳社会组织在粤准入门槛，积极引入港澳地区优秀的社会组织，规范港澳社会组织在粤活动。同时也鼓励广东本土社会组织走向港澳、深化粤港澳社会组织合作发展。

3. 推动港澳义工组织参与广东社会治理

香港义工文化由来已久，广泛普及并根植于社区基层，香港的义工组织均拥有丰富的义务工作经验。与港澳两地社联合作，加强三地市民参加公益志愿服务交流，通过成立粤港澳三地义务工作发展协作网络，帮助三地群众更深入了解粤港澳社会实际情况，激发对国家社会的责任感和爱国主义情怀。进一步加强与港澳社会服务龙头机构合作，开拓粤

港澳三地义务服务工作经验交流与合作，改变两地公益志愿服务交流活动局限在小范围开展的现状，共同探索和研究义务工作发展议题，开展和推广义务工作培训创新模式，丰富和拓展义务工作时间和合作领域，鼓励港澳义工组织到广东参与社会治理工作，联合爱心企业搭建公益活动孵化培育平台，带动三地更多市民群众主动参与范围更广、规模更大的公益志愿服务交流活动。

4. 拓宽粤港澳民间合作社会渠道

整合资源，拓宽粤港澳民间合作社会渠道，努力形成做好港澳民间合作工作的大民间合作体制和大民间合作格局。首先，做好新社会阶层的民间合作工作，新社会阶层是改革开放的最大受益者，必须整合各方面、各领域资源优势，形成多方合力，共同推动民间合作工作进展；其次，适应新时期社会经济发展现实，拓宽新社会阶层的民间合作工作渠道，建立有效的载体和平台，更好地服务新社会阶层；最后，通过重点建设社区、社团协会和各级工商联等三大民间合作工作平台，吸纳更多粤港澳的企业家和杰出人才加入民间合作工作平台中，增强民间合作工作平台的智力支持。

（三）运用“互联网+思维及手段”，创新粤港澳文化教育交流合作模式

1. 建立粤港澳文化教育年度网络论坛

以文化交流为载体，结合“互联网+思维及手段”，以激发粤港澳教育文化创新为目标，建立粤港澳文化教育年度网络论坛，促进粤港澳三地文化教育工作交流常态化、创新化发展，论坛坚持以“和平友好、平等互爱、相互促进、团结合作”为原则，大力推动粤港澳文化教育领域交流合作，结合粤港澳三地青少年的特点，关注青少年成长成才、身心健康、就业创业、社会融入、文化体育等方向以及国情教育、素质培训、考察实习等类型的教育工作，努力打造粤港澳三地文化教育工作线上交流活动枢纽。

2. 培育一批粤港澳教育文化网络平台企业

借助“互联网+教育”理念，培育一批粤港澳教育文化网络平台企业，建立公共文化服务数字化系统。利用 VR、AR 等高技术手段搭建教

育文化网络平台，统筹数字图书馆、数字文化馆、数字博物馆等项目，构建一条完善的粤港澳教育文化产业链条，实现数字化公共文化服务的互联互通与共建共享。鼓励发展网络视听产业，推进传统广播影视行业数字化转型，鼓励发展具有教育意义的手机游戏、网络动漫、网络艺术品等产业，形成具有影响力的文化创意产业集群。同时，为产业链上下游平台企业提供多元化扶持和优惠政策，并提供大量企业间交流协作机会。

3. 策划一批粤港澳教育文化品牌活动

密切加强与港澳同胞的联系，同心合力策划一系列港澳教育文化品牌活动。实施粤港澳教育文化品牌活动“请进来、走出去”方针，积极邀请港澳同胞来粤访问和派员到港澳地区开展相关宣讲座谈。注重活动形式创新，以中华传统文化经典教育为突破口大力创新港澳文化民间合作工作，提供三地文化互动交流的机会，以特色活动凝聚人心，以特色活动会聚人力，提高三地共同核心价值认同感，确保文化民间合作工作务实推进。

4. 建立粤港澳学校共建办学机制

香港教育在办学理念、教育体制、教育方式与方法等方面都融合了西方教育的特点，高素质的办学水平与内地充足的优质生源形成优势互补。加强三地青年专业人才培养教育制度互补，扩大合作办学、互招学额和学历互认，深化粤港澳三地高校间人才培养、师生交流、学术研究等领域建立紧密的合作关系；实施“千人实习计划”，鼓励更多广东企业招收港澳实习生，为香港青年提供更多的实习、就业岗位。坚持以开放促改革、以开放促发展的思路，探索粤港澳学校共建办学机制，培养出一大批高水平专业人才，共同打造南方教育高地。

（四）搭建创新创业交流合作平台，加强港澳青年一代的民间合作工作

1. 探索建立港澳青年创业创新产业园

顺应国家“大众创业，万众创新”的号召，充分释放港澳青年一代创业创新潜能，打造创新平台，争取省部共建综合性创业孵化（实训）示范基地在广州天河落户，建设天河远洋“新三板”孵化培育基地，依托自贸试验区探索建立港澳青年创业创新产业园，为港澳青年的创业项

目提供孵化器等方面的支持。制定港澳人才认定办法，给予具体项目申报、创新创业、评价激励、服务保障等方面更宽松的措施，提供融创业研发、展示、培训、孵化/加速、知识产权保护、品牌推广和金融等为一体的多元化服务，着力实施创新驱动发展战略，大力推动港澳青年创客及创业团队发展，扶持港澳青年初创企业做大做强，促进科技与经济深度融合，提高实体经济的整体素质和竞争力。

2. 建立两岸青年交流互访合作机制

继续发挥粤港澳地域相邻、文化相融、语言相通的优势，深化与港澳青年的交流合作，进一步完善两岸青年交流互访合作机制。积极探索区域青少年工作合作模式，充分利用青少年工作专业团队和社会资源，提高活动组织水平，增强交流成效。培育常态化的粤港澳青年交流项目，构建“例行项目+特色项目”的交流合作模式，从经济、文化、社会、科技等领域固化一批每年例行开展的交流活动项目，继续做好粤港澳暑期实习计划相关工作，通过政府资助、社会参与，为暑期来粤实习的港澳大学生提供适合其专业的实习岗位，加强实习后勤保障及管理，以确保实习取得良好成效。

3. 重点扶持发展一批港澳青年创新创业项目

建设青年创业基地，充分利用和发掘粤港澳三地在科技、服务产业的发达优势，加强对创新型小微企业的奖补倾斜。加快港澳人才引进计划推进，通过政策、场地、资金重点扶持发展一批港澳青年创新创业项目，吸引一批优秀企业、创业团队和高端人才落户。加强在青年创业、创新方面的指导，一是组建青年创业团，推荐一批青年创业导师，开展对接的指导服务；二是组建青年创业辅导团队，依托科研院所、高校，推进一批研究水平高、对青年创业有热情的专家和学者开展政策解读和创业辅导的指导。加强青年创业创新平台的汇聚与打造，一是培育粤港澳青年创业者联盟、青年创业带头人协会、大学生创业协会等社会组织，凝聚创业人才，结合各地团组织开展评选活动鼓励青年创业创新。

（五）建立健全智库交流合作机制，提升粤港澳重大决策的协调性

1. 提升现有粤港澳学术交流平台

引入创新模式，丰富粤港澳学术交流形式，植入分享经济思维，利

用民间智库建设的力量，搭建青年群众与专家学者互动交流桥梁，提升现有模式单一的粤港澳学术交流平台，通过举办形式多样的学术交流活动吸引三地青年主动参与，形成灵活紧密的学术互动。

2. 推动粤港澳重要智库的结对交流合作

智库建设“本小利大”，推动粤港澳重要智库的结对交流合作将为三地交流提供有效的渠道。组建粤港澳发展策略研究专责小组，加强粤港澳三地各领域的学界和业界交流，充分挖掘三地科技社团的资源，吸纳各界代表和专家参与，形成政府、业界和研究机构互动机制，研究粤港澳合作发展策略，强化咨询论证功能，向粤港澳高层提供政策建议。

3. 建立粤港澳重大决策及政策的联席会议制度

遵循“一国两制”方针，顺应区域合作基本规律，建立粤港澳重大决策及政策的联席会议制度，增强联席会议推动合作的实际效用。强化工作机制的协调和执行职能，简化环节，不断提高工作的实效性。根据需要组建或重组粤港澳合作有关专责小组，加大统筹协调力度。加强香港、澳门和广东三地协同发展的联系，共同推进重点项目和重点合作区的工作。

4. 组织实施并发布一批粤港澳合作研究成果

积极探索科研合作成果落地产业化路径，组织实施并发布一批粤港澳合作研究成果，创新成果转化方式，通过决策参考、政策制定、促进研讨交流、推动成果宣传、拓宽其他渠道五种方式进行成果转化，推动研究成果与资本市场对接。

（六）加快广东自贸区建设，搭建粤港澳全面合作新平台

1. 借鉴港澳经验，加快自贸区改革创新步伐

发挥广东积累的贸易优势，加快自贸试验区内金融服务、航运服务、商贸合作、专业服务、公共服务、电信服务等领域进一步对港澳开放，加强港澳两地与广东产业发展规划协调。充分利用自贸区政策优势，积极推进落实区内教育、医疗及税收等配套措施，推动粤港澳医保、社保对接，加强大通关体制建设，吸引港澳高端人才到广东自贸区投资创业。推进与港澳地区在文化创意产业、港口物流业、中医药产业等领域的合作，建设服务内地、连接港澳的商业服务中心、科技创新中心和教育培

训基地，共同发展物联网等“智慧”产业，积极探索依托保税港区建设大宗商品交易中心和华南重要物流基地，建设区域旅游休闲项目，打造世界邮轮旅游航线。

2. 重点推动离岸贸易、科技金融等服务贸易领域产业合作

离岸贸易、科技金融等服务贸易领域业务，是粤港合作的高端领域及合作重点。第一，加快建设与国际高标准规则相对接的营商环境。采取一揽子改革创新举措，加快投资贸易规则与国际接轨，营造透明高效、竞争有序的法治化国际营商环境；第二，强化国际金融贸易航运功能集成。将着力在自贸区发展新的金融业态、贸易业态、航运业态，为珠三角制造业提供高质量的服务，促进实体经济转型升级；第三，推进粤港澳经济深度合作。首先是深入推进粤港澳服务贸易自由化，其次是创新粤港澳协调联动的管理合作机制；第四，全面提升对外开放水平。充分发挥自贸区在广东省构建对外开放新格局中的龙头引领作用，有效对接国家“一带一路”倡议，统筹利用国际国内两个市场、两种资源，建设对外开放的新高地。

3. 推动粤港澳国际航运中心建设

推动粤港澳国际航运中心建设，深化区域合作特别是推进粤港澳航运深度合作，提升国际航运竞争力有着重要战略意义。在港区航运服务能级不断提升的基础上，主动对接“一带一路”倡议，建立与海上丝绸之路沿线国家以及全球各大港口、航运机构的战略合作关系，提高粤港澳在全球贸易体系中的地位。一是全面深化粤港澳航运业合作。进一步加强与港澳航运主管部门的联系，把香港国际航运的高端要素优势与广东广阔的腹地优势有机整合，在体制机制上加以创新，放宽准入限制，吸引港澳投资者开展货代、内外贸物流、海运服务以及相关物流信息处理和航运咨询服务，重点推动在航运金融、人才教育培训、邮轮游艇滨海休闲旅游等方面的合作，打造粤港澳国际航运合作平台，并携手参与国际竞争，提升粤港澳航运国际竞争力、资源控制力和国际话语权。二是加强与内地港口合作。加强泛珠三角合作方面，对接《珠江三角洲地区改革发展规划纲要》、泛珠三角区域合作、建设珠江—西江经济带等战略，探索以资本运作为纽带的港口合作模式，大力推进与珠三角、泛珠三角各海港、内河港、内陆港的合作，形成战略上合作、业务上竞争、

对外为整体的泛珠三角港口群。加强与国内北方各大港口合作方面，推动与北方港口、内陆港口建立战略联盟，通过港口战略联盟合作、合资的方式，开拓珠三角与内地、华南与东北、华北等地的新型竞合模式，强化广东的辐射带动作用，为对外贸易提供充足的货源。三是努力增开外贸集装箱班轮航线。以建立国际港口城市联盟为抓手，加强与国际大港口的联系与合作，加大对国际知名班轮公司的招商引资力度，实施对国际航线的奖励扶持政策，吸引航运企业和机构落户，努力做大做强欧美航线，增开和加密“一带一路”沿线国家航线，带动航运业务加快集聚和港航产业链加快形成。

全球气候变暖　粤港澳作出贡献

陈锡侨*

一　全球暖化

全球暖化（Global warming）、全球变暖，是指地球的大气和海洋，因为温室效应，造成温度上升的气候变化现象，这效应称为全球变暖效应。1906—2005年，地球大气层平均温度上升了0.74摄氏度。过去50年间气候改变的速度是前100年的双倍，而气候改变是由人类活动所产生的。全球变暖的因素主要是温室气体中二氧化碳（CO_2）和其他气体不断增加，如甲烷（CH_4）、一氧化二氮（N_2O）等①。温室气体的产生，又与我们燃烧化石燃料、破坏森林、生产制冷剂、农业、畜牧业等有关②。1979年至2005年，中国能源72.4%来自煤炭，且煤炭的消耗量更不断上升③。

---

* 陈锡侨，澳门社会科学会副会长、澳门圣若瑟大学科学及环境研究所荣休教授。

① 《全球暖化》，Wikipedia（https://zh.wikipedia.org/zh-hk/%E5%85%A8%E7%90%83%E5%8F%98%E6%9A%96），2016年11月4日。

② 《气候变化及能源危机》，绿色和平行动门户网站（http://www.greenpeace.org/hk/campaigns/climate-energy/problems/），2016年12月1日。“Effects of Global Warming”，Wikipedia（https://en.wikipedia.org/wiki/Effects_of_global_warming），2016年10月2日。

③ 《气候变化及能源危机》，绿色和平行动门户网站（http://www.greenpeace.org/hk/campaigns/climate-energy/problems/），2016年12月1日。

二 全球暖化的影响

全球暖化除令温度增高，还会使海面上升、冻土溶化；热浪、干旱、暴雨、飓风等越来越频繁；粮食减产；红树林、极地、高山生态系统、热带雨林、草原、湿地等自然生态系统受到严重威胁，影响生物多样性；海洋溶解大气中过量的二氧化碳后，酸度增高，改变了海水化学成分，溶解氧浓度会降低，令珊瑚礁、海洋生态系统面临崩溃威胁[①]。

三 全球暖化的解决办法[②]

全球暖化的解决办法就是要减少产生温室气体，尤其是二氧化碳。更要提高能源使用效率、风力发电、太阳能、水力发电、生物能源、地热能等。

（一）提高能源利用效率

使用节能汽车，如电动汽车、油电两用车、车电动公交；节能灯、使用节能电器、改良工业程序、利用绿色建筑材料、隔热设备和其他相关的技术。珠海、深圳和广州都有电动巴士车，但香港和澳门还未普及。深圳比亚迪（BYD）电动大巴在 2013 年 1 月已拿到欧盟 WVTA 认证，2013 年 8 月，其电动大巴 K9 获得美国加州销售许可，之后更打入日本、德国、英国、新加坡等市场。2015 年 7 月英国的订单是 51 台电动巴士。2016 年 2 月，美国加州订购 85 台。2016 年 3 月印尼订了 150 台[③]。

---

① 《气候变化及能源危机》，绿色和平行动门户网站（http://www.greenpeace.org/hk/campaigns/climate-energy/problems/），2016 年 12 月 1 日。"Effects of Global Warming", Wikipedia (https://en.wikipedia.org/wiki/Effects_of_global_warming), 2016 年 10 月 2 日。Marhem, D., "Global Warming Effects and Causes: A Top 10 List", 2009, planetsave (http://planetsave.com/2009/06/07/global-warming-effects-and-causes-a-top-10-list/)。

② 《珠海横琴岛风力发电场》，中国风力发电网（http://www.fenglifadian.com/news/fengchang/51379EGK0.html），2017 年 3 月 1 日。

③ 《中国电动巴士为何在海外广受追捧?》，环球网（auto.people.com.cn/n1/2016/0816/c1005-28638668.html），2016 年 8 月 16 日。

图 1　比亚迪纯电动大巴在英国运营[①]

（二）风力发电

风力是清洁能源，可以源源不尽，又便宜，且不会产生污染物。风力发电是世界上发展最快的能源之一。根据绿色和平 2005 年《风力广东》一书所言，到 2020 年，广东省的风力发电装机容量可以达到 2000 万千瓦，每年将可发电 350 亿千瓦时，是目前全省用电量的 17%；每年减少 2900 万吨二氧化碳的排放量。广东有望成为发展海上风电的先锋，中国有足够的潜力成为世界风能的领袖。[②]

邻近珠海横琴有用风力发电，叫作珠海横琴岛风电场，由珠海国华汇达丰风能开发有限公司开发和运营。有 21 台单机，高度 50 米，每台容量为 750 千瓦。总装机容量 1.575 万千瓦，总投资近人民币 1.28 亿元。2008 年发电量为 2830 万度，可满足 3 万户家庭用电。

中国是世界用风力发电最多的国家，尤其是在新疆、内蒙古一带。

---

① 《中国电动巴士为何在海外广受追捧?》，环球网（auto. people. com. cn/n1/2016/0816/c1005 - 28638668. html），2016 年 8 月 16 日。

② http：//www. greenpeace. org/hk/publications/reports/climate-energy/2005/wind-guangdong/.

图2　珠海横琴岛风力发电场①

（三）太阳能

太阳能可用来发电或转化为热能，多用于热水器、饮用水淡化、照明等。珠三角以广东省较普及，香港和澳门少见。广东省政府于2014年制定了《广东省太阳能光伏发电发展规划（2014—2020年）》，以粤东、粤西沿海地区，珠三角和北部山区屋顶和地面发展太阳能，争取到2015年，全省光伏发电装机容量达到100万千瓦以上；到2020年，达到400万千瓦以上。以深圳、珠海、阳江、佛山三水等市作为示范城市。②

① 《珠海横琴岛风力发电场》，中国风力发电网（http：//www.fenglifadian.com/news/fengchang/51379EGK0.html），2017年3月1日。

② http：//baike.baidu.com/item/%E5%B9%BF%E4%B8%9C%E7%9C%81%E5%A4%AA%E9%98%B3%E8%83%BD%E5%85%89%E4%BC%8F%E5%8F%91%E7%94%B5%E5%8F%91%E5%B1%95%E8%A7%84%E5%88%92%EF%BC%882014－2020%E5%B9%B4%EF%BC%89.

图3 太阳能图①

（四）水力发电

水力可以24小时产生电力，水可以来自海浪和江河（加拿大有用海浪发电，我国还没有），用江河水力发电，中国长江三峡水坝是一例子。广东省有从化、连州市等水力发电厂。

（五）地热能

地热能是再生能源，储量大、分布广、清洁、利用效率可达73%，是太阳光伏发电的5.4倍、风力发电的3.6倍②。广东有229处地热能③。2015年各国地热能利用，以中国最高，数据如表1。

① 《珠海横琴岛风力发电场》，中国风力发电网（http：//www.fenglifadian.com/news/fengchang/51379EGK0.html），2017年3月1日。

② 《地球内部的清洁能源：我国地热能开发利用情况》，台读（https：//read01.com/aE4MzO.html），2016年8月16日。《地热能》，Wikipedia（https：//zh.wikipedia.org/wiki/%E5%9C%B0%E7%86%B1%E8%83%BD），2016年8月16日。

③ 《全球地热资源储量状况分析》，旅游（https：//kknews.cc/travel/9ggaob.html 9），2016年9月19日。

表 1　　2015 年直接利用数据

国家	2015 年利用量（MWt）
美国	17415.91
菲律宾	3.30
印度	2.30
墨西哥	155.82
意大利	1014.00
新西兰	487.45
冰岛	2040.00
日本	2186.17
伊朗	81.50
El Salvador	3.36
肯亚	22.40
Costa Rica	1.00
俄罗斯	308.20
土耳其	2886.30
Papua-New Guinea	0.10
Guatemala	2.31
葡萄牙	35.20
中国	17870.00
法国	2346.90
Ethiopia	2.20
德国	2848.60
Austria	903.40
澳大利亚	16.09
泰国	128.51

图4　地热能①

（六）生物能源

利用植物等有机物质，经过气体收集、气化、燃烧和消化作用等技术产生能源。物料可来自甲烷气、农业副产品、城市废物、林业副产品等。利用生物能源，粤港澳还不算普遍。

四　广东省环保厅

广东省人民政府关于印发广东省大气污染防治行动方案（2014—2017年）的通知②，就定下了工作目标。“到2017年要把珠三角区域细颗粒物（PM 2.5）达标，可吸入颗粒物（PM 10）年均浓度比2012年下降10%，珠三角地区各城市二氧化硫（SO_2）、二氧化氮（NO_2）和可吸入颗粒物年均浓度达标；珠三角区域细颗粒物年均浓度比2012年下降15%左右，臭氧（O_3）污染形势有所改善。广东环保局大气污染防治下的我省发布大气污染防治2016年度实施方案（2016年6月8日）明确要求今年广州、佛山、肇庆和顺德细颗粒物（PM 2.5）年均浓度要比去年

① 《地热能》，Wikipedia（https：//zh. wikipedia. org/wiki/% E5% 9C% B0% E7% 86% B1% E8% 83% BD），2016年8月16日。

② http：//www. gdep. gov. cn/dqwrfz/zlwj/201403/P020140318612296145758. pdf.

下降8%。同时，方案提出，我省将逐步建立港口船舶污染防治体系，推进船用低硫燃油供应工作。”①

五 香港环保署②

“环保局在2013年3月28日发表了《香港清新空气蓝图》，详细列出各项措施，以应对由发电厂、海陆交通和非路面流动机械带来的空气污染，以及深化粤港两地的合作以处理区域污染。

2012年11月，香港特区政府和广东省政府分别制定了2015年及2020年新的区域减排目标/幅度，以改善区域空气质素。

香港与广东省政府携手合作，致力确保珠江三角洲地区的污染水平受到控制。

香港特别行政区环境保护署与广东省环境监测中心于2005年11月30日共同建立粤港珠江三角洲区域空气监控网络。粤港环保部门联同澳门特别行政区政府环境保护局、澳门地球物理暨气象局于2014年9月共同优化监测网络，并将网络更名为‘粤港澳珠江三角洲区域空气监测网络’，实时发布三地的空气质量信息。同时，空气监测子站由16个增加至23个，其中10个由广东省内有关城市的环境监测站运作、8个区域子站由广东省环境监测中心运作，1个位于澳门境内的子站由澳门地球物理暨气象局运作，其余4个则位于香港，并由环境保护署操作。

设立区域空气监控网络的目的为：为广东省与香港政府提供准确数据，以评估整个珠江三角洲的空气质素和污染问题，并进一步制定适当的管制措施；通过长期监测以评估空气污染管制的成效；为公众提供有关珠江三角洲地区各地点的空气质素资料。

另外，广东省环境监测中心、香港特别行政区环境保护署、澳门特别行政区环境保护局、澳门特别行政区地球物理暨气象局一同编写了2016年4月至6月第二季度监测结果统计概要（报告编号：PRDAIR -

① http://www.gdep.gov.cn/dqwrfz/zlwj/201606/t20160629_212453.html; http://www.gdep.gov.cn/hbhz/.

② http://www.epd.gov.hk/epd/tc_chi/top.html.

2016 - 2)，报告二氧化硫（SO_2）每月均高及均低 1 小时平均值、每月均高及均低 24 小时平均值、每月平均值，还有二氧化氮（NO_2）、臭氧（O_3）、一氧化碳（CO）、颗粒物 PM10、颗粒物 PM2.5 等数据。”

六　粤港澳在环保方面的合作

粤港澳在环保方面的合作须包括固体废物处理，如处理建筑废料、废车轮胎、污水厂产生的污泥、厨余等。

2016 年 3 月 17 日我国北京大学李本纲研究组和其他学者在《自然》杂志首次全面评估了中国对全球气候变化的贡献及其时间变化趋势。研究对目前已知的 10 种气候胁迫因子模拟分析结果（1750—2010 年）表明，中国排放对全球辐射强迫的相对贡献为 10% ±4%，远低于中国近年来人为活动排放的全球占比①。所以，粤港澳和中国其他地区仍须努力减排。

---

① https://read01.com/gkxEgg.html.

粤港澳合作的法律基础与法律冲突

蔡镇顺[*]

一　前言

粤港澳合作的性质是具有一定特殊性的国内行政区域之间的合作，是在一个主权国家之内不同的行政区域间的合作。香港和澳门是中国的特别行政区，是中国的组成部分。不论香港、澳门拥有多大的自治权，其自治权始终来源于中央政府的认同和授权，从这个角度说，粤港澳合作是国内行政区域之间的合作。

粤港澳合作也是具有一定特殊性的国内合作。根据中央“一国两制”的基本设计，港澳是特别行政区，实行资本主义制度，因此，港澳不是一般意义上的国内法主体。港澳虽然是中国的行政区，是国内法主体，但由于历史的原因，它们是部分国际条约中的主体，在国际法意义上具有相对的独立性，分别是两个独立的关税区。而广东虽然也是中国的行政区，但不具备独立关税区的地位，只是中国的一个省。因此，粤港澳合作是相对独立的合作，不能等同于国内一般行政区域之间的合作。

粤港澳合作的法律基础，既不完全是国内法，也不完全是国际法或国际条约，而是综合性的法律基础，其中包括宪法及港澳基本法、WTO协议、CEPA 协议、区域合作的各种安排及协议等。这些合作的法律依据有一部分和国内其他行政区域与港澳合作是相同的，除此以外还有一部

* 蔡镇顺，广东省法学会副会长，广东港澳法学研究会会长，教授。

分法律依据不同于国内其他区域，如珠江三角洲改革发展规划纲要、广东省与港澳政府的府际协议等。

二 粤港澳经贸法律基础的一般范围

（一）宪法性文件

中华人民共和国宪法、香港基本法、澳门基本法等宪法性文件是粤港澳合作最基本的法律基础。中华人民共和国宪法是我国的根本大法，香港、澳门基本法是港澳地区的基本法。这些宪法性文件不但是调整粤港澳合作的基本法律框架，也是粤港澳合作基本的法律基础和制度。

我国宪法规定了国家最根本的制度，在法律效力上具有最高效力，是制定其他法律的依据，任何其他法律、法规都不得与宪法相违背。一切国家机关、社会团体和公民的最高行为准则就是宪法，港澳地区作为中国的一部分也不能例外。

香港基本法、澳门基本法分别对香港和澳门的政治、经济和社会制度，以及中央与该两地方关系进行规定的基本法律规范，其效力分别及于港澳地区，是我国宪法的有机组成部分，内地和港澳地区也应像遵守宪法一样遵守港澳基本法。

（二）WTO 系列协议

WTO 系列协议是粤港澳合作的重要法律基础，因此，粤港澳三地都必须遵循 WTO 系列协议。香港、澳门的国内法地位是中华人民共和国的两个特别行政区，国际法上的地位是在世界贸易组织体制内的“单独关税区”。作为中华人民共和国的两个特别行政区，香港、澳门与大陆地区的广东省之间经贸往来的调整属于中国国内法调整的范围。然而，在世界贸易组织体制内，中国内地、台湾、香港、澳门是在一个主权国家概念下分别以“单独关税区”名义加入的，即出现了“一国四席”的现状。在国际经贸交往方面各单独关税区具有一定独立的地位，单独关税区之间经济贸易方面的交往应受到 WTO 系列协议规则的制约。

粤港澳合作，从国际法角度来看，是三个 WTO 成员之间的合作，内地与港澳之间的合作从长远目标来看，将是在经济、政治、文化等方面的全面合作，但是就阶段性目标来看，内地与港澳之间合作的范围首先必须是在经贸领域内展开。经贸合作属于 WTO 的管辖范围，根据“条约必须遵守”这一国际法的古老原则，中国有遵守 WTO 系列协议规定的义务。同时，根据国际法的习惯规则，国际条约的效力高于各成员方的国内法。这就意味着无论通行于粤港澳的全国性的法律，还是在内地与港澳各自适用的法律都必须遵守 WTO 的多边规则。因此，在 WTO 框架下，三关税区之间进行的粤港澳经贸合作，除了以国内法为基础之外，还要以 WTO 系列协议为法律基础。

WTO 是一个国际经济组织，其管辖的范围主要是经济与贸易，随着经济贸易的范围在不断地扩张，其适用的范围也相应扩张。对于粤港澳经贸合作来讲，需要合作的内容更加广泛，涉及经济、社会和法律等范围，远远超越 WTO 的范围，例如，大量的投资活动、金融、技术和环保等都没有纳入 WTO 的框架之下。因此，对于 WTO 管辖范围的事项，我们有义务遵循 WTO 协议的规定，对于没有纳入其管辖范围内的事项，在不与其规则冲突条件下我们有权利选择对我们最有利的方式开展区域内的合作。WTO 系列协议对于区域贸易一体化提出了种种要求，中国在其逐步推进区域经济一体化的过程中，要以积极融入全球经济的姿态，使自己满足世界贸易组织的相关要求，同时使中国国内的区域经济一体化在长远的发展中能在 WTO 中寻找到充足的法律基础作为支撑。

（三）CEPA 协议

CEPA（Closer Economic Partnership Arrangement），是中国内地与香港、中国内地与澳门之间签订的“更紧密经贸关系安排”的英文缩略语，它是在坚持“一国两制”前提下，充分发挥中国在 WTO 中“一国四席”的有利条件，利用 WTO 关于区域贸易自由化的例外规定缔结的一个涉及货物贸易、服务贸易和贸易投资便利化的国内区际法律安排。它是中国内地入世后签订的第一个具有自由贸易协议性质的法律文件。

CEPA 主要内容包括三方面：（1）三地实现货物贸易零关税；（2）扩大服务贸易市场准入；（3）实现贸易投资便利化。从 2004 年 1 月 1 日起，273 个内地税目涵盖的产品（涉及食品、药品、纺织品、电子产品等）进入内地时，可享受零关税优惠；对港澳扩大服务贸易市场准入，涉及的行业包括诸如管理咨询服务、会展服务、广告服务、会计服务、建筑及房地产、医疗及牙医、分销服务、物流八个部门；关于投资便利，规定大陆将在通关及电子商务等七个领域简化手续以便港澳资金更加自由地进入内地。

随后，中国内地与港澳签订了一系列补充协议，具体落实中国内地与香港、中国内地与澳门之间签订的“更紧密经贸关系安排”。如其中CEPA《补充协议五》于2008年7月在香港签署，涉及服务业、贸易投资便利化及专业资格互认三个领域，对香港进一步开放的34项政策措施，其中有10多项与广东直接相关，34项政策措施有一半条款被允许在广东先行先试。为配合CEPA的深入实施，推动粤港澳合作，根据粤港合作联席第11次会议达成的共识，粤港双方有关专职小组就推进CEPA实施和加工贸易企业转型升级，以及加强粤港在教育、医疗、旅游、建筑、社会服务、科技创新、人才中介、应急管理等领域的合作签署了11个合作协议。为加快落实中央给予广东的25项“先行先试”政策，随后签订的CEPA《补充协议六》《补充协议七》《补充协议八》包括了多项以广东省为试点的开放措施，涵盖法律、会展、公用事业、电信、银行、证券、海运及铁路运输等领域。实施这些措施，从宏观层面上看，为粤港澳紧密合作提供了更广阔的空间，从微观层面上看，为粤港澳紧密合作提供了更具体的环境。

（四）民商事司法合作方面的协议

民商事司法合作是解决三地经贸争议的重要途径，也是落实CEPA的重要内容之一。粤港澳司法合作，实质上是区际司法协助。区际司法协助是指一国内部不同法域的主管机关之间，根据该法域的法律或彼此间所订立的协议，互相委托，代为履行或实施某些司法行为或与司法密切相关的行为。区际司法协助的性质介于国际司法协助和域内司法协助之间。它不具有域内司法协助的强制性，但由于各法域处于同一主权国家内，拥有共同的中央政府，因而不同于国际司法协助。除非明显有悖于本法域的公共秩序，被请求法院一般会依法提供司法协助。这里作为进行司法协助依据的“法”，一般是国内法，但也有可能是国际条约。

粤港澳民商事司法合作，就是指在中华人民共和国主权下，处在不同法域的粤港澳三地依据相关法律和协议展开的司法协助行为。粤港澳区际司法合作从性质上来说是一个主权国家内部三个平等法域之间的区际司法协助，是“一国两制”之下实现的在法律领域内的合作。其中广东属于内地社会主义法系的组成部分，在法律层面上它与港澳之间的关系应该是平等的法域关系，各自构成独立的法律制度。粤港澳三地在司法领域内的合作不存在一个上位司法调整机构，因此三地的司法协助主要是依照相关法律和协议来开展。

随着港澳回归，广东地区与港澳在经贸、文化，人员各方面的交往得到很大程度的促进，这对深化粤港澳三地经贸及法律、社会合作有着重要的意义。三地的经济生活联系日益紧密，因而不可避免地产生了多种形式的法律纠纷。然而由于粤港澳三地的法律制度存在着很大的差异，使得不少内地涉港澳地区的法律纠纷不能得到及时有效的解决，这对进一步深化粤港澳合作是十分不利的。三地为这些法律纠纷的解决设计了很多方法和机制，这些机制具体表现为相关的安排以及协议等。这些协议安排都是各方经过平等商讨而制定出来的，都是三地在进行交往时应当遵循的依据。因此，这些粤港澳司法合作所依据的安排协议成了粤港澳三地现阶段进行合作的重要法律基础。

内地与香港、澳门签订的一系列关于民商事司法协助的协议安排，使我国内地与香港、澳门之间开展了广泛而卓有成效的区际司法协助，为维护我国整体及各法域的法律秩序，保障有效地实现法律的权威，起到了积极的作用。尤其在粤港澳地区，逐步完善的民商事司法合作体系保障了珠三角与港澳地区各种形式的民间往来，符合三地人民的共同需要，一定程度上促进了三地的区域经济一体化进程。

自香港和澳门回归以来，内地与港澳达成的此类协议主要有以下几个：1999 年《关于内地与香港特别行政区法院相互委托送达民商事司法文书的安排》、1999 年《关于内地与香港特别行政区相互执行仲裁裁决的安排》、2001 年《内地与澳门特别行政区就民商事案件相互委托送达司法文书和调取证据的安排》、2006 年《内地与澳门特别行政区法院关于相互认可和执行民商事判决的安排》、2006 年《关于内地与香港特别行政区法院相互认可和执行当事人协议管辖的民商事案件判决的安排》、2007 年《关于内地与澳门特别行政区相互认可和执行仲裁裁决的安排》。这些区际司法协助协议更多体现了内地、香港和澳门之间在特定领域所达成的合意，因此这种文件在实践中具有广泛的适用性，成了三地民商事司法合作法律基础的核心内容。

《最高人民法院关于内地与香港特别行政区法院相互委托送达民商事司法文书的安排》和《最高人民法院关于内地与澳门特别行政区法院就民商事案件相互委托送达司法文书和调取证据的安排》这两个文件的签订，确定了港澳与内地之间，当然包括广东与港澳之间的司法文书送达的基本模式。公正、高效地解决纠纷客观上要求内地与港澳地区之间建立相互送达司法文书方面的合作机制。因此，这两个文件的出台，在一定程度上解决了送达方面的法律依据问题。

调查取证领域。调查取证是进行民商事诉讼的一个十分重要的环节，直接关系到其他诉讼环节的顺利进行。由于粤港澳三地分别处于不同的法域，因此调查取证应遵循域外取证的相关要求。域外证据，是指在中国一个法域中进行的区际民商事诉讼中使用的、产生于另一法域的证据。域外民商事调查取证包括当事人及其代理人主动配合向法院提供域外证据以及法院依职权搜集查明各种域外证据的活动，这是涉外民商事诉讼中极为重要的一个环节。

实践中，广东法院受理相关案件需要香港法域证据时，由当事人自行举证、诉讼代理人取证、由当事人委托司法部委托的香港律师办理等几种方式。此外，广东法院理论上可依据香港方面《证据条例》和《高等法院规则》的规定请求调查取证司法协助，但实践中尚没有这方面的记录；香港在民商事取证问题上采取的是“完全当事人主义”，即法院对民商事诉讼证据的收集处于消极的地位，取证主要由当事人及其律师完成。香港《证据条例》对民事诉讼向域外取证的情形未做规定，故目前香港没有官方途径可向内地调查取证。可见，由于内地与香港在证据界定、证据种类、法官在调查取证中的作用、证据收集等制度上存在较大差异，而且在相互调查取证问题上缺乏法律协调，两地间的调查取证实践弊端甚多，已远远不能满足实际取证的需要。由于我国内地（包括广东地区）、香港、澳门均适用 1970 年《关于从国外调取民事或商事证据的公约》（海牙取证公约），这公约为构建粤港澳紧密合作区的取证制度起到了重要的作用。

香港回归后，粤港两地的互相执行仲裁裁决司法协助主要依照1999年内地与香港签订实施的《仲裁裁决安排》来进行。在具体内容上，《仲裁裁决安排》对两地间相互执行仲裁裁决的管辖、实质性条件、形式要件等许多重要问题做了明确的规定，这对维护两地当事人的合法权益，促进两地经济发展有一定的意义。

关于法院民商事判决，香港回归以前和回归前期，在司法实践中，广东与香港基本上是互不承认对方民商事判决，当事人若想保障自身权利，必须采用“一事两诉”方式，或根据一方法院所做判决产生的债权而向另一方法院重新提起诉讼，才能得到实现，严重影响判决执行效率。随着CEPA的签订实施，两地经贸合作比以往更为紧密，而民商事纠纷也随之增多。若两地民商事判决不能得到互相承认和执行，这对于深化粤港经贸合作造成很大的障碍。在此环境下，经过多轮磋商，内地与香港终于在2006年签订了《关于内地与香港特别行政区法院相互认可和执行当事人协议管辖的民商事案件判决的安排》。由于两地法律制度的差异，导致互相承认和执行判决的合作不能短期内实现完全融合，该安排的性质更多是一个过渡性的小安排。从内容上看，该安排关于相互认可和执行判决的限制比较多，适用范围比较狭窄，如适用范围只限于源自商业合约纷争做出的金钱上的判决、对做出判决法院级别及判决金额限制等。尽管如此，该安排的通过是粤港在合作制度保障上的重大突破。

关于与澳门相互承认与执行仲裁裁决问题。由于缺乏法律依据，粤澳两地的相互执行仲裁裁决司法协助长期处于法律真空状态，直到2007年内地与澳门签订了《关于内地与澳门特别行政区相互认可和执行仲裁裁决的安排》，广东与澳门在这一方面的司法协助才有了制度上的保障，结束了内地与澳门之间民商事仲裁裁决无法执行的“真空状态”，为解决粤澳之间的民商事仲裁裁决的承认和执行问题提供了法律保障。

粤澳法院判决方面，2006年通过实施的《内地与澳门特别行政区法院关于相互认可和执行民商事判决的安排》是粤澳两地互相承认与执行民商事判决的主要依据。从该安排的内容看，安排适用较广，对两地间相互认可和执行对方民商事判决的程序做了较为详尽的规定，反映了两地承认与执行区际判决的基本立场，也反映了内地和澳门在承认与执行外地判决制度上的趋同性。在司法实践中，与香港的性质一样，即由于诸多制度文化的差异，该安排的实际操作仍不能达到全方位的展开，需要进一步完善粤港澳互相承认与执行民商事判决的司法协助，为内地包括广东与澳门的合作提供更加全面的法律依据。

（五）国务院以及广东省的规范性文件

2008 年 12 月，国家发改委公布了《珠江三角洲地区改革发展规划纲要（2008—2020 年）》，随后，2009 年 8 月，中共广东省委、广东省人民政府根据《珠江三角洲地区改革发展规划纲要》的精神颁布了《关于推进与港澳更紧密合作的决定》，这两个规范性文件为粤港澳经贸合作提供了重要的制度保障。

1. 《珠江三角洲地区改革发展规划纲要（2008—2020 年）》

《珠江三角洲地区改革发展规划纲要（2008—2020 年）》属于国务院的重要规范性文件，从法律效力层面来说，珠江三角洲地区必须遵循。因此，它首先对珠江三角洲地区的改革与发展具有统筹效力。《珠江三角洲地区改革发展规划纲要（2008—2020 年）》将粤港澳紧密合作的相关内容纳入规划，为进一步深化粤港澳的经贸合作建立了全新的行动纲领和指南。所以，该纲要理所当然地成为推进粤港澳经贸合作共同的法律基础。

2. 《关于推进与港澳更紧密合作的决定》

根据《珠江三角洲地区改革发展规划纲要（2008—2020 年）》的精神，2009 年 8 月，中共广东省委、广东省人民政府出台《关于推进与港澳更紧密合作的决定》，这是认真贯彻落实《珠江三角洲地区改革发展规划纲要（2008—2020 年）》的重要举措，更是《珠江三角洲地区改革发展规划纲要（2008—2020 年）》中关于推进粤港澳紧密合作部署的细化与对接。国务院的《珠江三角洲地区改革发展规划纲要（2008—2020 年）》从国家战略的高度提出从基础设施、产业结构、共同生活圈以及合作方式四大方面推进粤港澳的紧密合作。而广东省《关于推进与港澳更紧密合作的决定》是立足于广东省当前实际、着眼于与港澳长远合作与发展的需要，提出落实《珠江三角洲地区改革发展规划纲要（2008—2020 年）》的具体措施。

这些措施包括八方面的内容：第一，推进与港澳服务业的紧密合作；

第二，推进在粤的港澳资企业转型升级；第三，加强与港澳自主创新合作；第四，推动与港澳重大基础设施对接；第五，建设大珠三角优质生活圈；第六，加强与港澳社会管理合作；第七，建设亚太地区最具活力和国际竞争力的城市群；第八，推进与港澳更紧密合作的保障措施。

《关于推进与港澳更紧密合作的决定》作为对《珠江三角洲地区改革发展规划纲要（2008—2020 年）》具体细化的政府文件，也是粤港澳经贸合作的法律文件。

（六）粤港澳府际协议

粤港澳府际协议，是指在粤港澳区域合作中，由粤港澳地区的行政机关，即香港特别行政区政府、澳门特别行政区政府和广东省、市人民政府或其职能部门就各合作事项签署的协议。粤港澳府际协议是以尊重各方意愿为前提而达成的共识，体现了经济一体化中双方求同存异、互信互让的精神，在粤港澳经济一体化的过程中发挥了重要的作用。

1. 《粤港共同落实 CEPA 及在广东先行先试政策措施的合作协议》等系列协议及联席会议

（1）粤港合作联席会议。1998 年 3 月，中央批准广东与香港建立粤港合作联席会议制度，这是第一个内地省份与香港特别行政区之间的合作机制。该机制使粤港合作上升至政府层面，使粤港合作由香港回归前民间的有限合作，向由政府推动的全方位合作转变；由自发分散、完全由市场决定的合作，向市场主导和政府协调相结合的合作转变。粤港合作联席会议前五次会议由广东省常务副省长与香港政务司司长联合主持，到了 2003 年，粤港合作联席会议升格为由双方行政首长共同主持。粤港两地政府在联席会议上签署的各种合作协议加强了两地的合作关系，使得两地的合作领域不断扩大、合作内容更加务实。

2009 年 8 月 19 日，粤港合作联席会议第十二次会议在香港举行，会议确定了下一阶段推进粤港更紧密合作的思路和重点，并签署了《关于推进前海深港现代服务业合作的意向书》《粤港教育合作协议》《粤港共同落实 CEPA 及在广东先行先试政策措施的合作协议》《粤港研发生产药物（疫苗）合作安排》《粤港环保合作协议》《关于推进深港西部快速轨道合作安排》《粤港金融合作专责小组合作协议》《2009 年至 2010 年粤港知识产权合作协议》等八项合作协议，进一步推进和深化了服务业合作、金融合作、基础设施和环保合作，推动了在粤的港资企业转型升级，把《珠江三角洲地区改革发展规划纲要（2008—2020年）》落到实处。

（2）粤澳合作联席会议。2003年12月，广东省政府与澳门特区政府双方就建立粤澳合作新机制达成一致，在原来的“粤澳高层会晤制度”基础上，建立“粤澳合作联席会议制度”，定期就粤澳合作的方向、重点及重大经济社会问题进行磋商和决策。粤澳合作联席会议机制的启动，进一步深化了粤澳两地的合作。粤澳合作联席会议上签署的各项协议更是为两地的合作提供了强有力的保障。

2008年，双方签署了《粤澳旅游合作协议》《粤澳双方共同推进中医药产业合作项目协议》《粤澳文化合作项目协议》《粤澳教育交流与合作协议》《粤澳体育交流与合作协议》《粤澳城市规划合作框架协议》《关于成立珠澳合作专职小组的备忘录》及《粤澳应急管理合作协议》等八项合作协议。2009年粤澳双方在《珠江三角洲地区改革发展规划纲要（2008—2020年）》和《横琴总体发展规划》的框架下加大粤澳合作的力度，签署了《关于贯彻落实全国人大常委会决定、推进横琴岛澳门大学新校区项目的合作协议》，为粤澳合作取得了突破性进展奠定了基础。

2. 《泛珠三角区域合作框架协议》

2004年，在中央政府的支持下，由广东省提出的泛珠三角区域合作构想成为现实。粤、闽、赣、湘、桂、琼、川、贵、云9个省区的政府领导和香港、澳门的行政首长共同签署了《泛珠三角区域合作框架协议》，为把广东与香港、澳门的合作发展成泛珠三角区域合作，提供了政策依据。

三 粤（大陆）港澳法律冲突的特点

近年来，大陆与香港、澳门的区际冲突愈演愈烈，尤其是香港，从对基本法的理解到对一般行政行为、民事规则的理解，显示全面的冲突，甚至到达新任立法会议员宣誓时爆出辱骂国家民族言行的严重程度。因此，我们对于目前大陆与港澳的法律冲突应当更加予以重视，深入研究。

我们注意到，大陆与港澳的法律冲突除了区际冲突的一般特点外，还有一些自身的特殊性。其主要表现在：

（一）是单一制国家内的区际冲突

根据两个《基本法》的规定，香港特别行政区、澳门特别行政区享有高度的自治权，权利甚至超过联邦制国家内成员国所享有的权利。同时，因内地与香港澳门法律差别极大，几乎很少有相同之处，故有关区际法律冲突与国家之间的法律冲突相差无几。但是应看到，香港澳门特区享有的高度自治权并非其固有，而是国家根据香港澳门的历史与现实赋予它的一种特殊政策。香港澳门同中央政府的关系，仍是地方与中央的关系，因此内地与香港澳门之间的法律冲突仍属于区际冲突范畴。

（二）是不同性质的法律之间的冲突

这和世界上其他国家“一国一制”下的一般多法域国家（如英国、美国）的区际冲突不同，后者的区际冲突是浅层次的，不涉及法律的本质方面；这些国家内各地区法律的共同点是主要的，不同点是次要的。大陆与香港澳门的法律差别是具有本质性的，以两地的政治制度和社会制度的差异为根本，因此，由三种法律所产生的区际冲突不仅具有量的差别，而且具有质的不同：不同的法律理念，不同的法律传统，不同的法律语言，因此，这样的冲突是深层次的法律冲突。

（三）是不同法系之间的冲突

一般的区际法律冲突基本上属于同一法系之间的法律冲突。如英国各法域的法律冲突均属于普通法系下的法律冲突。而在我国大陆与香港澳门的区际法律冲突，表现为不同法系的区际冲突。如依《基本法》第8条规定，香港原有法律，即普通法、衡平法、条例、附属立法和习惯法，除了同《基本法》相抵触或经香港特别行政区的立法机关做出修改者外，予以保留。可见，回归后的香港特区仍属于普通法系，而内地属于社会主义法系，它更多地体现了大陆法系的特征。

（四）适用国际条约上的冲突

根据《联合声明》附件第11条的规定，香港澳门特区可以以“中国香港”“中国澳门”的名义，在经济、贸易、金融、航运、通信、旅游、文化、科技、体育等领域单独同世界各国、各地区及有关国际组织保持和发展关系，并签订和履行有关协定；中华人民共和国缔结的国际协定，中央人民政府可根据情况和香港澳门的需要，在征询香港澳门特别行政区政府的意见后，决定是否适用于香港澳门；而中华人民共和国尚未参加，但是适用于香港澳门的国际协定，仍可继续适用。因此，可能会有这种情况出现，即一些国际协定适用于香港澳门而不适用于内地，或者相反，进而产生法律适用上的冲突。

（五）全国法律与地方法律之间的冲突

典型的区际冲突表现为平等的地方行政区域之间的因法律适用而产生的冲突。在我国，则既有平等性，又有不平等性。平等性指香港澳门和内地在法域意义上是平等的，三法域的司法机关的判决具有同等的法律效力，相互尊重彼此的判决，同时“要求各法域之间的法律规定的差异受到尊重”。不平等性是指作为地方法律的香港澳门法律和作为全国法律的内地法律之间的地位不平等，即内地法律是中国法律的主流，它决定我国法律整体性质和特征。

（六）缺乏位于三地之上的最高司法机关

在多法域国家，为解决各地之间的区际冲突，通常在中央政府或者联邦政府设有高于地方的最高司法机关，可在审判实践中发挥协调作用，推动实体法的统一。在我国，因为大陆与香港澳门的法律在适用地位上平等，且香港澳门两特区享有司法终审权，这就意味着区际冲突是在没有共同的最高司法机关进行协调的情况下进行的。这样，区际冲突不仅表现在一般规范上，而且也表现在一些重大的原则上，例如对基本法的理解与执行已经发生多次冲突。因此，我国区际法律冲突的解决存在较大的困难。

四　粤港澳合作法律基础之瑕疵

粤港澳合作除了存在法律冲突，内地方面的法律也存在一些程序上、效力上的瑕疵。内地方面的法律瑕疵与法律冲突既有联系又有区别。理论上讲，法律冲突应该是建立在各法域自己的法律没有瑕疵的基础上，如果某一法域的法律在程序上或效力上存在瑕疵，这种情况下如何认定法律冲突依然存疑。也就是说，法律冲突的认定必须以各法域的法律在程序上、效力上没有瑕疵为前提，那么，我们对于内地方面的法律则更应该深入研究。粤港澳合作中，内地法律的瑕疵或认为存在的问题主要表现为以下方面。

（一）粤港澳合作所依据的文件法律地位不明确

1. CEPA 协议缺乏国内法意义上的法律依据

自 2003 年内地与香港签署 CEPA 协议以来，迄今为止，已经签署了八个补充协议，这些协议对促进粤港两地深度合作具有重要的现实意义。从国际法角度看，CEPA 协议是中国内地与香港两个单独关税区之间签订的类似自由贸易协定的协议，当属于建立在 WTO 基础上的一项区际协议，应适用 WTO 规则。但从国内法的角度看，作为粤港深度合作基础性文件的 CEPA 协议，其在国内法上的效力却不明确。CEPA 协议是内地与香港特别行政区签订的经贸合作协定，其缔约主体分别是内地和香港特别行政区，因而属于同一国家之内不同行政区域之间缔结的合作协定，并且是一国之内不同法律制度区域之间的合作协议。然而，由于我国中央层面的法律没有关于内地与特别行政区缔结协议方面的相关规定，内地的立法中没有对这类合作协定的法律性质和地位的规定，因此，CEPA 协议在国内法上的性质、地位和效力在法律上处于不确定状态。

2.《珠江三角洲地区改革发展规划纲要（2008—2020 年）》（以下简称《规划纲要》）是行政指导性文件，不属于《立法法》规定的法律渊源

行政指导是指行政主体基于国家的法律、政策的规定而做出的，旨在引导行政相对人自愿采取一定的作为或者不作为，以实现行政管理目的的一种非职权行为，对行政相对人没有强制力。行政相对人可以是公民、法人或其他组织，也可以是包括国家行政机关在内的国家机关。《规划纲要》是国家发改委对珠江三角洲地区的改革发展实施行政指导所制定的规范性文件，旨在基于国家战略全局和长远发展的目标，引导珠江

三角洲地区政府采取积极有效的改革措施，努力将珠江三角洲地区发展成粤港澳三地分工合作、优势互补的全的大都市圈。该文件规划了珠江三角洲地区在2008—2020年期间的具体发展方向，但没有规定各地政府机关的具体权利义务，也没有规定不服从其行政指导时的行政处罚措施，是典型的行政指导性文件。但由于该行政指导性文件并非由具有立法权的机关按照法定程序制定颁布，因此不属于《立法法》确定的法律渊源。

（二）《泛珠三角区域合作框架协议》缺乏法律明确授权

《泛珠三角区域合作框架协议》是粤、闽、赣、湘、桂、琼、川、贵、云9省区和香港、澳门为落实CEPA协议、《规划纲要》，促进泛珠三角更紧密合作而制定的综合性合作协议。由于我国《宪法》和《地方组织法》只授权各级政府管理其辖区范围内的事务，没有明确规定地方政府可以自主缔结跨行政区划的合作协定，更没有关于缔结协定的权限、程序及法律效力等问题的规定。《香港特别行政区基本法》《澳门特别行政区基本法》也没有对香港特别行政区政府、澳门特别行政区政府与内地各省区之间缔结区际合作协定的权限做出规定，因此，港澳两地政府和粤、闽、赣、湘、桂、琼、川、贵、云9省区订立《泛珠三角区域合作框架协议》缺乏法律的授权，致其法律效力不确定。

（三）粤港澳合作联席会议缺乏宪法依据

我国《宪法》和《地方组织法》只有授权各级政府管理其辖区范围内的事务，并没有授权地方政府之间、内地地方政府与香港、澳门等特别行政区之间建立跨行政区划的合作机制。《香港特别行政区基本法》《澳门特别行政区基本法》也没有授权两个特别行政区政府与内地各地方政府之间建立合作机制。对比我国《宪法》第89条规定：“中央政府（国务院）统一领导全国地方各级国家行政机关的工作，规定中央和省、自治区、直辖市的国家行政机关的职权的具体划分。”根据我国《宪法》和《地方组织法》的规定，县级以上地方各级人民政府依照法律规定的权限，管理本行政区域内的经济、教育、科学、文化、卫生等事务；县级以上的地方各级人民政府领导所属各工作部门和下级人民政府的工作，有权改变或者撤销所属各工作部门和下级人民政府的不适当的决定。由此可见，粤港澳合作联席会议制度虽然经过国务院批准，但在《宪法》《立法法》上并没有明确的依据。

推而广之，粤港澳合作的系列文件与相应机构也不是严格按照《宪法》《立法法》制定或建立的，而是粤港澳三地政府在中央政府许可下，为减少两地合作过程中的体制障碍而制定的工作细则或建立的联络机制，就性质来讲仅仅是一种政策行为，是号召性的措施。粤港澳合作能否顺利进行，完全取决于三方是否能够自觉遵守合作协议。说直接一点就是如果任何一方不遵守协议也不用承担法律责任。

综上，港澳回归祖国以来，粤港澳经贸合作获得迅猛的发展，取得举世瞩目的成绩，但是，粤港澳经贸合作在法律上缺乏明确的依据已经成为粤港澳深度合作面临的最重要的问题。如果这一问题不能妥善解决，粤港澳未来长期全方位的经贸合作的法律基础就不会稳固。

五　对策建议

随着我国改革开放的迅速发展，各地政府为打破地区行政壁垒，促进商品和各种要素的自由流通，增强本行政区域的经济实力，已经签订了各种形式的地方政府间合作协定。事实证明，这些地方政府间的合作协议对经济发展、协作、协调起到了非常重要的作用。从世界范围来看，加强政府合作已是全世界公共行政改革的趋势。从这个角度上说，我国《宪法》《地方各级人民代表大会和地方各级人民政府组织法》（以下简称《地方组织法》）关于地方政府的职能和权限方面的规定已经滞后，需要完善。必须尽快在《宪法》和《地方组织法》中明确地方政府包括港澳特别行政区政府缔结地方政府间合作协定的权力。

（一）在《立法法》中明确合作协定的法律地位

根据我国《立法法》的规定，地方政府间缔结的合作协定不是《立法法》中规定的法律渊源，因此，即使《宪法》和《地方组织法》赋予了地方政府享有政府间合作协定的缔约权，其缔结的合作协定在法律上的地位依然不明确。从理论上讲，地方政府将缔结的协议具有权利义务的内容，应该属于立法活动。我国是单一制国家，传统上强调国家立法权力的集中行使。事实上，随着市场经济的发展，集中立法权的思维模式已经不能适应需要。我国此前也已经出现立法权适度下放的情况，如特区立法权、较大城市立法权，等等。笔者认为，法律上可以认为我国一定级别地方政府间缔结协定是地方政府确定彼此间权利义务的行为，属于立法活动。如果不将一定级别地方政府间的合作协定纳入国内法的渊源，则协定能否得到履行将只能由协议主体的自律程度决定，显然很难成为国内法的渊源。因此，在《立法法》中明确规定一定级别以上地方政府间合作协定是我国国内法的渊源，可以为这些合作协议的履行奠定法律基础。

（二）应明确粤港澳政府之间所缔结协议的效力级别

地方政府彼此间有了缔结协议的权力，其缔结的协议也具有法律渊源的地位，至此还不能完全解决问题。从粤港澳合作的具体进程来看，粤港澳三地政府之间、政府部门之间的协议形式多样，包括安排、框架、宣言、会议纪要、合作备忘录、协议、倡议书、意向书等名称都有。实际上三地往往是需要就某个领域的协助问题进行协商，专门派出人员进行协商，在法律效力上缺乏统一而系统的考虑，也缺乏有效的沟通、协调。目前三地间制定的安排、框架、宣言、会议纪要、合作备忘录、协议、倡议书、意向书等形式的文件，有一部分只是这些部门的内部行为，有的甚至是相对完整的工作记录，其内容不具有普遍约束力。总之，呈现出效力无序状态。这在很大程度上影响了合作的深化，制约了其他方面合作的发展。

应该看到，香港澳门回归祖国以来，粤港澳合作取得巨大的成绩，得益于此，粤港澳三地经济贸易获得蓬勃发展。但应该承认，粤港澳合作的法律基础长期处于不明确不稳定状态，并且严重冲突，这必将对粤港澳现行的合作和未来的发展带来某些障碍。因此，为了保证粤港澳合作的长期发展，有必要继续深入扎实的开展研究，在法律上解决这一重大问题。“打铁先得自身硬”，这与法律冲突是相互联系又相互区别的。如果内地法律法规存在这些效力、程序问题不能解决则其适用就会存在争议，所谓的法律冲突是否成立也当然存在疑问。

新时期粤港澳金融合作创新的重点领域与策略研究

冯邦彦*

当前，我国经济进入新的历史发展时期。在对外开放方面，国家积极推进人民币国际化，实施“一带一路”建设和自贸区发展战略。在新形势下，深入探讨粤港澳三地如何充分利用国家赋予的制度安排，通过创新合作机制，突破粤港澳金融业合作的制度、体制、机制障碍，扩大对香港、澳门金融业的开放，促进三地金融资源的自由流动，实现粤港澳金融业的全面融合，形成以香港为龙头、以深圳、广州、澳门—横琴为主要支撑点的大珠三角金融中心圈，进而提升香港作为全球性国际金融中心地位，加快推进广东金融业等现代服务业的发展，并为国家实施金融开放战略、人民币国际化战略，以及“一带一路”建设发展，探索新路径，积累统筹金融改革创新与金融开放协调发展的新经验，具有重要的理论意义和现实意义。

根据我们的研究，新时期粤港澳金融合作创新的重点领域主要包括四个方面：稳步推进深港交易所合作、融合与资本市场的对接；携手打造“前海国际金融城”；携手打造南沙“穗港金融共同市场”；澳珠（横琴）合作共建区域性商贸合作金融服务平台。

* 冯邦彦，暨南大学特区港澳经济研究所教授。

一　稳步推进深港交易所合作、融合与资本市场的对接

粤港澳金融合作中，深圳与香港的金融合作是重头戏。在香港与中国内地证券交易所合作、融合过程中，深圳因拥有毗邻的地利优势，应“先行先试”，积极推进港深两地证券交易所的合作创新与资本市场对接。具体应包括以下方面的内容。

第一，积极推动港深证券交易所证券市场的互联互通及互设交易代理平台。

经过数年的发展，目前港深证券交易所已在互相引进 ETF、互认基金等方面取得了积极的进展。2015 年 7 月，中国证监会与香港证监会开始接受两地基金管理人互认基金申请。为配合内地与香港基金互认业务的落地，深圳证券交易所、中国证券登记结算公司、深圳证券通信公司与香港金融管理局合作，在两地证监会和深圳市政府支持下，共同推出了基金互认服务平台。平台与香港金管局 CMU 平台（债务工具中央结算系统）连接，两地相关机构只需单点接入平台，就可实现跨境基金销售的数据交换、次级登记托管和资金交收。12 月 5 日，基金互认服务平台正式上线。12 月 29 日，华夏回报混合证券投资基金作为南下香港的首只互认基金产品之一，通过基金互认服务平台在香港市场成功销售。2016 年 1 月 4 日，行健弘扬中国基金通过基金互认服务平台在内地市场成功销售，标志着基金互认服务平台成功双向开通。

与此同时，香港与内地股票市场的互联互通也在推进。2014 年 11 月 17 日，沪港通正式开通。沪港通的成功开启无疑为“深港通”的开通铺平道路。目前深港通一切工作已准备就绪，有望将在 2016 年第 4 季开通。两所可在实现互挂交易所买卖基金 ETF 的基础上，引进更多的 ETF，进而扩展至开发债券 ETF、黄金 ETF 及交叉互挂，以及允许深交所与港交所实行连线交易，深交所 B 股和香港 H 股尝试相互挂牌交易，并且可在资产证券化产品、股指期货、利率期货、远期结售汇、掉期期权等产品方面寻求进一步的合作和互联互通或互设交易平台，展开“先行先试”的试点。此外，还可在深交所进行港股 CDR（China Depository Receipt,

简称 CDR，即“中国预托凭证”）和红筹股公司发行 A 股试点；鼓励广东企业通过“A + H”的形式同时在香港和深圳上市。互联互通及互设交易平台，发展跨境金融产品，一方面可以扩充市场容量，增加两地交易所的收入，减少两地套利行为，另一方面也为全面、深度合作提供了业务基础。

第二，做大做强创业板，积极推动港深创业板合作，最终实现两板合并。

深圳证券交易所要发展成中国的纳斯达克，做大做强创业板是其中的重要内容之一。其中，一个重要举措，是加强港深两地创业板的合作，最终实现两板的整合、合并。从整体上看，深圳创业板在国内市场具有优势，香港创业板则具有国际化优势，两者具有互补性。然而，两者之间也存在明显的竞争，特别是人民币在资本项下实现可自由兑换以后，两板面对上市资源和投资者基本上都是相同的。2007 年，中国银行香港集团研究员宋运肇就提出，相对于整体大市，香港创业板和深圳二板市场的发展均大为滞后，香港创业板和深圳二板市场应该加强合作。从中长线来说，应探讨如何借鉴欧洲市场的经验，把两地交易平台加以整合。从长远的角度看，港深创业板的合作乃至将来最终合并是大势所趋。从中长期看，两板合作可以有许多模式，如“一板两市”（任何在香港创业板或深圳创业板上市的公司，均可同时在另一市场挂牌交易）、“循 A + H 模式，两次上市”、“以预托凭证”（类似 ADR 的操作模式，以 CDR 或 HDR 的方式来运作）的方式挂牌交易等。不过，无论是何种方式，现阶段都仍受制于人民币在资本项下不可完全自由兑换的限制。从中短期看，香港和深圳创业板可在广东省“先行先试”框架下加强互动合作，包括互联互通、共同开发产品等，逐步推进，为两板合并创造条件。另外，亦可考虑港深交易所合作，以现有香港创业板和深圳创业板为基础，在深圳前海合作建设一个新的创业板，引进香港的先进制度，共同打造中国的“纳斯达克”市场。

第三，积极推动香港交易所与深圳证券交易所结成战略联盟，推进港交所与深交所率先互相持股，最终实现两所合并，打造统一的资本市场。

从长远角度看，港交所与内地两家交易所的合作、合并乃大势所趋。

在这方面，深交所可作为“先行先试”的试点。两所可在互联互通的基础上，结成战略联盟，即在共同上市、共享技术等方面展开全面战略合作。为此，深交所可借鉴和引进港交所的先进管理经验，特别是运作模式逐步与香港接轨，包括在上市规则（包括创业板规则）、证券交易的管理、对上市公司的监督，以及交易所本身的管理等方面与香港及国际接轨。与此同时，深交所在条件成熟时进行改制，转变为公司法人，形成股东管理体制，再挂牌上市，为两所的融合、合并做准备。在此基础上，港深两所结成战略联盟，包括两所在交易、结算、托管和清算系统等技术方面的整合，形成联通境内外的统一资本市场。

港深交易所的整合、融合乃至最终合并，将扩大港深两地资本市场的规模和实力，吸引更多的海内外优质公司在港深市场上市。港交所可借此巩固其在国际及中国市场的战略地位，深交所也可大幅提升其管理水平、国际开放度和国际竞争力，达至共建全球性国际金融中心的双赢局面。

二　深港金融合作创新：携手打造“前海国际金融城”

粤港澳金融合作的另一个重点，是以前海为平台，共建粤港金融合作创新示范区。具体包括以下方面的内容。

第一，积极推动创建深圳前海人民币跨境试验区，使前海发展成我国人民币国际化的境内桥头堡及境外后援基地，与香港合作共同打造全球性跨境离岸人民币业务枢纽。

在人民币国际化的过程中，深圳前海与香港无疑将成为发展跨境和离岸人民币业务的天然合作伙伴。据估计，预计未来5年，中国对外投资将达到5000亿美元，其中相当一部分是沿着“一带一路”进行投资的。因此，未来粤港澳金融合作的另一个重要内容，就是港深携手合作共同打造全球性跨境离岸人民币业务枢纽。深圳前海的金融发展，可以考虑在我国尚未完全放开资本项目、人民币尚不能完全自由兑换的总体宏观背景下，通过中央政府和人民银行的政策和制度创新安排，在前海“撕开一道口子”，尝试建立前海人民币跨境试验区，在区域内实现人民币完全自由兑换和资本项目的完全开放，或者争取实现深港之间有限度的“人民币自由行”和“外汇自由行”试点，即争取国家管理层每年给予深港之间一定额度的“人民币自由行”和“外汇自由行”指标，从而合作建立更加顺畅的人民币资金通道，以推动境内企业和资金“走出去”发展和境外人民币的回流投资，使前海真正成为我国人民币国际化的桥头堡和境外特别是香港人民币离岸业务的后援基地。在此基础上，随着人民币投资内地渠道打通，内地企业在香港进行人民币筹资或者在港人民币能够到内地投资，将极大地刺激港深两地的金融合作创新，使前海真正成为深港金融合作的创新平台。香港与深圳的金融合作，可以在人民币的离岸业务发展中形成市场互联、功能互补、要素互通、创新互认的新格局。

第二，以“跨境”“离岸”“交易”为指向推动金融创新，粤港合作共建“前海国际金融城”，使前海成为国家金融创新的试验示范窗口和联通境内外两个资本市场的平台。

首先，前海的金融创新要突出“跨境”的特色。前海要充分发挥其作为内地对接香港金融服务业的“桥梁”和“跳板”的优势，通过金融创新实现与香港国际金融中心的金融市场和金融资源的对接，因此其金融创新的内容要重点突出“跨境”的特点。近年来，前海率先在全国推进跨境人民币贷款、赴港发行人民币债券、设立合资证券和基金公司等尝试，前海在跨境人民币贷款、外债宏观审慎管理试点、双向资金池试点、跨境双向股权投资试点等方面走在全国前面，已逐步形成跨境金融政策体系。在此基础上，前海要积极推动“金改 30 条”能够全部落地，并争取中央的支持出台深港跨境金融创新政策，在跨境人民币、财富管理、证券、保险方面加强合作；进一步推动本外币跨境融资、QFLP（合格境外有限合伙人）及 QDLP（合格境内有限合伙人）等跨境投融资业务试点；积极推动跨境互联网金融发展，为跨境电商企业提供低成本、多样性、个性化的金融服务；加速推动香港金融机构到前海发展，与香港金融界合作将前海打造成连接香港金融市场的“前海国际金融城”。

其次，前海的金融创新要突出“离岸”的特点。前海作为我国人民币国际化的境内桥头堡及境外后援基地，需要对接双方的离岸人民币交易市场，以维系离岸人民币升减值预期下的双向交易。当前，随着人民币国际化进程加快，特别是香港人民币资金池进一步扩大，需要通过前海的发展进一步完善人民币回流机制。而在完善人民币回流机制的建设中，需要完善人民币支付结算功能、投资储值功能，尤其是人民币投资产品的开发等。因此，前海金融创新的一个重要使命，是要积极开发离岸人民币债券工具，以连接境外（特别是香港）与内地的人民币货币市场，让境外人民币回流内地服务实体经济，这可以说是人民币国际化的关键。同时，前海应通过积极开展对香港的合作逐步完善金融衍生品市场，尝试逐步开放股票、银行间债券、拆借，允许境外期货通过批准进入前海的金融机构，开展汇率、利率的即期、远期、掉期等金融产品交易，为境外期货提供人民币投资和避险工具，逐步将前海建设成我国一个金融衍生品交易中心。为此，应借鉴香港金融监管的经验，在前海成立金融监管局，探索创新金融行业的新监管模式，提升监管效率。

最后，前海的金融创新要突出“交易”的特色。与上海国际金融中心建设全方位、多层次的资本市场体系不同，前海的金融发展主要聚焦于建设与离岸人民币交易、跨境交易、私募股权交易相关的交易所集群，并推进深港资本市场合作，成为连同境内外两个资本市场的平台。在这方面，前海已有快速的发展。据统计，截至 2015 年 9 月底，在前海设立的各类要素交易所和交易平台已达 19 家，业务领域涵盖农产品、文化产权、金融资产、电子商品、珠宝钻石、酒类、航空航运、租赁资产等多个领域。其中，前海股权交易中心创办于 2012 年 5 月，截至 2015 年 6 月末，已有挂牌展示企业 6438 家，成为全国展示企业数量最多的区域性股权交易中心，累计为 539 家企业实现融资 86.69 亿元人民币。前海应在此基础上，进一步做大做强这些特色交易所平台，使其真正成为联通境内外两个资本市场的平台。

三　港穗金融合作创新：携手打造南沙“穗港金融共同市场”

在新的历史发展时期，广州与香港的金融合作创新，可以广东自贸区南沙片区为主要平台展开。其中的重点领域包括：

第一，积极推进广州南沙自贸区框架下金融管理体制上的创新，大力引进香港银行及金融机构，推动两地金融市场互联互通，打造“穗港金融共同市场”。

广州的金融优势在其银行业。广州南沙要发展成“广州金融的创新高地和新增长极”，银行业的发展无疑是重要的环节。而在香港方面，由于制造业等实体经济已经外移，香港银行业的发展需要将其经营网络进一步拓展至与其密切联系的广东珠三角地区，南沙作为珠三角的几何中心和广州未来发展的重点，要大力引进香港的银行业，包括持牌银行、有限制牌照银行、持牌存款公司等，扩大业务规模，争取使南沙成为香港银行机构布局珠三角经营网络的地区总部所在地，以进一步巩固广州在银行业方面的优势。当然，也要大力引进非银行类金融机构，包括基金、资产管理、期货、保险、融资租赁、投资咨询领域的金融机构和类金融机构，大力发展新型金融业态，包括互联网金融、小贷公司联合体、区域股权交易中心、大数据金融等，使南沙成为广州金融机构聚集的高地。为此，要积极借鉴和适应港澳金融管理模式，做好自贸区框架下金融管理体制上的创新，加强与粤港澳金融管理部门的合作，不断拓展南沙新区在CEPA框架下的金融发展空间；要在自贸区的制度框架下完善金融业负面清单准入模式，简化金融机构准入方式，适当降低金融机构准入及开展相关业务的门槛，从而推动自贸试验区南沙片区金融服务业对港澳地区进一步开放。

与此同时，要积极探索在穗港金融合作与开放方面的“先行先试”，按照“先易后难、循序渐进”的原则，先行开展金融业务合作与市场开放试验，包括推动穗港金融机构加强业务合作，相互引进金融产品，开展网络银行、银团贷款合作，通过跨境人民币贷款或银团贷款方式为区内航运、港口等重点项目建设提供资金支持；支持和推动南沙金融机构与香港同业合作开展跨境担保业务；支持自贸区南沙片区内符合互认条件的基金产品参与内地与香港基金产品互认，推动粤港澳金融机构在一定额度内互售理财产品；发展与港澳地区保险服务贸易，推动与港澳地区保险产品的互认、资金互通与市场互联；加快开展跨境人民币创新业务，推动自贸试验区南沙片区证券公司、基金管理公司、期货公司、保险公司等开展与港澳跨境人民币业务等。

第二，加强与香港期货业合作，共同创建创新型商品期货交易所和期货交易市场。

广州要加快金融业的发展，其中一个关键，是恢复发展商品期货市场，以弥补资本市场的缺乏。建设新型的商品期货市场，对于广州金融业的发展，具有极为重要的战略意义：既可以填补广州资本市场的空白，形成金融机构的聚集；更可与香港、深圳的金融业形成错位发展和优势互补，从而加速广州整合珠三角城市群金融资源的能力和扩大对外金融的影响力。目前，广州正选址广东自贸区南沙片区推进创新型商品期货交易所的建设。广州在筹建创新型商品期货交易所的过程中，应加强与香港方面的合作，最理想的做法，是邀请香港交易所成为战略性股东，同时积极联合国家、各省市和港澳金融机构参股，集合各方的资源和力量共同筹建，实现共赢。在交易所的上市品种方面，除了以碳排放为首个品种外，可重点发展塑料、金属、粮食、煤炭、化工、木材、纺织品和皮革等大宗商品交易平台，提升“广州价格”影响力。大力吸引跨国公司总部、品牌销售公司和采购中心进驻，增强“全球采购，广州集散”能力。在交易所创建初期，可考虑规定离岸期货的参与者仅限于合格境外机构投资者（QFII）、合格境内机构投资者（QDII），以及国内有大宗商品出口权的企业、大宗商品的主要用户，在交易运营取得经验后再逐步放开。在交易所的体制设计方面，要根据“先行先试”的原则，以世界眼光、从国家战略高度谋划，可借鉴香港和国际经验，采用公司制而不是会员制，并在行政管理、信息公开、交易机制等方面进行创新。穗港若能联合筹建广州商品期货交易所，实现两地期货市场发展的优势互补，既可为国际、国内大宗商品贸易和金融期货投资提供大型交易平台，又可为国际交易商提供快捷便利的大宗商品实物交割仓库，所形成的优势将是全球任何一家期货交易所都无法比拟的，一定能快速吸引全球众多投资、投机、套利者参与集中竞价。

第三，借助香港经验和网络，穗港合作发展航运金融。

香港是著名的国际航运中心，航运政策法规、市场体制机制与国际高度接轨，在航运金融发展方面具有丰富的实践和经验，在船舶融资及航运业资金结算领域占据重要的一席之地，并已发展成国际上著名的航运资金结算中心。广州拥有毗邻港澳的天然区位优势，具备广阔的腹地和市场，劳动力、土地资源相对丰富，是香港航运金融服务业进军内地市场的“桥头堡”，可望率先成为内地与香港航运金融合作的“先行先试示范区”，发挥窗口作用。

加强穗港航运金融合作，其中一个重点是合作发展广州航运交易所。广州航运交易所成立于2011年9月，其后通过交通运输部备案，成为珠江三角洲唯一合法的船舶交易服务机构。2013年12月，广州航运交易所迁址南沙新区，并与八个航运、金融企业签订了战略合作协议。不过，目前广州航运交易所无论从规模和影响力等都仍有限。为了充分发挥香港航运金融的优势，主动承接香港国际航运中心和金融中心的辐射带动功能，建议广州南沙将穗港共建广州航运交易所作为发展航运金融的一项核心工程，通过引入在香港有国际影响力的策略性股东及香港的会员，借鉴香港和国际的管理经验，借助香港航运金融的市场网络，做大做强广州航运交易所，使广州航运交易所发展成“21世纪海上丝绸之路”的一个重要航运金融平台。

与此同时，要以广州航运交易所为核心，大力引进香港及国内外航运金融机构，包括船舶金融租赁、航运保险等专业性金融机构，在航运金融、航运交易、船舶租赁、航运保险、海事法律服务和教育培训等领域与港澳展开全面合作，为港澳航运服务业向内地延伸拓展空间，并加强航运金融在南沙的聚集，以形成与区域性国际航运中心相匹配的支撑能力和较强资源配置能力的现代航运金融服务体系，将南沙新区建设成具有显著特色的航运金融中心。同时，要积极推动穗港澳航运金融机构加强合作，共同开发航运金融产品。当前，船舶融资是以美元结算，开展人民币船舶融资业务的银行将长期面临汇率风险。广州南沙应加强与香港航运金融方面的合作，共同开发一些人民币和美元的长期避险产品，以降低银行船舶融资的风险。当前，国际油价波动也是航运企业无法回避的风险，穗港双方亦应加强合作，共同开发出为航运企业规避油价风险和外汇风险的原油期货、外汇衍生产品等投资避险工具。

四　澳珠（横琴）合作：共建区域性商贸合作金融服务平台

加强澳珠（横琴）金融合作创新，成为粤港澳金融合作的重要组成部分。澳珠（横琴）金融合作创新的重点，主要集中在以下几个方面。

第一，澳门与珠海横琴加强合作，共建区域性商贸合作的金融服务平台。

众所周知，在区域与国际分工合作中，澳门经济的一个重要比较优势，是它的区位优势、自由港优势和国际网络优势。基于此，近年来澳门特区政府提出，希望国家在支持澳门特区与葡萄牙语系国家开展双边人民币贸易结算及融资业务的基础上，发挥其作为珠江三角洲地区乃至国家与葡萄牙语系国家合作与交流的平台作用，将澳门作为内地与葡萄牙语系国家合作的跳板，积极开展金融机构互设、金融市场及业务合作和金融智力合作等各方面合作。另一方面，国家"一带一路"建设实施，以及广东自贸区建设的展开，既为澳门和珠海横琴金融业的发展提供了发展机遇，也对两地金融业的发展提出了要求。对澳门而言，"21 世纪海上丝绸之路"建设，包括与沿线国家的设施联通、贸易畅通、资金融通等，将有利于加快澳门作为"中国与葡萄牙语国家商贸合作服务平台"的建设，加快"三个中心"的建设。对珠海横琴也是如此，横琴自贸区建设本身就是国家"一带一路"建设的组成部分。因此，澳门与珠海横琴金融业的合作创新，必须有力配合和助力国家"一带一路"建设的实施。

根据上述分析，新时期澳珠（横琴）金融合作创新的发展定位，可以确定为"区域性商贸合作的金融服务平台"。在此总体发展定位下，澳珠（横琴）两地金融合作必须加强顶层设计。从澳门与珠海横琴金融合作的角度来看，澳珠（横琴）双方应建立金融合作的高层紧密联络机制，就双方如何合作建设区域性商贸合作的金融服务平台展开商讨，特别是在澳门金融机构进入横琴发展，双方如何共同拓展人民币跨境业务，如何共同拓展融资租赁、资产管理、债券发行等金融服务业，并实现协调发展和错位发展等领域展开商讨，制定合作规划，并推进实施，以共同推动中葡商贸合作服务平台建设和助力国家"一带一路"建设。

第二，积极推动澳门银行进入珠海横琴、广东珠三角地区经营发展，推动澳门银行积极拓展人民币业务。

澳珠（横琴）金融合作的一个重点，是银行业的合作。为了更好地助力国家"一带一路"建设以及推进澳门作为中葡商贸合作服务平台的建设，澳门金融业应积极拓展其在广东珠三角地区尤其是珠江西岸的经营网络。2012 年 7 月，澳门与内地签订的 CEPA9 已明确规定：“允许澳门银行为服务横琴新区经济发展，在横琴设立分行或法人机构，提出申请前一年年末总资产不低于 40 亿美元。”2014 年 1 月，澳门国际银行在珠海横琴设立代表处，成为进入横琴的第一家澳门银行。澳门特区政府与珠海市政府应加强合作，共同推动这些符合条件的澳门银行进入横琴发展。考虑到澳门与广东珠江西岸地区的密切经济联系，进入横琴的澳门银行可以利用“异地经营”条款，在广东珠江西岸的珠海、中山和江门等珠三角地区开设支行，以进一步拓展其经营空间，搭建澳门在珠三角地区的经营网络。

另外，《珠江三角洲地区改革发展规划纲要》指出：“支持港澳地区人民币业务稳健发展，开展对港澳地区贸易项下使用人民币计价、结算试点。”可以预料，随着人民币国际化进程的加速推进，随着广东自贸区建设和 CEPA 深化，人民币离岸业务将有进一步的发展。澳门银行应把握机遇，积极拓展人民币离岸业务，这既可增加澳门银行的相关业务，有效运用银行的人民币资金，也有助于促进澳门与广东珠三角地区在经济和金融方面的融合。为推进区域性金融服务平台的发展，澳门银行还应加强与珠海横琴的内地银行合作，积极推进融资租赁、债券发行等业务的发展。

第三，澳珠（横琴）加强合作，共同拓展融资租赁、资产管理、债券发行等金融服务业，以推动中葡商贸合作服务平台建设和助力国家“一带一路”建设实施。

澳门与珠海横琴合作共建区域性商贸合作的金融服务平台，除了加强银行业的合作外，还应该把握当前的发展机遇，合作拓展多元化的金融服务业。可以预料，随着澳门加快推进中葡商贸合作服务平台建设、加快“三个中心”建设，澳门与葡萄牙语系国家、西语国家的官方民间交流及经贸往来将日趋密切，再加上国家实施“一带一路”建设，澳门将日益成为内地企业及资金“走出去”和境外资金投资内地的“桥头堡”。同时，国家推进“一带一路”建设的实施，其中一个重要内容，就是要推动沿线国家基础设施建设，未来一段时期将有不少内地企业将以基础设备出口带动对外投资发展，这将会产生大量的融资及投资需求，特别是在铁路、公路、航空、港口等交通基础设施，电信、互联网等通信设施，电力、石油开采与供应等能源基础设施等方面，以及与此相关的装备制造项目等。这就为澳珠（横琴）的金融发展，特别是融资租赁、资产管理、债券发行等金融服务业的发展提供了庞大的商机。

而在这方面，澳门拥有众多的发展优势：澳门作为实施“一国两制”的成功典范，回归以来一直保持政治、经济、社会稳定。从国家风险和经营风险来看，澳门与卢森堡、摩纳哥、开曼群岛等均属于风险较低地区。澳门是全球最开放的贸易和投资经济体系之一，奉行利伯维尔场经济制度，实行简单及低税率的税制，没有外汇管制，资金进出自由。回归以来，澳门博彩业带动经济高速增长，使澳门居民和存款和本地高净值客户资产规模不断扩大，政府财政储备和外汇储备大幅增加，地区资金充裕、流动迅速。在金融方面，澳门实行与港元挂钩的联系汇率制度，澳门银行体系国际化程度高，资金充沛、经营稳健，金融监管灵活、宽松。这些都为融资租赁、资产管理、债券发行等金融服务业的发展提供了很好的基础。而在珠海横琴方面，目前横琴正积极发展多元化的商贸金融业务，包括融资租赁、商业保理等，其中，融资租赁正成为发展的重点之一，横琴已出台《横琴新区促进融资租赁业发展试点办法》，并且已有近 10 家融资租赁企业落户横琴。因此，两地在这些领域的合作具有互补的基础。

新时期深化粤港科技合作的思路与对策

毛艳华[*]　艾德洲[**]

改革开放以来，粤港两地的区域合作，曾使“大珠三角”成为我国经济成长速度最快的地区之一，带来了香港经济的持续繁荣，加速了广东的工业化进程。但是，这种基于制造业分工基础上的“前店后厂”合作模式，在经济全球化、区域经济一体化和新一轮产业转移大潮面前，已难以维系。加强区域科技合作，提高区域创新能力从而增强区域一体化的动态竞争力，成为必然选择。研究新形势下深化粤港科技合作问题具有重要的现实意义和理论价值。一方面，在后金融危机时期，深化粤港在科技创新领域的合作，对于提高两地自主创新能力，推动传统制造业转型升级，培育发展战略性新兴产业，构建具有核心竞争力的粤港澳大湾区具有重要的现实意义。另一方面，由于粤港两地处于“一国两制”下的不同关税区域，结合广东自贸试验区的建设发展，研究粤港澳跨境科技合作问题将有利于丰富开放型区域创新体系的理论，为跨行政区域创新体系的建设提供理论指导。

一　粤港科技合作的政策回顾

自 1997 年亚洲金融危机爆发以来，广东和香港都面临着相同的问题：

---

* 毛艳华，中山大学粤港澳发展研究院教授、自贸区综合研究院副院长。

** 艾德洲，中山大学自贸区综合研究院副研究员。

创新不足而导致的竞争力下降的危险。2003 年签署的 CEPA 协议为粤港科技合作创造了有利条件，并从制度、政策与法律层面赋予了粤港在落实 CEPA 安排方面先行先试的优势。因此，香港与广东分别于 2004 年和 2005 年不约而同地提出发展创新科技与自主创新的策略。为推动粤港合作由松散型的“前店后厂”自由合作关系向战略型的技术经济合作关系转变，2004 年的“粤港联席会议”框架下设立了“粤港高新技术合作专责小组”，通过加强两地科技合作，完善区域创新体系，增强区域科技创新能力，促进新兴产业和新经济增长点的形成，必能提高珠三角地区企业自主创新能力，也能够加快香港经济向增值模式转型。

2007 年 5 月，深圳与香港两地政府共同签订了“深港创新圈”合作协议。协议以科技合作为核心，以河套地区为纽带，以港北教育研发集群及深南产业集群为主轴，以珠三角为纵深，全面推进和加强深港科技、经济、教育、商贸等领域的广泛合作，加快建设在国际上有较大影响、在国家战略中有重要地位、对区域发展有突出贡献的、创新资源最为集中、创新活动最为活跃的“半小时创新圈”。

2008 年国务院颁布的《珠江三角洲地区改革发展规划纲要（2008—2020 年）》指出，要“深化粤澳港科技合作，建立联合创新区，支持联合开展科技攻关和共建创新平台。规划建设深港创新圈，加强穗港产学研合作，加快国家创新型城市建设，形成以‘广州—深圳—香港’为主轴的区域创新布局”。2010 年 4 月 7 日签订的《粤港合作框架协议》也明确提出要加快粤港两地在科技创新领域的合作。该协议提出要发挥各自优势，联手承接国际高端产业转移，提高创新能力，推动传统制造业转型升级，培育发展战略性新兴产业，构建具有核心竞争力的世界先进制造业基地。

根据《粤港合作框架协议》，双方在科技创新领域具体开展四个方面的合作内容：第一，联合推动科技创新，突破共性技术，着眼信息、新能源、新材料、生物医药、节能环保、海洋等战略性新兴产业发展，实施关键领域重点项目联合资助行动，粤港共同投入资金，培育新的经济增长点。第二，支持香港的汽车零部件、资讯及通信、物流及供应链管理、纳米科技及先进材料、纺织及成衣等研发中心与广东科研机构和适用企业对接合作。支持香港应用科技研究院及科学园与广东科研机构和高新园区合作。支持广东大型企业在港设立科研中心。第三，推动香港科研资源与广东高新园区、专业镇、平台基地等建立协作机制，合作在广东设立孵化基地，实现香港研发成果在广东产业化。推动粤港科技合作项目经费跨境流动，降低科技服务项目交易成本，粤港双方联合在广东省设立的研发中心进口研发设备、实验器材符合有关政策规定的，可依法享受进口税收优惠。第四，规划建设“深港创新圈”，联合承接国际先进制造业、高新技术企业研发转移，开展技术研发，推进珠江三角洲地区区域科技合作和国际合作，支持广州、深圳建设国家创新型城市，扩展建成以“香港—深圳—广州”为主轴的区域创新格局。

总体来看，21 世纪以来粤港科技合作取得了显著成绩。一方面，粤港科技合作的框架与协调机制不断完善。例如，在粤港合作联席会议下设“粤港高新技术合作专责小组”，深港两地政府已建立“深港创新及科技合作督导会议”工作机制，泛珠三角合作框架下设立了“泛珠三角区域科技合作联席会议”，内地与香港科技合作委员会下设“粤港科技合作先行先试工作组”，等等。另一方面，粤港区域科技合作已形成了多层次推进和多主体参与的局面。例如，实施关键领域重点项目联合资助计划；联合搭建科技创新平台；支持香港研发中心与广东科研机构和适用企业对接合作；构建粤港高新园区协作体系；促进粤港科技服务业合作与发展；等等。

二　深化粤港科技合作面临的新机遇

（一）实施创新驱动战略为深化粤港科技合作提供了新动力

党的十八大明确提出“科技创新是提高社会生产力和综合国力的战略支撑，必须摆在国家发展全局的核心位置”。强调要坚持走中国特色自主创新道路、实施创新驱动发展战略。2015 年 3 月，中共中央和国务院联合发布了《中共中央　国务院关于深化体制机制改革　加快实施创新驱动发展战略的若干意见》（后文简称《若干意见》），《若干意见》明确提出，到 2020 年我国进入创新型国家行列。我国要从知识产权保护、打破制约创新的行业垄断和市场分割、改进新技术新产品新商业模式的准入管理、健全产业技术政策和管理制度、形成要素价格倒逼创新机制、市场导向机制、金融科技支持等方面着手实现我国创新驱动战略。《若干意见》还明确提出了推动形成深度融合开放创新局面的发展导向，要鼓励创新要素跨境流动、优化境外创新投资管理制度、扩大科技计划对外开放。中共十八届五中全会更进一步将创新作为“十三五”期间首要的发展思路和着力点，习近平总书记指出：“我们必须把创新作为引领发展的第一动力，人才作为支撑发展的第一资源，把创新摆在国家发展全局的核心位置，不断推进理论创新、制度创新、科技创新、文化创新等各方面创新。”综上，在实施创新驱动这一国家战略背景下，内地将从科技体制、科技投入、制度供给、人才政策、创新体系、产业方向等多个领域推动科技创新，这为深化粤港科技合作提供了新动力。

（二）珠三角国家自主创新示范区为粤港科技合作提供了新平台

2015 年 11 月，珠三角国家自主创新示范区挂牌成立，广东省专门成立专责小组，联合深圳国家自主创新示范区，并携手港澳打造全球最大创新圈。广东依托国家自主创新示范区与自贸试验区叠加优势，和南沙、前海、横琴三大战略支点，构建的粤港澳大湾区协同发展格局基本形成。综上，在平台条件层面，珠三角国家自主创新示范区已经成为粤港科技合作的重要平台，在跨境合作制度安排、沟通协作机制、重点合作园区建设、重点产业合作等诸多领域为粤港跨境科技合作提供了平台保障。

（三）广东自贸试验区为深化粤港科技合作提供了制度保障

2015 年 3 月，中共中央政治局审议通过《中国（广东）自由贸易试验区总体方案》（以下简称《总体方案》），决定在广东建设自由贸易试验区，力争将广东自贸试验区建设成粤港澳深度合作示范区、21 世纪海上丝绸之路重要枢纽和全国新一轮改革开放先行地。《总体方案》明确提出了要在广东自贸区构建开放型经济新体制，实现粤港澳深度合作，形成国际经济合作竞争新优势。经过近两年的发展，广东自贸区在粤港企业合作、金融合作、科技创业合作、人才跨境流动安居等领域开展了一系列深度探索，推动了一系列的制度创新。前海蛇口片区更是明确片区内土地面积 1/3 向港企提供，横琴新区片区在粤澳合作园区深度合作方面做出了一系列创新制度安排。综上，在实践层面，广东自贸试验区以境内关外和高标准开放为发展导向，为粤港深度合作提供了深度试验和容错保障。在国家创新驱动战略和广东"双自"联动打造全球最大创新圈发展指引下，广东自贸试验区粤港深度合作为粤港科技合作提供了无限的可能。

（四）深化粤港科技合作与香港经济转型的长期战略相一致

香港经济国际化程度高，深度参与全球分工和区域分工。但全球贸易分工演变也对香港经济带来了冲击和不确定性。在经济全球化和全球贸易分工演变的背景下，当前香港城市经济发展面临着三大难题：一是产业结构的单一化发展趋势与多元化发展要求的矛盾；二是香港经济的长远战略定位是城市型经济还是相对独立的经济体；三是经济转型过程中香港自由经济体制是否需要改变或调整。总体来看，一方面技术密集产业的缺失和服务业的独大致使香港容易受到全球经济波动的冲击，其自身的周期性也过度受制于服务业波动；另一方面中国内地的迅速崛起使得香港的窗口作用需要向平台合作角色转变。在具备腹地条件和粤港澳大湾区协同发展政策条件的基础上，香港的城市型经济转型势在必行。与此同时，香港的地产霸权，致使创业者和新兴产业起步期的有志主体饱受高昂租金之苦。根据香港物业差饷署"零售业楼宇租金指数""办公租金指数"，香港商铺租金指数从2004年的844上涨到2014年的1628，上涨近一倍，香港青年协会访问的217位创业者，超过21.2%认为房租是创业最困难的障碍。土地不足，租金高昂也使得科技公司望而却步，由于香港土地不足，香港政府认为为谷歌提供2.7公顷已经是大手笔，但台湾直接批复了15公顷，于是谷歌取消在香港建设数据中心的计划，转而在台湾和新加坡建立。地产和金融的单一结构一方面削弱了科创产业的发展空间，另一方面吸引了大量的香港本地投资，投资者大量拥堵在金融和地产市场。金融和地产市场又会过度受制于全球经济波动的影响，香港地区亟须通过产业多元化，尤其是科技产业振兴改善现有问题。香港科技产业振兴已经提出了一段时间，经过初期摸索，目前香港科技振兴已经基本明确了要重点发展的领域，这些领域的产业化都相对受制于资金和土地的限制，汽车零部件、生物科技、中药、通信技术、电子消费品、环境科技、集成电路、物流及供应链管理应用技术、纳米科技及先进材料、光电子、纺织与成衣等领域也是内地重点关注的领域，广东也具备汽车零部件、通信技术、集成电路等电子产品、纺织与成衣等产业的上下游配套基础，环境科技、新型材料、生物科技和中医药都是广东想要重点发展的领域，在香港科技产业振兴框架明确的基础上，粤港科技合作也具备了重点领域的合作意向，合作的重点更加明确。

三　进一步深化粤港科技合作的对策建议

（一）参照内资市场准入清单制定港资负面清单

科技要素流动是深化科技合作的基础，完善科技管理体制，要从放宽对创新要素跨境流动的限制入手，突破商事登记、无形资产交易等方面的制度性瓶颈，完善人才、资金、设备等科技要素跨境联动机制。这一系列科技要素中最具有活力的是市场主体，要放宽投资准入，打破约束粤港科技合作领域市场主体的制度约束。建议参照广东自贸试验区《市场准入负面清单》，尽快制定《港资企业准入负面清单》，实现港资企业与内资企业准入的并轨管理。从根本上落实 CEPA 的开放融合理念。在港资企业参照《外资准入负面清单》审批权限下放到自贸试验区的基础上，做好备案制和企业监管信息数据共享的前期准备工作，先试先行对商事主体、科技人才、科技资金、专用设备等科创要素提供准入便利。以《港资企业准入负面清单》为基础，实现“准入—备案—监管”的全方位对接，促进科技从学研到产销的全方位深度合作。

（二）建立政府公共信息平台和产业合作常规对接机制

政府对科技合作的主导方式虽有不同，但是从服务型政府和市场信息提供者的层面，粤港两地政府能够达成一致。粤港两地政府要尽快建立政府公共信息平台，政府公共信息平台要具有权威性，是官方唯一推动的粤港科技合作政府公共信息平台。政府要担负起信息公开和信息审查的信息提供者职能，在此基础上，建立粤港科技产业合作常规对接机制，每年至少定期举办 1—2 次粤港科技产业合作对接洽谈会，政府要提供信息咨询服务台，提供完备的政策信息支持，力争将会议打造成在信息服务基础上的平台服务，为粤港科技合作提供完备信息、咨询支持和平台保障。建议在此基础上，在广东自贸试验区三大片区建设科技合作产业试点平台，有意向了解政策和粤港科技合作发展情况的市场主体，可到访自贸区重点合作产业园，随时获取粤港科技产业合作资讯。

（三）发展科技中介机构和行业协会制度

目前粤港科技合作的主导者依然是广东政府科技主管部门。建议广东政府科技主管部门要履行好主体责任，主导并促进科技中介机构和行业协会的发展。短期看解决政府冗员问题依然是一段时间内的必然趋势，粤港科技合作要实现政府主导，多元主体推动。广东政府科技主管部门要鼓励科技中介机构面向社会开展技术扩散、成果转化、科技评估、创新资源配置、创新决策和管理咨询等专业化服务。科技中介机构既要有直接参与服务对象技术创新过程的能力，如生产力促进中心、创业服务中心、工程技术研究中心等；还要有利用技术、管理和市场等方面的知识为创新主体提供咨询服务的能力，包括科技评估中心、科技招投标机构、情报信息中心、知识产权事务中心和各类科技咨询机构等；与此同时，广东省科技主管部门要重点配套建设为科技资源有效流动、合理配置提供服务的机构，包括常设技术市场、人才中介市场、科技条件市场、技术产权交易机构等。行业协会的首要问题是制度建设问题，从政府分离仅仅是方式方法，目的是建立起行业协会制度，行业协会制度是政府监管的有效补充，行业协会要对行业不规范竞争行为有约束力，对有利于粤港科技产业合作的行为要对接好政府重点推进。

（四）建立科技合作扶持基金重点扶持隐形冠军企业

目前针对科技扶持的基金种类众多，已经能够覆盖科技产业的全过程和重点领域，但是针对隐形冠军企业的科技扶持基金还非常少。粤港科技合作要重点关注竞争实力的塑造，要建立粤港科技合作专项扶持资金，重点扶持隐形冠军企业，一方面可以通过资助高等院校和高级技术研发机构的产学研项目，通过标准制定、明确标准和流程，发挥科研的正外部性，扶持科研机构走出更多的隐形冠军企业；另一方面，要在粤港科技合作的主要领域，如新材料、汽车零部件、生物科技、中药、通信技术、电子消费品、环境科技、纺织与成衣等领域各扶持 1—2 个具有潜力的隐形冠军企业，由专项资金作为配套资金引导各类资金进入这些领域，既能实现热钱向实体经济流入，又能帮助隐形冠军企业获得市场融资，改善股权结构，引入多元化的专业团队。

（五）广东自贸试验区全面实行港澳青年“双创”安居政策

要尽快完善广东自贸试验区科技创新与创业支持政策体系，包括：广东自贸试验区各片区的高层次人才创新创业支持政策及日常受理制度，广东自贸试验区各片区的港澳人才卡日常受理政策，广东自贸试验区各片区的税收减免和企业奖励政策等支持政策体系；借鉴横琴澳门青年安居经验，准许港澳青年在广东自贸区内以跨境贷款购买自有住房；配套建设港澳人才社区，社区内定向接驳国际网络资源；重点发展跨境电商，满足港澳青年生活用品需求。广东自贸试验区还可以试点探索港澳人才的信用体系，通过中资银行接入香港本地征信体系，港澳青年可在港澳中资银行申请以人民币为结算货币的银联信用卡。针对信用良好，在广东自贸试验区内置业的港澳人才，可试点将其列入各地市车辆摇号准入名单，港澳人才可以购买私人汽车，并在三大片区所在地参与车牌摇号和竞拍。

（六）对港宣传要重视建设性和动员工作

粤港科技产业合作要高度重视宣传工作，科技合作是一项长期且影响深远的基础性工作，粤港科技合作既要通过宣传获得粤港二地有志人士和市场主体的认同，为粤港科技产业合作提供更大范围的人才、资金、企业支持，更要通过宣传以正试听，要放大合作中的共识，避免合作中的摩擦被恶意曲解和放大。粤港科技产业合作作为长期和基础性工作，宣传既要关注建设性，更要关注动员性。要通过宣传动员工作，动员更多的观望者参与到合作发展中，让粤港科技合作的积极参与者有获得感，以积极参与者和隐形冠军企业成功的案例为基础，结合传媒的专业性，提升宣传的说服力，以合作引导宣传，以宣传促进合作。粤港科技产业合作是更加务实的实体产业合作，粤港科技合作要重视新增就业岗位的宣传，以及多元化发展和财富公正的宣传，要让宣传既具有标志性的影响力，又贴近居民生活，让粤港两地居民具有切身感受，获得广泛认同。

粤港澳高水平大学科技合作推动珠三角区域竞争力提升的战略路径研究

——以广州创建全球国际创新枢纽为中心

许长青*

高等教育与区域经济互动发展经历了一个历史演变的过程。从最初的两者互不联系到两者之间单向、偶然的联系，再到两者出现双向交流与互动合作，目前已经形成了一种成熟的、职能部分重叠的合作伙伴关系。①《国家创新驱动发展战略纲要》提出我国到2020年进入创新型国家行列、2030年跻身创新型国家前列、2050年建成世界科技创新强国“三步走”的目标。实施创新驱动战略就是要让创新成为引领发展的第一动力，促进经济向形态更高、分工更细、结构更合理的阶段演进。实施创

* 许长青，男，中山大学中国公共管理研究中心研究员/中山大学政治与共事务管理学院副教授，教育学博士。从事教育经济与财政、教育政策与领导、人力资本与劳动力市场经济、科技创新政策与区域经济发展、粤港澳与国际比较教育研究。课题基金：广东省2016年软科学项目“广东区域协同创新主体深度融合研究：基于三重螺旋模型的理论构建、实践推理及修正路径”（2016A070705026）；。2017年度教育部人文社科学研究一般项目“中国特色‘双一流’大学建设研究：战略、路径与绩效动态监测评估”（17YJA880083）；中国科学院学部2017年咨询评议项目“高等教育、区域创新与经济增长：粤港澳大湾区建设中大学的角色与作用研究”阶段性研究成果。电子邮箱：xuchq@ mail. sysu. edu. cn。

① R. M. Colton, and G. Undell, “The national science foundation's innovation centers——An experiment in training potential entrepreneurs and innovators”, *Journal of small business management*, VOL. 14 No. 2, 1976, p. 45.

新驱动战略就要壮大创新主体，引领创新发展，培育世界一流创新型企业，建设世界一流大学和科研院所，构建科技创新枢纽，让科技创新助推产业转型升级。在国家创新战略背景下，广东提出了“一个率先、四个基本”的奋斗目标，力争“十三五”期间基本建立起完善的社会主义市场经济体制和开放型区域创新体系，率先全面建成小康社会。作为国家中心城市、国际商贸中心、综合交通枢纽及中国南方经济中心，广州正以国际航运、国际航空及科技创新三大战略枢纽建设为突破口，推动国家中心城市建设全面上水平，成为国家及广东发展的动力源和增长极。广州加快向具有全球影响力的科技创新枢纽进军，以全球科技创新枢纽建设引领未来城市发展，这既是提升城市国际竞争力的战略支点，也是承担国家中心城市的历史使命。

一　国际创新枢纽的基本理念

“国际创新枢纽（International Innovation Hub）”也被称之为“国际创新中心”。国际上对这一个概念并没有一个统一的界定。类似的概念主要有：全球科技创新中心（Global hubs of technological innovation）、国际技术成长中心（International technological hubs）、国际研发中心（International R&D Hubs）、国际产业研发中心（International manufacturing R&D hubs）。从创新主体看，这些概念具有一定的共性，它们常常是指一个城市或区域，如世界著名的国际创新枢纽美国硅谷、印度班加罗尔、台湾新竹、日本东京、法国巴黎、韩国大德、英国英格兰地区等。与国际创新枢纽相似的另一组概念是“世界科技中心（World Technology Center）”“世界科学中心（World Science Center）”等，其强调的主体是国家或地区。不同历史时期，世界科技中心在不断地发生变化，如14—15世纪为意大利、18—19世纪为英法德、20世纪至现在为美国。经济学家们预测，21世纪是中国的世纪，从世界“制造大国”跃升为世界“智造大国”的中国必将成为未来的世界科技中心。本研究将从第一组概念范畴出发考察城市的科技创新地位和创新能力。科技创新枢纽是城市功能高端化和现代化的必然结果，进入后工业化时期，尤其是进入21世纪以来，随着知识经济的兴起，科技活动正逐步成为一种新的产业形态，一场以科学研究业崛起为标志的新产业革命正在到来，社会正进入一种新的社会形态——科业社会。许多城市功能开始由传统的生产、制造和服务功能逐渐转向以知识、信息和技术为主的科技创新功能上来。城市经济功能呈现出由传统产业转向高新技术产业、由制造转向研发、由生产转向服务并迈向科技创新中心的趋势，城市尤其是中心城市正日益成为信息、技术、品牌、知识、人才、资本等创新资源的载体和聚集地。因此，科技创新是科业社会时代城市功能发展的必然选择，是现代城市的核心功能之一。现代城市的竞争主要是科技实力与创新能力的较量，科技实力已成为衡量城市竞争力的一个核心要素。

国际上美国《在线》杂志（2000）率先提出“全球科技创新中心”的概念并认为“全球科技创新中心至少需要满足如下四个条件——当地高校和研究机构有培养技能工人或开发新技术的能力、城市能提供专业技术和带来经济稳定的企业及跨国公司、人们具有创办风险企业的积极性、风险资本获得的可能性”。[①] 联合国在此基础上（2001）提出“国际技术成长中心”的概念并指出“国际成长中心是指众多的研究机构、创新型企业、风险投资积聚地区”。[②] 国内学者杜德斌（2001）提出“国际产业研发中心”概念，认为“只有当一个城市或区域聚集众多的跨国公司全球性或区域性的研发机构并成为世界新产品和新技术的创新源地时，才能被称之为国际产业研发中心”。[③] 黄鲁成（2004）提出“国际研发中心”的概念，认为“国际研发中心”就是国际研发资源和活动聚集区域，该区域聚集了大量高成长公司，能克服周边资源匮乏困境，提供技术人才和科技信息服务，促进高技术产业发展和带动周边地区的经济增长。[④] 综上，本研究认为国际创新枢纽是科技资源密集、创新活动集中、创新实力雄厚、科技成果辐射广泛、创新文化发达、创新氛围浓厚、国际竞争力和影响力深远的区域和城市，它是全球新知识、新技能和新产品产生中心及全球创新要素的集聚中心和全球创新网络的枢纽性节点，对全

---

① 杜德斌：《上海建设全球科技创新中心的战略路径》，《科学发展》2015 年第 1 期。

② 同上。

③ 同上。

④ 黄鲁成、李阳：《国际 R&D 中心与北京的现状分析》，《科学学与科学技术管理》2004 年第 7 期。

球创新和产业发展具有强大的聚集力、影响力、控制力与辐射力。从概念内涵来看，国际创新枢纽一定具备如下特征：创新性——它是全球新知识、新技术、新产品的产生中心；聚集性——它吸引着来自全国甚至全球的科技、人才、信息、资本及其成果产业化的配套资源；辐射性——它将产生巨大的城市影响力和竞争力，辐射并带动区域经济增长；系统性——众多空间资源积聚、不同的创新主体有机融合，共同形成一个城市、区域或国家的创新系统；成长性——它是一个动态发展和不断壮大的过程；开放性——它的创新资源不但来自城市内部的大学、科研院所，而且来自国际大型跨国公司及其研发机构。国际创新枢纽引领着一个城市或区域的发展，发挥着科学研究、技术变革、产业驱动和文化创新等诸多功能，其中科学研究和技术变革是其基本功能，产业驱动和文化创新是派生功能。国际创新枢纽往往聚集着众多世界一流大学和科研机构，同时聚集着大量的科技型企业、跨国公司、风险投资企业和金融企业，他们共同创造着新知识、新技术，从知识创新、技术创新到市场创新、管理创新和产品创新，推动着世界产业的变革发展。新知识和新技术的产生和使用不断地驱动着传统产业转型升级和城市竞争力的提升。科技创新和产业发展的根本目的在于改善人们的生活福祉，提高人们的消费层次和文化精神生活水平，引领全社会文化发展和主流价值认同，不断地创造新文化。因此，国际创新枢纽建设需要多要素组合，如科技引擎企业的聚集、世界一流大学的支撑、风险投资的催化、创新人才的会聚、创新文化的引领、政府调控能力的发挥、生活环境的舒适，“七位一体”的要素组合共同推动着城市科技创新竞争力和国际影响力“螺旋式”上升。

二　广州建设国际创新枢纽的禀赋要素与挑战

广州建设国际创新枢纽具有独特的禀赋要素，这主要表现为人口素质、商贸机遇、战略定位、教育科技资源、经济实力、政策支持和创业文化等几方面。从人口素质与人口流入红利来看，每十万人口高校平均在校生数和每十万人口具有大学教育程度的人数反映了一个城市居民享受高等教育机会的程度和人口素质，具有较高的可比性。2013 年的相关统计数据表明，广州市“每十万人口高校平均在校生数”指标展现出非凡实力，每十万人口高校平均在校生数高达 11811 人，是国家五大中心城市中唯一突破万人的城市，超出全国平均水平的 4.88 倍。这说明广州高等教育普及化程度较高，为广州社会经济发展提供了源源不断的优质劳动力资源。2015 年全国 1% 人口抽样调查数据显示，广州市每 10 万人口具有大学教育程度的人数为 23654 人，较 2010 年增长了 23%。创新驱动，人才为先，受大学教育人口比例高是广州参与城市竞争的一大优势。从商贸中心与发展机遇来看，广州自开埠以来就是中国的商业贸易中心，展现出开放、包容、创新的城市精神。开放、包容、创新的广州给予了每位创业者施展才华的机会。普华永道与中国发展研究基金会联合发布的报告显示，广州综合实力位居 2016 年中国“机遇之城”榜首。放眼未来，广州将给年轻人提供更多的发展机会，提供更广阔的施展才华的舞台。从国家中心城市的战略定位来看，广州地处珠三角城市群的几何中心，具有联通全球、衔接港澳、辐射华南的独特区位优势。同时，国家明确广州城市定位为国家重要中心城市、国际商贸中心、综合交通枢纽。国家战略及高端布局使广州在新世纪创新发展中领先一步，促使广州的引领、集散功能得到巩固和加强。从教育与科技资源来看，广州市华南科教中心，具有华南科技资源聚集的优势，拥有全省 2/3 的普通高校、70% 以上的科技人员、97% 的国家重点学科及绝大多数的国家级重点实验室和工程技术中心，这些为科技创新提供了优越的基础条件。广东高校学科水平不断提高，显示了良好的发展态势。2016 年中山大学有 18 个学科领域进入 ESI 排名前 1%，位居全国高校第二。广州不仅聚集了众多的普通高等学校、国家重点学科和国家重点实验室，而且以思科公司、微软公司、德国慕尼黑工业大学、新加坡南洋理工大学、香港科技大学等为代表的国际高校、科研单位和企业研发机构先后进驻广州，为广州科技创新提供了新鲜力量和强大的发展后劲。从经济实力与产业体系来看，广州经济实力雄厚，连续 28 年位居中国内地城市第三位。广州初步形成了以服务经济为主导的现代产业体系，服务业占 GDP 的比重超过 65%，汽车、石化等先进制造业保持持续增长，电子信息、生物制药、新材料等新兴产业集群化发展，移动互联网、电子商务等新业态成为新经济增长点。从政策优势来看，广州具有自贸区与国家自主创新示范区政策叠加优势。广州经济开放度和市场化程度都较高，珠三角国家自主创新示范区和南沙自由贸易试验区形成政策叠加效应为城市创新提供了更为广阔的发展空间。国际权威杂志《自然》撰文指出："广州正从贸易中心变身创新沃土，迅速成为科学家、研究者与产业界共同研发高科技产品与创新的中心。"从文化氛围来看，广州是岭南文化中心，具有深厚的岭南文化底蕴。岭南文化是悠久灿烂的中华文化的重要组成部分，它以农业文化和海洋文化为源头，在其发展过程中不断吸取和融合中原文化和海外文化，逐步形成具有自身特点的务实、开放、包容、创新的传统文化，在改革开放和传承创新中发挥着重要作用。

国际科技创新枢纽是对广州科技体系在国家与国际科技体系中功能定位的概括，表现为在国际科技网络体系中，广州的科技创新体系应该具备突出的国际科技资源凝聚力、卓越的资源整合力、强劲的国际科技辐射力、不可替代的国际科技创新网络节点。广州打造国际创新枢纽具有雄厚的基础，但仍然面临着巨大挑战。

第一，广州产业创新资源积聚度高，但转化能力及辐射效应偏弱。与国内外其他城市产业创新的先进水平相比，广州仍然存在突出的短板：高新技术企业整体研发能力偏弱，科技产出率及成果转化率偏低，产学研融合度亟待提高；广州传统商贸文化注重短期收益、偏于风险规避的特质与新兴产业创新文化不相适应，不少企业往往满足于商业及加工贸易的"短平快"，创新动力不足；产业创新的辐射效应偏弱，对区域产业资源整合不足而同构有余，产业链核心环节缺失，特别是广州新兴产业的龙头企业自主创新竞争力偏弱，对外技术依存度高。

第二，广州高等教育规模大，但高等教育整体实力和高校科技创新能力有待提升。表 1 报告了国家五大中心城市高等教育机构数量之比较。在高等学校数量上，五大国家中心城市的排名依次为：北京、广州、上海、重庆和天津，广州位列第二位。从国家重点大学的分布来看，五大国家中心城市"985"和"211"工程高校数排名依次为：北京、上海、广州和天津、重庆，广州和天津并列第三，优质高等教育资源明显落后于北京和上海。长期以来广东省一本高校高考录取率较低，近年来一本高校录取率虽然稳中有升，从 2013 年的 7.08% 上升到 2016 年的 11.2%，但一直处于追赶型，而北京、上海、天津在 2015 年就已经分别达到 24.13%、23.39%、19.61%，远远高于广东省和广州市。从大学归属来看，市属高等院校数列排序依次为：重庆、上海、北京、天津和广州，广州市属高校数位居五大国家中心城市之末。广州市是隶属于广东省的国家中心城市，行政级别无法与北京、上海、天津、重庆四大中心城市相比。广州市高校除了部属以外，大部分属于省属高校，导致广州市在高校数量上与其他四大国家中心城市差距较大。从大学层级来看，五大中心城市研究生培养院校数量排名依次为：北京、上海、广州、天津、重庆；本科院校数量排名依次为：北京、上海、广州、天津、重庆；专科院校数量排名依次为：广州、重庆、上海、天津、北京。显然广州高等专科教育机构数量具优势，但研究生和本科生培养机构数量相对滞后。

表 1　　国家中心城市高等教育机构数量

城市	A	B	C
北京	89	34	56
天津	55	6	18
上海	68	13	27
广州	80	6	27
重庆	63	3	14

注：A 为高校数量（所）、B 为重点高校数（所）、C 为研究生培养院校数（所）。

资料来源：2013 年《中国教育统计年鉴》及北京、上海、广州、天津、重庆《教育年鉴》《统计年鉴》等资料整理。

表 2 为国家中心城市高等教育人才培养规模和层次比较。从在校生总人数看，广州位居五大中心城市之首，高校在校生人数为 1059244 人。五大中心城市本专科生人数的排名依次为：广州、重庆、北京、上海、天津，广州位列第一；研究生在校人数排序为：北京、上海、广州、重庆、天津，广州位列第三；博士生在校人数排序依次为：北京、上海、广州、天津、重庆。总体来看，广州在本专科生培养上具有较大的优势，但在高层次人才培养的硕士生和博士生教育方面落后于北京、上海，研

究生占在校生人数比例仅为7%。留学生人数反映了一个城市高等教育国际化程度的高低，折射出城市的国际吸引力和国际化程度。就留学生数量而言，北京市高校吸引留学生数量最多，达43180人，广州市位居第三，只有7545人。说明广州市高校吸引国际留学生能力较弱，国际学术声誉及实力有待提升。从毕业生数来看，广州高校在本专科毕业生数量上具有优势，但硕士和博士毕业生人数滞后于北京和上海，硕博毕业生人数分别为19133人和2700人。

表2　国家中心城市高等教育人才培养规模与层次

城市	D	E	F	G	H	I	J	K
北京	854890	31	43180	5469	148689	59552	13805	14.36
天津	540409	9	6566	4346	120996	13251	1708	14.32
上海	639570	21	18970	3421	133794	30431	5238	15.92
广州	1059244	7	7545	11811	240789	19133	2700	17.74
重庆	707650	7	6127	2899	148684	13294	895	17.27

注：D为在校生总人数（人）、E为研究生占在校生人数比例（%）、F为留学生在校生人数（人）、G为每十万人口高校平均在校生人数（人）、H为本专科毕业生数（人）、I为硕士研究生毕业生数（人）、J为博士生毕业生数（人），K为生师比。

资料来源：2013年《中国教育统计年鉴》及北京、上海、广州、天津、重庆《教育年鉴》《统计年鉴》等资料整理。

表3为国家中心城市高校高层次人才、学术交流和学科资源数量比较。从高校专任教师总量看，广东高校专任教师总数为55416人，低于北京，高于上海，具有一定的总量优势，但高级教师比重为40%远低于北京的60%、上海的50%以及天津的46%。两院院士、“长江学者奖励计划”入选者、“千人计划”入选者是高校科研实力和能力非常重要的载体。五大国家中心城市中院士总数的排名依次为：北京、上海、广州、天津、重庆，广州高校两院院士的总数远远落后于北京、上海。长江学者数量的排名依次为：北京、上海、天津、广州、重庆，广州位居第三。“千人计划”入选者排名依次为：上海、北京、天津、重庆、广州，广州排在最后。学科是构成大学的基本要素，是大学进行教学和科研的基本组织框架，也是大学提高学术竞争力和科研创新力的资源基础。从国家

重点学科数分布来看，北京高达305个，广州只有56个，低于上海的74个和天津的63个，位居第四。国际学术会议反映了高校和城市的学术交流与开放程度，体现了高校国际影响力及城市的国际竞争力。2013年广州举办的国际学术会议次数为155次，低于北京和上海，位居第三。可见，广州市上述各类指标均处于中间偏后位置，反映出广州市高水平科研人才匮乏，顶尖科研人员数量不足、学术资源支撑能力不强的现状，广州市急需打造高质量、高水平的顶尖科研队伍，提升学术资源水平，全面提升科研竞争力。

表3　　国家中心城市高校高层次人才与学科资源

城市	L	M	N	O	P	Q	R
北京	66026	60	667	547	56	304	305
天津	30900	46	21	82	53	60	63
上海	40297	50	94	132	95	419	74
广州	55416	40	27	59	28	155	56
重庆	37130	39	14	36	42	33	32

注：L为高校专任教师总数（人）、M为高级教师占专任教师之比（%）、N为院士总数（人）、O为“长江学者”总数（人）、P为“千人计划”入选者总数（人）、Q为国际学术会议举办次数（次）、R为国家重点学科数（个）。

资料来源：2013年《中国教育统计年鉴》及北京、上海、广州、天津、重庆《教育年鉴》《统计年鉴》等资料整理。

表4和表5报告了国家中心城市高等教育科研投入与产出比较。高校科研投入作为重要的投入指标，反映出高校科研的物质基础和可持续发展能力，间接体现高校科研实力和创新能力。由表4可知，广州市2013年科研经费为41.70亿元，低于北京的222亿元和上海的51.25亿元。说明广州高校科研经费明显不足、高校科研创新能力不强，亟须扩大经费规模，提升科技创新能力。R&D项目反映了高校的研发能力，R&D成果应用及科技服务课题则说明了高校科技成果应用能力和科技成果社会服务能力。广州R&D项目位居第三，远低于北京和上海的项目数。科技成果应用及服务课题上，广州略有优势，但低于北京高校科技成果应用与

服务能力。在国家级课题验收数量上，广州水平较低，远低于北京和上海的水平。从国家三大奖项上看，广州与北京、天津相当，广州获得了一项国家自然科学二等奖和三项国家科技进步奖，但可持续发展能力不强。在人才培养质量效益上，广州市全国优秀博士论文远低于北京的24篇，也低于上海的4篇。在大学生参加“挑战杯”科技作品竞赛中，广州高校表现弱于北京和上海，位居第三。在教师的科研产出效益上，广州高校教师出版的专著为259部，低于北京的963部和上海的425部。在高水平学术论文的发表上，广州低于北京和上海，位居第三。专利申请和授权数量直接体现了高校科研实力，反映了高校科技成果转化为知识产权的程度。从专利申请数量看，广州高校专利申请为4039项，约为北京高校的1/3和上海高校的1/2。从授权数量来看，广州高校为2986项，低于北京的7645项和上海的5784项。专利转让反映了高校服务经济和社会发展的能力，也为高校的科研发展提供了可持续发展的经费支持能力。在专利转让合同上，广州高校具有一定的优势，但落后于上海。在专利转让金额上，广州高校亦具有一定的优势，但落后于北京。在合同转让当年实际收入中，广州专利利用效率和经济效益具有一定优势，但低于北京。

表4　　国家中心城市高等教育科研投入与学术产出（1）

城市	S	T	U	V	W
北京	222	49090	5928	849	4
天津	38.37	10873	243	91	4
上海	51.25	45473	0	504	3
广州	41.70	22120	3689	72	4
重庆	14.29	18417	0	16	2

注：S为科研经费（亿元）、T为R&D项目（项）、U为R&D成果应用及科技服务课题（项）、V为国家级课题验收数（项）、W为国家三大奖获奖数（项目）。

资料来源：2013年《中国教育统计年鉴》《中国教育经费统计年鉴》《中国科技统计年鉴》及北京、上海、广州、天津、重庆《教育年鉴》《统计年鉴》等资料整理得出。

表 5　　国家中心城市高等教育科研投入与产出（2）

城市	X	Y	Z	Z1	Z2	Z3	Z4	Z5	Z6
北京	24	73	963	79814	11998	7645	193	172910	113644
天津	2	27	153	18115	4267	1712	72	39519	8459
上海	4	63	425	54079	9693	5784	253	48968	39322
广州	3	51	259	37247	4039	2986	227	168497	107906
重庆	2	30	303	19736	2289	1603	51	16617	8541

注：X 为全国优秀博士论文数（篇）、Y 为全国大学生“挑战杯”科技作品竞赛获奖数（项）、Z 为出版科技著作数（部）、Z1 为发表学术论文（篇）、Z2 为专利申请数（项）、Z3 为专利授权数（项）、Z4 为专利转让合同数（个）、Z5 为转让总金额（千元）、Z6 为合同转让当年实际收入（千元）。

资料来源：2013 年《中国教育统计年鉴》《中国教育经费统计年鉴》《中国科技统计年鉴》及北京、上海、广州、天津、重庆《教育年鉴》《统计年鉴》等资料整理得出。

第三，国内城市之间的竞争日趋凸显。北京、上海、天津、重庆等国家中心城市以及深圳市都提出了建设国际创新枢纽、国际科技创新中心的目标，各城市之间为了获取更好的科技创新要素资源，谋取更好的发展机会，彼此之间的竞争更为明显。深圳正在加速迈向全球创新中心，在加速迈向世界一流科技创新中心的进程中，政府的有形之手——优化制度环境与市场无形之手相得益彰，共同引领企业创新。深圳出台《关于促进科技创新的若干措施》《关于支持企业提升竞争力的若干措施》和《关于促进人才优先发展的若干措施》三大政策，被外界评价为“三箭齐发”力促创新。强调在高校中实施新的人才流动机制、激励措施、评价制度，激活人才，提升创新原动力，促进高校科技成果产业化。北京市认为强化国际创新枢纽功能是推进北京世界城市建设的战略突破口和着力点。北京科技创新枢纽建设的目标是转变我国产业关键技术依赖于外国的被动局面，成为在国际科技创新体系中具有不可替代地位、具有主动权的国际科技发展极。上海提出到 2040 年基本建设成具有雄厚竞争力、强大辐射力和广泛影响力的全球科技创新中心。

第四，国际城市科技创新竞争更加激烈。国际著名创业创新之城如纽约、伦敦、新加坡、东京、首尔、特拉维夫等均提出了建设全球或区域创新中心的目标并出台了相应的战略规划。如英国于 2010 年启动实施了“英国科技城”的国家战略，试图将东伦敦地区打造为世界一流的国际技术中心；美国试图借助新科技革命带来的先发优势引导产业回流以重构全球分工体系并于 2012 年制定了打造“东部硅谷”的宏伟蓝图，计划在曼哈顿以东创建一个与加州硅谷并驾齐驱的应用科学园，力图成为“全球科技创新领袖”。

综上所述，广州建设国际创新枢纽具有相对突出的优越条件与雄厚的现实基础，但仍然面临国内外城市的巨大竞争压力。高水平大学是基础研究创新的主要源泉和应用科技创新的生力军，在国家和区域创新体系中起着十分重要的作用。粤港澳三地山水相连、文化相通，经济补性强，具有经济、科技、文化、教育交流与合作的优良传统。粤港澳大湾区聚集着众多的高水平大学。广州地处粤港澳大湾区的地理几何中心，具有得天独厚的区位优势。粤港澳大湾区高水平大学科技创新深度合作是广州国际创新枢纽建设的有效途径，具有重大的战略意义。

三　粤港澳高水平大学科技合作的现实障碍

粤港澳三地的交流与合作历史悠久，在不同的历史时期，三地高等教育合作有着不同的内容和形式，呈现出不同特点。1949—1978 年为粤港澳高等教育初步合作阶段。这一阶段粤港澳高等教育之间的交流与合作呈现出明显的方向单向性和形式单一性，主要表现为大量港澳青年回广州升学，相关部门对港澳学子给予了诸多关怀和照顾。1979—1996 年为粤港澳高等教育合作的逐步发展阶段。随着三地经济发展和交往加深，粤港澳各高等院校、教育团体和机构都表现出积极开展教育合作的愿望，粤港澳高等教育之间的交流与合作逐步得到广泛开展且形式多样。1997—2008 年为粤港澳高等教育合作广泛开展阶段。1997 年和 1999 年香港和澳门相继回归祖国，掀开了粤港澳关系史新一页，合作关系得到不断调整，合作富有新的内涵，呈现出新的形式。2009 年至今为粤港澳高等教育合作深入开展阶段。在《珠江三角洲地区改革发展规划纲要（2008—2020

年)》的积极影响和推动下，粤港澳各界积极努力，加强合作。[①] 粤港澳高等教育交流与合作形式多种多样，主要表现有：跨境交付（如跨境产学研活动与远程网络教育）、境外消费（如相互招生）、自然人流动（如学术交流与会议）、商业存在（如合作办学）。跨境产学研活动与远程教育表现为香港高校或广东高校为对方提供教育科研咨询服务、技术支持服务，远程网络教育是各教育主体跨境提供教育、培训项目服务等。相互招生一方面表现为粤高校采取“单独招生”和“联合招生”的形式跨境招收港澳学生；另一方面则表现为港澳高校采取“高考统招”和“自主招生”的形式跨境招收广东学生以及采取“申请入学”的方式招收研究生。学术交流表现为粤港澳师资交流与共享，粤港澳三地进行了多种形式的师资交流与共享实践，如访问学者、聘请客座或兼职教授、引进优秀人才来校任教、聘请专家担任学术带头人，学生组团赴对方大学访问、参加研讨会、辩论赛、专业培训及暑期学校等形式。学术交流与会议是指三地共同举办学术会议或学术论坛。合作办学表现为粤港澳三地高校通过校际间签订合约举办联合培养本科生计划项目、本科生交换项目、港澳高校与广东地区政府或高校合作成立办学机构或科学研究机构，如北京师范大学—香港浸会大学联合国际学院、澳门大学（横琴）、香港中文大学（深圳）、香港科技大学霍英东研究院（南沙）分别是不同历史时期粤港澳教育科技合作的典范。近年来广东省政府力推粤港澳高校合作建立联合实验室，推动广东高水平大学建设。毋庸置疑，粤港澳高校科技合作取得了诸多突破性进展，极大地推动了三地高校科技合作整体实力提升及学生个性发展，但三地合作仍然存在诸多阻碍因素，在许多方面亟待完善。

首先，资源拥有上的差距阻碍了三地高校科技合作的深入发展。在高校整体实力上，广东高校相比港澳高校差距依然不小。香港地区高校拥有多所世界一流大学，如香港大学、香港科技大学、香港中文大学均在世界前100名以内，香港城市大学和香港理工大学也有相当实力。广东地区仅有中山大学一般排名在200—300名之间。这种实力上的巨大差距

---

① 全国教育科学规划领导小组办公室：《“粤港澳高等教育合作机制研究”成果报告》，《大学》（学术版）2012年第4期。

在某种程度上决定了两地高校在合作中的不对等关系。在科研经费上，广东高校科研经费大多来源于政府，校外资助相对较少，来源相对单一且从政府获得的资金量也相对较低，相较于此，港澳地区高校一方面能从特区政府中获得较高科研经费，另一方面能吸收高额的校外资助，从而保证了科研经费的充足性。在教师资源上，港澳地区高校与海外联系更为广泛，国际化程度高，教师面向全球招聘，相关统计数据显示，香港地区有海外学历的教师占全部高校教师的93%以上。由于当下学术话语权主要控制在西方国家，因此港澳地区高校更倾向于与海外高校合作，与广东高校的合作只能是一种辅助性学术交流活动，这在某种程度上抑制了三地高校科技合作的深入开展。

其次，配套政策措施与实施细则制定不足阻碍了三地高校科技合作的深入发展。现有粤港澳三地合作更多倾向于经济领域的合作，政府政策及实施细则多围绕此进行。作为国策和省策，中央政府和广东省政府一向积极推动粤港澳合作，从“泛珠三角”，到CEPA，再到“广东自由贸易试验区”，无不体现出粤港澳合作的深度、高度与广度。但是CEPA和“广东自由贸易试验区”均主要是经贸领域的开放与合作机制，教育文化方面的交流与合作虽有提及，但往往缺乏配套的政策措施与实施细节，合作往往被边缘化。这就导致了三地高等教育合作流于形式的多，实质合作的少；自发交流的多，正式规范的少；零散合作的多，战略规划的少。鲜有大视野、大手笔、大动作项目产生。无怪乎，广东与港澳之间虽然有着天然的区位优势，但与其他热点地区相比，港澳高校吸纳广东高校学生的情况并不突出；与其他内地热点地区相比，广东高校与粤港澳高校科技教育合作成果并不显著。如在三地合作办学问题上，依照目前教育部相关规定，大陆地区与港澳联合办学必须通过教育部相关机构的专业审查方能招生并授予学位，需要指出的是审查通过的难度非常之大，很多时候高校间的合作办学只能是想方设法绕过相关政策打擦边球，或是不授予学位，或是仅仅进行职业培训方面的合作，这样既增加了高校合作办学的风险，也不利于内地高校与港澳高校合作的深入，极大地打击了双方合作办学的积极性。同样，三地高校科研合作也有诸多细节需要完善，如相关科研人员滞留时间、往来便利化、知识产权、收益回报等方面的具体措施都需要相关政府部门出台细节性措施。

最后，管理体制、政策法律与文化价值上的差异阻碍了三地高校科技合作的深入发展。粤港澳三地虽然同属岭南文化区，有着共同的地区语言，但由于历史原因，致使其与大陆产生了较大的文化价值距离。港澳地区直接受来自西方文化的冲击，西方文化烙印相对要强于广东地区，粤港澳三地高等教育科技合作过程中肯定会出现一些由于制度、价值观等方面的差异而引起的思想碰撞与冲突。粤港澳除了国家主权的一致性外，政治制度、经济制度、法律制度和行政管理体制等诸多方面不同程度地存在各种差异。这些极大地阻碍了三地高校的科技合作与交流，成为粤港澳三地高等教育科技合作的最大障碍。这些差异是涉及社会各个层面的无形屏障，又缺乏高效、多层面的协调机制和制度安排，因此政府间需要建立双边和多边的磋商、协调、合作机制。随着三地对外开放与国际经济一体化进程的加快，政府部门必须做好制度协调和制度转型工作，减少实际意义不大的制度壁垒，必要时甚至做出一定的制度让渡。只有逐步实现粤港澳三地求同存异，平等协商，互惠互利，高等教育市场向彼此开放，此类问题才能在区域一体化过程中得到解决。[①] 由于历史原因，粤港澳三地在高等教育办学体制和领导体制上同样存在差异。办学体制的差异会对粤港澳高等教育科技交流与合作产生困难，如文凭的认可与转换、质量保证和鉴定、学生交流与教师互聘问题等。在高等教育法律法规方面，中国对 WTO 教育服务承诺只是部分承诺，即有条件、有步骤地开放服务贸易领域和进行管理、审批，对跨境交付方式下的市场准入和国民待遇均未做承诺。三地高等教育合作必须要绕过高等教育制度、意识形态不同的障碍，扩大共同合作交流领域，实现共同目标。

四 粤港澳高水平大学科技合作助推广州国际创新枢纽建设的发展战略与路径选择

广州打造国际创新枢纽需要依靠自身力量，但粤港澳高水平大学的科技合作无疑是重要推力和支持条件。粤港澳高水平大学科技合作必须

① 朱建成：《粤港澳高等教育一体化是区域经济一体化的发展的趋势》，《广东工业大学学报》（社会科学版）2010 年第 4 期。

克服上述三方面的现实障碍，发挥比较优势，紧紧围绕科技创新资源的积聚力、科技创新要素的整合力、科技创新成果的辐射力三大能力建设的战略路径助力广州国际创新枢纽地位的实现。

（一）增长战略

打铁还需自身硬，增长战略旨在扩大广东高等教育规模，提高高等教育质量，增强高水平大学实力，提升广州科技创新基础和水平。首先，“双高”对接“双一流”，增强广东高水平大学科技创新实力。广州优质科技资源不足的突出表现为优质高等教育资源绝对量少，优质高等教育资源长期供给不足。当下中国高等教育战略转型之际，广州应抓住国家实施“双一流”大学建设的有利时机，乘势而上，争取获得国家的更多支持。一方面努力建设广州地区高水平大学、高水平理工科大学，实现大学服务广州创新驱动发展和创新枢纽建设。另一方面在高水平大学和高水平理工科大学的建设中，广州要着眼于把“双高”建设和国家“双一流”建设对接起来，建立起与广州经济发展水平相匹配的高水平大学。与此同时，广州应积极谋划高校分类化、差异化、特色化、国际化发展、争创一流的高等教育顶层设计，打造更多的高水平大学。充分利用南沙自由贸易区的政策优势，加强与国际及港澳高校合作，建设1—2所国际合作世界一流大学，如香港大学（广州）、斯坦福大学（广州）。充分发挥白云空港试验区和南沙自由贸易区政策优势，整合广州现有高校资源，筹建广州民航大学、广州海事大学、广州交通大学，为广州建设国际航空枢纽、航运枢纽和交通枢纽提供源源不断的人才支撑，促进广州国际航空中心、国际航运中心、国际科技创新中心协同发展。适时启动一流高职院校建设，重点建设10所左右全国一流、世界知名的高职院校。其次，充分发挥粤港澳高水平大学学科优势，建设粤港澳大湾区高水平学科群，带动广州大学学科水平提升。科技创新资源需要一流的学科支撑。粤港澳高水平大学加强合作，发挥各自大学的学科优势，建设世界一流的粤港澳大湾区学科群有利于夯实广州现有高水平大学学科基础、锻造学科优势和特色、提升学科竞争力和资源凝聚力。事实上，粤港澳大湾区已经拥有一批世界知名大学和一些强势学科专业，如香港大学的建筑学、法律学、环境科学、应用经济学、医学、教育学等学科；香港科技大学的数学、金融学、计算机科学学科、财务管理等学科；澳门大学的旅游学、博彩、英语及葡萄牙语等学科；中山大学拥有生物学、工商管理2个国家一级重点学科，逻辑学、人类学、中国古代文学、行政管理等23个国家二级重点学科，中国哲学、光学、社会学等6个国家重点培育学科；华南理工大学拥有材料科学与工程、轻工技术与工程2个国家一级重点学科，通信与信息系统、化学工程、食品科学3个国家二级重点学科；暨南大学拥有产业经济学、水生生物学、文艺学和金融学4个二级国家重点学科。粤港澳三地高水平大学通过多种形式的学术合作，实现三地学科资源的优势互补，共同打造世界品牌学科完全有可能实现。

（二）联盟战略

建立粤港澳高等教育联盟和粤港澳高校创新创业联盟，提升科技创新资源的积聚力。我国高等教育从“211”工程到“985”工程、“2011计划”，再到酝酿中的“双一流”大学建设的发展路径表明，高等教育资源投入策略已经从单维的以高等院校个体为单位的布点式投入，转向对多维的以高校科研机构和企业联合体或合作创新团队为单位的网络布局式投入。其目的是要加快高等教育创新方式的转变，积聚和培养拔尖人才，在经济建设和社会发展中发挥更大的作用。在此背景下，建设高校联盟，整合优质资源，进一步增强高校联盟的核心竞争力，走协同创新集群式发展道路符合国家高等教育发展战略方针，也是未来高等教育发展的一个趋势。[①] 通过高等教育联盟可以达到资源分享与共建，为学生与教职员提供更多的生活与学术选项，促进成员学校在人才培养、教师专业成长、学校经营等多方面的发展，推动区域社会经济发展的目的。区域高等教育联盟是一个历史的范畴，其在国际，如美国的存在与发展已有近百年的历史。从其类型上看，主要有两大类：一类是基于近邻性而形成的区域高等教育联盟，它是一种区域高校联合体形态，具有自己的职责运营架构，但又与成员学校保持相对距离的独立法人实体；另一类是跨洲或全国性的高等教育联盟，它是按照学术能级对等原则，经过筛

① 袁仪：《国内外高校联盟发展的比较研究》，《上海教育评估研究》2014年第2期。

选和吸收学校加入而形成的高校联合体形态，如美国常春藤大学联盟。[①] 美国高等教育联盟已经具有普遍性和深厚的社会根基，美国 4000 多所高校多为各自所在州的某一高等教育联盟的成员。高等教育联盟的根本目的在于利用学校之间地缘近邻的客观条件，基于共同目标导向，放大区域高校集群效应，通过自主调控资源的内部与内外流动，在成员学校之间，在联盟与区域社会之间建立稳固、紧密、规范化的合作乃至一体交融的关系，实现高等教育与区域经济社会的共同发展。建立粤港澳优质高等教育联盟具有天然的区位优势。建立粤港澳高等教育联盟，打造科学研究和人才培养共同体是粤港澳经济社会发展的迫切需要。它不仅是区域经济发展的要求，也是三地社会、文化发展的要求。区域竞争力表现为区域中合作各方各自的人才、文化竞争力，也表现为合作各方经济、文化与高等教育互动的整合力。粤港澳高等教育联盟的建立有利于确立三地社会一体化发展的共同理想与共有价值体系，有利于保持三地经济社会一体化发展的同步性与稳定性，有利于一体化发展的人才流动与人才储备，有利于区域高等教育的优质化与国际化，极大地推进三地大学高水平发展，成为世界高水平大学集中区域、高水平人才培养中心、科研创新与应用中心，成为世界级的科研创新和创新人才培养的高地，必将大大提升广州高等教育的整体质量和参与国际竞争的科技实力。设想中的粤港澳高等教育联盟内的大学可参照国际合作办学的模式，在学生招收、教师招聘、课程设计、共建联合实验室和科技成果产业化基地建设等方面创办真正意义的合作办学。合作的重点可从人才培养、学科建设与科研攻关以及教育信息资源合作等方面着手。粤港高校分别招收学生，联合集中培养，共同制订培养计划，聘请优秀教师从事课堂教学，毕业时颁授双方学历、学位。粤港澳高校创新创业联盟主要是利用自贸区政策，通过引进境内外优秀科技企业、高水平大学和研发机构，联合开展科技成果产业化工作，推进产业和技术研发的深度合作，向广州乃至珠三角地区的企业提供技术转型升级服务以及高端智能制造领域所遇到的问题提供解决方案。

---

① 陈立、刘剑虹：《美国区域高等教育联盟的现状与特征》，《宁波大学学报》（教育科学版）2014 年第 5 期。

（三）整合战略

完善粤港澳高水平大学科技创新合作机制，提高广州科技创新要素的整合力。目前，粤港高等教育合作的潜力和空间远未被开掘，与深度融合目标相去甚远，亟须在机制创新上下更多功夫。创新合作机制包括动力机制、协同机制、开放机制及治理机制。创新动力机制是创新的动力来源及其作用方式，是能够推动创新实现优质、高效运行并为达到预定目标提供激励的一种机制。建立完善并大胆创新粤港澳高水平大学科技创新合作各种创新激励机制，如技术股权制度、专利产权制度、科技经费使用制度、科技成果评价制度等，最大限度地激发高校教师及科技工作者创新的精神原动力。协调机制是指围绕创新目标，多主体、多因素相互补充与共同协作，建立“政产学研资介”多位一体的“螺旋上升”协同创新机制，增强科技创新要素的整合力，联合打造国际创新枢纽。近年来尽管粤港澳经贸联系日渐紧密，政府高层之间往来日趋频繁，但高等教育之间的联系却没有明显加强的迹象，香港、澳门高校对在广东高校几乎没有任何实质性的影响，长期下去将浪费粤港澳大湾区宝贵的区位优势，不利于大学科技创新水平的提高。因此三地高水平大学科技合作迫切需要建立起协调联络机构。联络机构宜简不宜繁，主要包括决策机构、执行机构和监督机构，共同推动三地高校科技创新合作的实施。建议在遵循“一国两制”原则下，建立中央政府主导下的粤港高水平大学科技合作机制协商平台，制定合作的规划与逐步推进的工作计划。科学规划三地高校科技创新合作的行动方案，使科技合作与交流从形式走向实质。三地政府联合出台专门政策，制定目标和行动方案，通过多种形式的合作交流，如学分互认、学历互认、自由选修、师生交换、学术会议、合作研究、合作办学、设立分校、创办校区等，整合粤港澳研究力量促进三地高水平大学科技创新合作发展。粤港澳高水平大学科技创新合作的开放机制就是要打破区域封闭性壁垒，从开放性和全球视野审视三地高水平大学科技合作，构建禀赋开放性的合作体系。三地高水平大学在科技合作的过程中要大力加强与国内外其他高校、世界500强企业研发机构的合作，联合创建工程技术研究开发中心、技术转移中心、企业技术中心、实验室等研发机构，充分发挥这些机构在技术扩散、管理示范、人才培养等方面的“溢出效应”，提升广州科技创新要素的整合力。粤港澳高水平大学科技创新合作的治理机制就是要建立一种有利于三地大学科技创新合作的管理模式与运行机制。建立现代大学制度和现代大学治理机构，发挥大学在科技创新合作中的自主权和引领作用。建立集中型和分权型相结合的科技管理体制，加强法治型、服务型政府建设，实现政府管理由以研发项目、科技资源管理为主的管理模式向以提升创新能力、构建创新体系和营造创新环境的管理模式转变，增强政策公信力和执行力，实现政府引导、市场机制、学术共同体自治等社会机制及各创新主体自主作用发挥的良性互动。

（四）特色战略

打造粤港澳高水平大学科研特色、建立粤港澳高等教育特区，提升广州科技创新资源的竞争力。大学的办学特色是一所大学在长期办学历史中积累形成的有别于其他大学的办学特点和风格。这种特点和风格在一定的时期或范围内形成了其他大学难以企及的比较优势，并以此确定了学校的地位和影响。特色教育是提高高校竞争力，培养创造型人才的内在要求。许多世界一流的大学都不是在所有学科领域都居于世界一流，而是依靠某些优势学科处于世界的前沿，从而实现自身特色的。广州地区高校在搞自身建设时不能好大喜功，要求所有学科在短时间内齐头并进地发展。在学科建设上，需要继续保持和发展高校各自的传统优势学科，拓展有发展潜力的新兴学科，加强基础学科、重视交叉学科、边缘学科的发展，创建有特色的专业和学科，增强核心竞争力。在区域创新体系上，要加强粤港澳高水平大学与区域创新资源整合，加快构建开放型区域创新体系。统筹推进珠三角自主创新示范区建设和全面创新改革试验试点省建设，形成珠三角国家自主创新示范区建设格局，构建完善的区域创新体系。广州要依托国家重大科技基础设施，建设广东国家大科学中心，推动区域创新体系完善和知识产业化。建立南沙粤港澳国际青年创新工场，吸引粤港澳青年人才在自贸区创新创业、科技研发，为创业者提供全方位的支撑。建立中山大学国际创新谷，促进创新型产业集群和未来型智能制造业发展，发展众创、众包、众筹等分享经济新模式，培育广州新经济增长点，打造具有广泛影响力的知名企业集团技术创新和成果转化基地、创新资源积聚发展区，构筑广州中央创新区之心。

（五）特区战略

创建广州南沙粤港澳高等教育特区，粤港澳高等教育特区亦称之为高等教育深度合作区。国际高等教育与科技合作已经成为范例，1998 年德、法、英、意四国签署的《索邦宣言》（Sorbonne Declaration）提出建立一个开放的欧洲高等教育区的构想。1999 年欧洲 29 个国家的教育部长在意大利波洛尼亚签订《波洛尼亚宣言》（Bologna Declaration），提出到 2010 年建立欧洲高等教育区。现在的欧洲高等教育区具有国际化的高等教育目标、国际化的学生交流、国际化的教师交流、国际化的科研合作、国际化的课程设置与学分转换、国际化的办学模式、国际化的质量评估体系等特点。以此为参照，政府部门应该充分利用广州建设国家中心城市、南沙新区和南沙自由贸易区的政策优势及 CEPA 补充协议框架创建粤港澳高等教育特区，提升广州科技资源的积聚力。从政策支持看，《珠江三角洲改革发展纲要（2008—2020 年）》支持港澳高水平大学在珠三角地区合作举办高等教育机构并将通过放宽与境外机构合作办学权限，优化整体人才素质，实现可持续发展。国家在南沙新区的规划中明确将新区划分为中部、北部、西部、南部四大功能区。其中北部功能区就是要围绕庆盛交通枢纽进行教育培训与科技成果转化、高新技术产业等功能布局，发挥粤港澳教育、医疗和科技优势，重点发展高技术服务业与教育培训业、高新技术产业。这些都为建立南沙高等教育特区提供了政策依据。南沙粤港澳高等教育特区包括教育特区和人才特区。教育特区的任务主要包括学生交流、教师交流、实施课程开发合作、实施多种形式的合作办学、打造教育培训基地。人才特区的主要任务有：确立人才优先发展战略，积极探索人才发展的特殊政策和机制；加大人才开发投入，大力发展人力资源服务业，加快建设和扶持高水平、国际化的人力资源服务机构；优化人才创业支持体系，大力完善创业风险投资机制，支持科技成果产业化；实施产学研合作培养创新人才模式及创新实践基地等载体的建设；建设人才交流培养平台，支持高校、科研院所、企业跨国跨地区开展学术交流和项目共建，推动境内外人才联合培养；鼓励海外人才入区，与海外机构建立人才优势共享机制，联合开展科研项目研究，进行科研成果转化。

（六）信息化战略

构建粤港澳高水平大学科创新信息交流与合作平台，提升广州科技创新成果的辐射力。建设广州国际创新枢纽本质上是发展以技术、人才流为主导的流量经济。流量经济是以中心城市为核心，聚集周围区域的资金流、信息流、人才流及物流等要素，经过内部整合后再将各种流量向周围区域辐射的一种发展模式。流量经济区别于其他经济发展模式的主要特征就是资源要素的流动，所以，流量经济的载体必须是能大规模地带来并有效地促进要素流动的机构组织及其信息服务平台，以此促进科技创新枢纽功能强化。资源共享是穗港澳科技创新合作的基本要求，为此构建粤港澳高校科技创新信息交流与合作平台势在必行。资源共享是穗港澳科技创新合作的基本要求。没有信息引导的资源流动是盲流，徒增资源流动成本，降低资源配置效率。建立跨区域的信息平台，形成快捷、便利的信息通道，不仅可以高效地共享区域资源，优化资源配置，而且可以提升科技创新成果的辐射力，具有战略意义。信息交流与合作平台的任务主要是公布政府科技合作框架计划，提供科技成果孵化基地、公共创新平台、科技中介、科技金融等信息服务。支持港澳专业服务提供者到广州开办会计、法律、管理咨询等专业服务机构，支持港澳检验机构检测计量、会计、律师、建设设计、医疗、教育培训、育幼养老等专业服务在广州积聚发展。“一带一路”建设是我国在新的历史条件下实行全方位开放的重大举措，推行互利共赢的重要合作平台。粤港澳高水平大学科技创新合作必须以更高的站位、更广阔的视野，在吸取和借鉴历史经验基础上，以创新理念和思维扎扎实实地做好各项工作。粤港澳三地高水平大学要加快探索粤港澳大湾区科技合作概念框架，参照国际著名湾区科技发展模式和路径来布局，加强互联互通，共同搭建“一带一路”战略下的国际合作平台，推动广东与21世纪海上丝绸之路沿线国家和地区设立、收购研发机构，通过境外科技创新带动国内产品和技术升级，提升集聚全球创新资源的能力，提升广州科技成果的国际辐射力。

（七）路径选择

建设全球科技创新中心，广州应当顺势而为，立足自身优势和现有基础，顺应世界科技发展潮流，按照“初创期→发展期→成熟期→持续创新期”的推进路径，抓紧谋划，力争到2040年初步建设成具有雄厚竞争力、强大辐射力和广泛影响力的全球科技创新枢纽。其中初创期阶段（至2020年）要继续引进和集聚全球高端人才、顶级科研机构、跨国公司研发总部等创新资源，进一步提高全球创新资源配置能力，增强科技创新国际影响力。发展时期（至2030年）要强化引进消化吸收再创新，科技创新企业蓬勃发展，自主创新能力和全球竞争力加速提升，全球科技创新中心城市功能进一步凸显。成熟期（至2040年）阶段要涌现一批世界级科技“引擎”企业和世界一流大学及科研机构，产生一批前沿科学研究成果和关键核心技术，真正成为具有全球影响力的科技创新枢纽。持续创新期（2040年以后）广州的国际创新枢纽地位已经形成，但面临进一步发展的压力，此时创新枢纽的发展存在两种前途：衰亡或是蜕变。蜕变期是城市发展的一个关键阶段，关系到创新枢纽地位能否延续。因此只有持续的变革，不断激发创新活力才有可能永葆可持续的竞争力。

五　结语

广州现有城市科技创新能力相对偏弱，为广州国际创新枢纽建设增加了某种不确定因素。粤港澳三地高水平大学科技合作将为广州打造国际创新枢纽奠定更为坚实的基础，提供更加便利的外部条件。一方面，通过深化三地高水平大学间科研合作，充分利用两地学术资源，提升区域科技创新能力，扩大科研产出，从而助力广州国际创新枢纽建设；另一方面，通过深化三地高校教育教学合作，提高高等教育办学质量，促进学生综合素质的提高，为广州国际创新枢纽建设提供充足的人才供给，为创新广州持久稳定发展注入源源不断的生机与活力。

回归以来香港科技创新产业发展研究

——基于深港合作的视角

钟　韵[*]　王静田[**]

一　引言

二战结束后到回归前，香港经济经历了两次产业结构转型：第一次经济结构转变是在1950年前后，朝鲜战争以及西方对华禁运使香港转口贸易一落千丈，经济陷入危机，同时，国内政治局势变动令诸多企业家、技术人员到香港谋发展，促使香港步入工业化阶段，形成了以轻工业和出口贸易为主的产业结构；第二次经济结构转型是在20世纪70年代，劳动密集型的制造业开始向成本低廉的内地，尤其是珠三角地区迁移，形成“前店后厂”的分工模式。香港不断发展金融、保险、地产以及商务服务业，成为国际金融中心、贸易中心、航运和旅游中心，形成以服务业为主导的经济结构。毋庸置疑，两次成功的产业结构转型，使香港跃升全球城市行列。回归后，亚洲金融危机的爆发以及制造业“北移”造成的产业“空心化”，香港特区政府开始了“第三次产业转型”的步伐，其基本理念是大力发展以创新科技为本、以高增加值为主要特征的产业门类。但纵观回归近20年的发展数据可见，香港科技创新产业发展并不

* 钟韵，暨南大学特区港澳经济研究所所长、副教授。

** 王静田，暨南大学经济学院硕士研究生。

理想。而与此同时，深圳市以自主创新提升作为城市发展的主导战略，在全国率先提出了建设国家创新型城市的目标，科技产业发展迅猛。数据显示，近年来深圳在科研资金投入、人员投入、获批专利数目、自主创新水平等方面均超过了香港。2013 年，深圳具有自主知识产权的高新技术产品产值占高新技术产品总产值的比重高达 61.2%，显示出较高的科技创新能力。可见，与回归前香港经济引领深圳经济发展、深港产业合作互补促进两地产业发展不同的是，回归后，香港的科技创新产业并未引领深圳的科技创新产业发展，而两地在科技创新领域的合作对香港科技创新产业的发展成效亦未见有相关的评估。

对香港科技创新产业的已有研究显示，作为国际金融、物流、贸易航运中心及全球离岸人民币业务枢纽，香港科技创新环境优越，配套设施完善，科研机构数量充足，具有良好的产业发展基础，但香港科技创新人才匮乏，资金投入不足，原始创新成果偏少。特区政府的科技发展政策、区域合作政策、粤港澳三地的融合程度、科研机构的运营治理能力等要素，都对科技创新产业的发展有影响。针对粤港科技合作，已有研究提出了打造“深港创新圈”、以香港的研发和金融优势配合深圳的市场转化和需求优势等发展建议。在粤港产业合作的制度平台不断完善、广东自贸区打造的粤港深度合作空间不断提升的背景下，本文试图从对比港深科技产业的发展入手，梳理回归以来香港科技创新产业的发展现状，进而通过构建时间序列模型，定量分析影响香港科技创新产业的各项要素的作用，尤其是关注深港合作对香港科技创新产业发展的影响。最后，试图从区域合作的视角，提出促进香港科技创新产业发展的几点建议。

二　基于港深比较的香港科技创新产业发展现状

深圳的发展始于香港的带动。近年来，深圳的自主创新战略实施成效显著，科技创新产业的迅猛发展势头有目共睹。将港深科技创新产业发展进行对比，有益于更好地反映香港科技创新产业的发展水平。

（一）发展战略与驱动要素

通过表1可见，香港和深圳两地同期提出大力发展科技产业的战略，两地政府均将科技创新产业列为重点培育行业，两地高校科研机构、企业、金融体系等均参与到产业发展之中，亦都重视对创新及科技的制度保护体系建设。但是，两地在创新主体、科研经费投入方式、创新人才的数量、创新成果的转化率等方面，则存在较大的差异。

表1　香港、深圳科技创新产业战略与驱动要素比较

比较视角		香港	深圳
创新战略	发展口号	1997年提出"科技兴港"	1995年提出"科教兴市"
	主导模式	市场驱动，政府"积极不干预"；近年来政府开始"适度干预"	政府引导+市场驱动
	产业发展战略	巩固四大支柱产业（金融、旅游、贸易及物流和专业服务），发展六大优势产业（文化及创意产业、创新科技、检测和认证、环保产业、医疗服务、教育服务）	重点发展高新技术产业、金融、物流和文化产业等四大支柱产业，高新技术产业为第一支柱产业
	科技发展战略	由特区政府推动，高等教育院校、与科技有关的公营机构以及高科技企业几方互动的科技创新体系。高科技产品的转口贸易发达，但本土创新能力较薄弱	以企业为主体、市场为导向、产学研相结合的技术创新体系。重点提升本土企业尤其是民营企业的研发能力，设立多种形式的科研机构，注重研发成果的市场应用，本土创新能力强
	科技比重	高新技术产业比重和成果转化率高于全国平均水平，但落后于深圳	高新技术产业比重和成果转化率位居全国前列

续表

比较视角		香港	深圳
驱动要素	创新主体	外资企业、高校、科研院所是创新的主导力量，但本地私营企业未成为创新的主力军	以本土企业为科技创新主体，如大疆创新、华为中兴等，但高校科研院所在推进创新中的地位有待提升
	创新资源	创新科技署等政府部门拨款，科研机构自筹为主，融资体系完善	研发投入以企业为主体（超 90%），政府拨款为补充
	创新网络	政府鼓励下，高等院校、科研机构为研发主体，金融体系健全，但企业研发成果转换率低	政府推动下，科研院所、虚拟大学、高科技企业合作互助，风险投资体系完善，研发成果转换率高
	创新制度	自由公正的法制环境，高度发达的金融体系，完善的产权保护制度	利用经济特区先行先试和部分立法权下放的优势，出台法律法规，引进人才并加强知识产权保护
	创新文化	高等院校及科研院所研发氛围浓厚，文化创意产业蓬勃发展，民众创新意识不足	大众创新创业意识浓厚，人口结构年轻化，创新动力强劲

资料来源：通过相关材料自行整理。

（二）产业投入情况

就科技创新产业的投入而言，一方面，香港的研发经费投入低于深圳，且两地差距逐年拉大。根据对《香港统计年报》《深圳统计年鉴》的数据进行分析发现，港深两地的研发经费投入近年均有所增加，但是，2014 年深圳的投入大幅增至 640.07 亿元，远高于香港的 167.273 亿元。深圳与香港的研发经费投入比值亦从 2009 年的高出 2.2 倍增加至 2014 年的高出 3.8 倍。2013 年香港的研发开支占 GDP 的百分比为 0.73%，低于新加坡、中国台湾和韩国的比重，而深圳的占比则为 4%，此比重直逼韩国，远远超越中国香港、新加坡及中国台湾。另一方面，香港的研发人员投入亦与深圳差距明显。若以每千名劳动力人口的研究人员数量反映各地的研发人员，香港每千名劳动力人口的研究人员数量指标不仅低于亚洲四小龙的其他国家地区，还远低于深圳的水平。

（三）产业产出情况

就科技创新产业的产出而言，香港申请及授权专利数量亦落后于深圳，深圳的授权专利、申请专利已先后在 2001 年及 2003 年超过香港。《香港统计年刊》和《深圳统计年鉴》的统计数据显示，2014 年在港专利申请数目为 13129 个，在港获批数目为 6454 个，深圳的数值则分别为 80657 个和 49756 个。由此反映出香港的原始创新能力与深圳存在差距。2014 年，香港高科技产品的整体出口贸易中，转口货值的比重高达 99. 77%，而港产品出口货值的比重则仅占 0. 23%。高科技产品中由香港本地生产的部分，其出口货值比重由 1998 年的 15. 33% 下降至 2014 年的 0. 23%，在一定程度上反映出香港的科技创新产出不足（图 1）。相比之下，深圳具有自主知识产权的高新技术产品产值占整体出口的比重由 1999 年的 46. 8% 增长至 2013 年的 61. 2%。

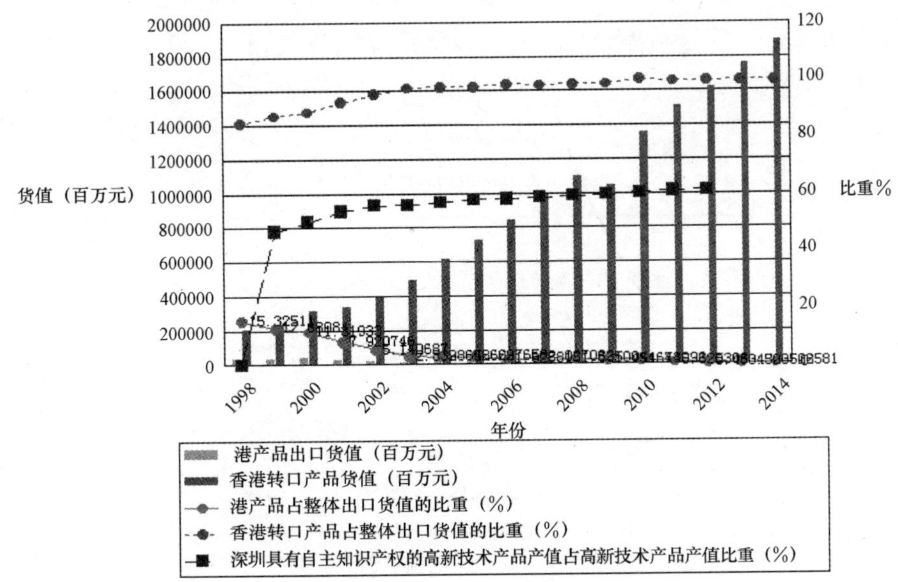

图 1　香港高科技产品进出口情况

资料来源：《香港统计年刊》《深圳统计年鉴》。

究其原因，有分析认为虽然香港高校及科研机构的科研水平远高于深圳，但由于高校的研究拨款未将科技成果商业化及社会影响力加入考核标准，且教授申请专利的手续复杂，花费昂贵，专利成果却属于院校，导致高校学者缺乏专利申请热情。而以本土企业为创新主体的深圳，高科技企业专利市场转化水平则比香港高。

三　香港科技创新发展的影响因素分析

（一）模型设定与指标选取

产业发展相关理论及已有研究指出，地区经济发展水平、科技投入（资金、人力资源投入）、政府行为因素、国际贸易行为等要素，均对地区的科技创新产业发展存在影响。本文以人均 GDP（X_1）反映香港地区经济发展水平，以每千名劳动人口中的研究员数目（X_2）反映科技研发人员投入，以政府机构研发活动开支（X_3）反映政府研发资金投入，以香港高科技产品出口（X_5）反映科技行业的国际贸易能力。此外，为考察粤港科技合作对香港科技产业发展是否存在作用，以粤港研发合作机构数目（X_4）反映两地合作水平，以港产品出口货值（X_5）反映香港国际贸易因素的影响。

表 2　　变量选取及表示

变量类型	名称	具体指标	单位	变量表示
因变量	香港科技产业创新发展水平	香港每百万名人口计算的研究成果数	个	Y
自变量	经济发展水平	人均 GDP	百万元	X_1
	科技研发人员投入	每千名劳动人口中的研究员数目	人	X_2
	政府研发资金投入	政府机构研发活动开支	百万元	X_3
	粤港合作水平	粤港研发合作机构数目	个	X_4
	香港国际贸易影响	港产品出口货值	百万元	X_5

资料来源：2001 年至 2014 年《香港创新统计》《香港统计年刊》及《深圳统计年鉴》《广东统计年鉴》。

科研成果数目是反映一个地区整体技术发展水平和科技创新能力的重要标志，考虑到地区技术创新水平难以直接测量及数据的可获得性，本文以2001—2013年香港每百万名人口计算的研究成果数作为指标，反映香港科技创新产业发展水平。

由此构建时间序列模型如下：

$$\ln Y = \beta_0 + \beta_1 X_1 + \beta_2 X_2 + \beta_3 X_3 + \beta_4 X_4 + \beta_5 X_5$$

（二）实证分析

时间序列模型的建立必须要求数据具有平稳性和零均值化，本文先选用ADF检验，利用Eviews7.2软件对基础数据进行单位根检验。进而通过检验变量之间的协整关系，判断出产业结构与经济增长之间存在长期稳定的关系。再通过格兰杰因果检验，发现研发人员投入、区域合作、国际贸易能力对香港的科技创新产业发展存在一定影响。具体而言，在10%的置信水平下，滞后期为2时，地区经济发展水平（X_1）会对科技创新产业发展水平（Y）产生影响，即人均GDP是研究成果数目的格兰杰原因；在5%的置信水平下，滞后期为2时，政府研发资金投入是香港科技创新产业发展水平的格兰杰原因。

基于以上分析，本文利用2001年至2013年香港科技创新发展X_1、X_2、X_3、X_4、X_5五个指标数据在Eviews7.2软件中对回归模型中的系数进行线估计。为了消除序列的异方差性，对Y取对数，为了消除序列相关性，运用广义差分法中柯克兰特—奥卡特迭代法对这些科技创新指标进行估算，输出结果和相应的表达式分别如表3所示。

表3　　　　回归结果

Variable	Coefficient	Std. Error	t-Statistic	Prob.
C	8.354031	0.069651	119.9412	0.0000
X_1	-2.87E-06	4.12E-07	-6.961400	0.0009
X_2	0.040036	0.008301	4.823183	0.0048
X_3	0.000581	9.74E-05	5.958979	0.0019
X_4	6.28E-05	4.03E-05	1.558652	0.1798
X_5	-2.03E-07	1.75E-06	-0.115793	0.9123

续表

Variable	Coefficient	Std. Error	t-Statistic	Prob.
AR (1)	-0.717282	0.326203	-2.198882	0.0792
R-squared	0.913399			

根据回归结果，得出该模型的回归方程如下：

$$\ln Y = 8.354031 + (-2.87E-06)\,x_1 + 0.040036X_2 + 0.000581X_3 +$$
$$(119.9412)\quad(-6.961400)\quad(4.823183)\quad(5.958979)$$
$$6.28E-05X_4 + (-2.03E-07)\,X_5$$
$$(1.558652)\quad(-0.115793)$$
$$R^2 = 0.913399 \quad R^2\ (adjusted) = 0.809477$$
$$DW = 2.364807 \quad F = 8.789315$$

实证分析结果显示，X_2与X_3与Y存在着正显著关系，反映回归以来，科研人员的投入和科研经费的投入，对香港科技创新产业发展确实产生了重要的正向促进作用。X_1与Y存在着负显著关系，则反映出回归后香港科技创新产业的发展并未从地区的高经济发展水平中获益，地区经济发展水平越高，对本地科技创新产业发展的抑制作用越大。究其原因，由于科技创新产业具有产出周期较长、前期投入较大的特征，当政府将发展资金投入金融、旅游、地产、对外贸易等产出周期相对较短、产出值较高的行业，这些传统的主导行业对地区经济的贡献越显著，政府对这些行业的投入与重视亦随之提高，而科技创新行业的发展则由于未能跟上传统主导产业的增长步伐，其对地区经济发展的贡献亦被淡化，地区经济发展水平对产业发展的拉动作用亦由此被削弱。简而言之，虽然香港经济发展水平较高，但此经济态势对科技创新产业的促进作用在回归近20年来并未体现，担负推动第三次产业转型重任的科技创新产业，并未因为香港具有高经济发展水平而获得发展的便利。在此背景下，香港科技产品的国际贸易能力（X_5）与其科技创新产业发展（Y）之间不存在显著性关系，亦与前文现状分析中所发现的高科技产品贸易中，转口贸易占了绝对比重，而本地科技产品出口能力不足的现象相对应，说明贸易对科技创新产业的发展并没有促进作用。

值得关注的是，粤港科技合作（X_4）与香港科技创新产业发展亦不具有显著性关系，换言之，由于科技合作中的体制和创新体系存在差异等原因，在检验期内，粤港的科技合作并未推动香港的科技创新产业发展。在以往的定性研究中，已有学者指出粤港在科技合作方面的成效有待提升，区域合作对香港科技产业发展的作用甚微，本文的定量实证分析结果再次证实了以往的经验判断。

四 香港科技创新产业发展策略

基于上述分析，本文试图提出促进香港科技创新产业的发展策略，一方面，完善产业投入要素，加快香港科技产业发展；另一方面，通过加强香港与广东，尤其是与深圳的科技产业合作，提升香港科技创新产业在本地产业体系中的地位与影响。港深两地有着产业合作的良好基础与历史，科技产业发展同样可以遵循以往“优势互补实现互惠互利”的思路，香港发展科技创新产业亟待通过加强与深圳的科技创新产业的合作助力。

首先，特区政府需明确科技创新产业作为香港未来产业发展主导的理念，并在此基础上出台或调整相应的产业发展政策，同时加强营造创新氛围与平台，提升民众的科技创新意识；通过加强产、学、研、官相结合，为创新科技产业的发展营造优良的营商环境、完善的基础设施和高效公平的制度框架，激发各领域的创新活力；注重吸引高层次的科技人才。特区政府还应下决心培育发展本土企业，为中小企业开发适合的创新科技应用方案，带动整体经济结构升级转型，以提升香港科技原创能力；充分发挥高校及研究院所的智库优势，为企业提供充足的科技及人才支撑，同时注重促进科技成果的市场化转换。

其次，充分利用 CEPA、《粤港合作框架协议》、服务贸易自由化等制度框架，放宽人才引进约束，促进粤港两地科技人才交流；搭建具有共识的知识产权保障机制，培育科技合作的良好氛围。进一步扩大专业服务资格互认的行业范围，制定相应的实施细则，增加两地专业资格互认的途径，一方面简化广东专业服务人员赴港工作、培训入境手续，另一方面明晰香港专业人员的资格认证操作措施，从而更好地加强粤港两地专业人才的交流与合作。

再次，充分利用前海自贸区作为粤港深度合作示范区的创新机制，完善科技创新产业发展必备的金融、交通等基础设施建设以及科研企业人员生活所需的住房、学校、医疗保健等设施，建设创新要素互动共享合作平台，构建科技产业联盟，创业园区及创新创业空间。充分运用“先行先试”的政策深化粤港合作，鼓励科技园区和产业基地香港人才与香港产学研各类人才的交流合作，充分依托科技创新平台推介科研成果。

最后，考虑充分发挥近年来香港发展的检验和认证产业的作用，将香港作为内地的国际认证中心，协助深港两地的科研成果、产品、技术标准等争取国际认可和认证，进而打造世界级科技创新圈。依据现有法律法规，继续扩大两地在中药、建筑材料、食品和珠宝等行业的合作，允许香港服务提供者在内地设立合资和独资认证机构、检测机构和实验室，并允许在香港的认证检测机构与内地认证检测机构开展检测数据（结果）合作，以提升香港检测和认证能力。

创新发展，促推粤港澳科技合作再思考

周运源*

一　新时期粤港澳经济发展赋予的厚实基础

有资料显示，近年来，美国由于工业向发展中国家和地区转移，美国内出现失业率升高及高贸易赤字等问题，因此美国提出并实施工业回流发展战略，当然，这不再是发展原有那种层次的加工业，而是集中发展高科技产业。既有资料显示，我国在全球技术领先领域中总体上只占19%左右，同步的也只有四分之一，在世界关键技术领域中54%的技术还处于跟随状态。由此可见，我国通过加快科技体制改革推动科技创新实现“大众创业、万众创新”任务艰巨。习近平总书记指出：科技兴则民族兴，科技强则国家强。未来要把我国建成世界科技强国。我国“十三五”规划要求，实施创新驱动发展战略，把发展基点放在创新上，以科技创新为核心，以人才发展为支撑，推动科技创新与“大众创业、万众创新”有机结合，塑造更多依靠创新驱动、更多发挥先发优势的引领型发展。发挥科技创新在全面创新中的引领作用。不少有识人士认为，香港自从1997年回归中国以来，尽管一个时期产业“空心化”等问题有所缓解，然而考虑产业多元化仍然不足，特别是在大力发展服务业的同时，发展制造业尤其是高技术产业方面是较大的制约因素。在世界经济日益全球化发展的背景下，如何在保持原有的金融、航运、贸易和旅游

---

* 周运源，中山大学港澳珠三角研究中心教授，广东省产业发展研究院特约研究员。

产业优势发展的同时，发展有高科技含量的产业，并以此促进多元化产业的协调发展，无疑是香港今后继续保持多个国际经济中心发展的重要内容。

根据中国商务部台港澳司2016年5月9日的资料显示，2015年，内地与香港服务贸易额1225.6亿美元，香港是内地第一大服贸伙伴。其中，内地对香港出口551.6亿美元，香港是内地第一大服贸出口目的地；内地自香港进口674亿美元，香港是内地第二大服务进口来源地。从服务类别商看，自港进口以旅游业为主，进口金额达自港进口总额的66.8%；对港出口以运输业、加工服务业、专业和管理咨询服务业为主，出口金额分别占对港出口总额的26%、14.8%、14.6%。2015年，内地与澳门服务贸易额237.6亿美元，澳门是内地第七大服贸伙伴。其中，内地对澳门出口37.1亿美元，澳门是内地第十一大服贸出口目的地；自澳门进口200.5亿美元，澳门是内地第五大服贸进口来源地。2015年，内地共批准港资项目13146个，同比上升8%，实际使用港资863.9亿美元，同比上升6.3%，占内地利用境外投资总额的68.4%，香港为内地最大投资来源地。截至2015年年底，内地累计批准港资项目386213个，实际使用港资8333.3亿美元。港资占内地累计吸收境外投资总额的50.7%。内地累计批准澳资项目14398个，实际使用澳资127.9亿美元。截至2015年年底，内地累计进口香港CEPA项下货物95.1亿美元，关税优惠52.8亿元人民币。香港共签发134860份原产地证书，货物离岸价总值为748.5亿港元。累计进口澳门CEPA项下受惠货物9578.6万美元，关税优惠4929.5万元人民币。澳门共签发3787张原产地证书，总出口额6.7亿澳门元。在服务贸易方面。截至2015年年底，香港工贸署共签发香港服务提供者证明书2970份。其中运输服务及物流服务共签发证明书1369份，占核发总数的46.1%。澳门经济局核发592张“澳门服务提供者证明书”，主要涉及货代、物流、运输、仓储、会议及展览等领域。截至2016年1月底，内地累计批准港资项目38.7149万个，实际使用港资8390.1亿美元。按实际使用外资统计，港资占内地累计吸收境外投资总额的50.7%。内地累计批准澳资项目14161个，实际使用澳资127.5亿美元。国家工商行政管理总局的资料显示，截至2015年年底，在内地的港资企业有13.6万户，占境外企业投资的28%，实际投资占外商投资总量的51.95%。仅2015

年广东省新设立外商投资企业增长 15.7%，实际使用外资金额增长 42.7%，超过 217 亿美元，其中吸收港资增长 48.3%，吸收澳门投资增长 222.2%。到 2015 年年底广东有效发明专利量和 PCT 国际专利申请量保持全国首位，高新技术企业总量超过 1.1 万家，技术自给率、科技进步贡献率分别提高到 71% 和 57%。实际上，广东粤港澳合作走向深度合作层面，面对劳动成本日益上升的瓶颈制约，以及世界经济激烈的全球发展的竞争。早在“十二五”时期，广东省就提出加快从传统的劳动密集型制造业向高科技产业的转型。广东“十三五”规划中提出，要求抓住珠三角自主创新示范区这个“龙头”，突出广州、深圳的“双核”作用；深化粤港澳合作，大力发展高新技术企业，实际上对新时期加强粤港澳科技合作提出更高要求。

二　新时期粤港澳持续合作发展赋予的特殊使命

众所周知，广东与香港和澳门分别属于不同政治社会制度下的特殊地区。1997 年 7 月 1 日和 1999 年 12 月 20 日，香港和澳门顺利回归祖国大家庭，港澳地区成为中国区域发展中重要的组成部分。在全面实施“一国两制”，“港人治港、澳人治澳”的条件下，未来粤港澳区域经济合作赋予新的发展要求。我国国民经济和社会发展第“十三五”发展规划中指出：支持港澳参与国家双向开放、“一带一路”建设，鼓励内地与港澳企业发挥各自优势，通过多种方式合作走出去。加大内地对港澳开放力度，推动内地与港澳关于建立更紧密经贸关系安排升级。深化内地与香港金融合作，加快两地市场互联互通。加深内地同港澳在社会、民生、文化、教育、环保等领域交流合作，支持内地与港澳开展创新及科技合作，支持港澳中小微企业和青年人在内地发展创业。支持共建大珠三角优质生活圈，加快前海、南沙、横琴等粤港澳合作平台建设。支持港澳在泛珠三角区域合作中发挥重要作用，推动粤港澳大湾区和跨省区重大合作平台建设。新时期广东在深化粤港澳合作也做出新要求。2015 年 9 月 29 日，珠三角国家自主创新示范区正式获得国务院批复，同意广州、珠海、佛山、惠州、东莞、中山、江门、肇庆等 8 个国家高新区建设国家自主创新示范区。并要求广东省全面实施创新驱动发展战略，充分发挥珠三角地区的产业优势和创新资源优势，积极开展创新政策的先行先试，激发各类创新主体活力，着力培育良好的创新创业环境，全面提升区域创新体系整体效能，打造国际一流的创新创业中心，努力把珠三角国家高新区建设成我国开放创新先行区、转型升级引领区、协同创新示范区、创新创业生态区。广东省第“十三五”规划要求，到2020年，广东省要初步形成开放型区域创新体系和创新型经济形态，综合指标达到创新型国家水平，R&D投入占地区生产总值比重不低于2.8%，技术自给率超过75%，科技进步贡献率超过60%。因此，科技领域的对外开放合作发展成为十分重要的内容。在当代经济合作发展的竞争中，科技发展特别是科技发展中人才的竞争有着举足轻重的意义和作用。因此，在新时期深化粤港澳科技合作发展中，应该制定和实施相关的特殊政策，建立和健全灵活多样的柔性人才引进机制（如“人才绿卡”制度等），大力引进科技创新创业团队和领军人才，对符合条件的外籍人才及随行家属提供签证居留和通关便利等。

香港特区行政长官梁振英在2016年《施政报告》中指出：香港特区政府十分重视并积极参与国家“十三五”规划的工作，香港特区政府将继续充分发挥香港作为国家“超级联系人”的作用。加强香港与内地特别是与广东的联系与多元交流合作。香港特别行政区政府将带领香港社会各界凝聚发展共识，着力发展经济、改善民生、促进和谐，抓住国家制定“十三五”规划、实施“一带一路”建设等带来的机遇，进一步谋划和推进香港长远发展。

澳门特首崔世安在2016发表题为“促经济、重民生、稳发展”的财年施政报告中指出：要把发挥自身独特优势与依托祖国坚强后盾结合起来，充分把握祖国新一轮发展的机遇，把握国家“十三五”规划、“一带一路”建设的机遇，以及内地自贸试验区建设的契机，提升特区在国家经济发展、对外开放中的地位和功能，进一步创造更多有利的条件，增加澳门未来经济发展的新动力。不断深化粤澳合作和区域合作，拓展国际交流，积极参与国家进一步对外开放的发展战略；加速建设“一个中心、一个平台”，促进澳门经济社会可持续发展。

三 创新发展理念，深化粤港澳科技合作思考

香港澳门在全球经济发展竞争中，实现了经济卓有成效的发展，但在整体经济转型和发展高新科技上仍有不足。因此，创新发展理念，高度重视发展高新技术把创新科技发展作为新时期重中之重的发展战略，并开展与内地特别是与广东、澳门科技领域合作，可能是香港未来继续保持多个国际经济中心地位和国际竞争力的重要选择。

（一）夯实粤港澳科技现实基础，发挥创新能力，促进合作发展

截至2015年年底，广东累计批准香港投资项目134592个，实际外资金额2385.08亿美元。仅2016年1月至5月，广东对香港协议投资66.2亿美元，实际投资额78.2亿美元，同比增长206.9%。广东省国民经济和社会发展规划纲要的安排，“十三五”时期广东要抓住珠三角自主创新示范区这个“龙头”，突出广州、深圳的“双核”作用；抓住高新技术企业这个“牛鼻子”；建设好广东国家大科学中心、省科学院，实施推动国家重点实验室倍增计划，推进高水平大学、高水平理工科大学及重点学科建设；培育智能制造、云计算、大数据、3D打印、可穿戴设备等新兴产业；大力引进创新创业团队和领军人才，对符合条件的外籍人才及随行家属提供签证居留和通关便利；加强对内对外创新合作，积极融入全球创新网络。据统计，2015年全省高新区实现工业总产值2.4万亿元，进出口总额1546.62亿美元；全省高新区以占全省0.2%的土地面积，创造了全省1/6的工业增加值、1/6的出口额、1/3的高新技术产品产值。到2016年上半年广东省共有高新区23家，其中国家级高新区11家，省级高新区12家。成为推动我省高新技术产业发展、实施创新驱动发展战略的强有力支撑。广东省“十三五”规划要求，到2020年，广东省要初步形成开放型区域创新体系和创新型经济形态，综合指标达到创新型国家水平，R&D投入占地区生产总值比重不低于2.8%，技术自给率超过75%，科技进步贡献率超过60%。广东将实施国家重点实验室倍增计划，加快建设一批国家工程技术研发中心、国家企业技术中心，推进高水平

大学、高水平理工科大学和重点学科建设。选准主攻方向和突破口，争取在计算与通信集成芯片、移动互联关键技术与器件、云计算与大数据管理技术、新型印刷显示技术与材料、可见光通信技术及标准光组件、智能机器人、新能源汽车电池与动力系统、干细胞与组织工程、3D 打印技术等 9 大领域突破一批核心技术和共性技术，形成独特优势。

有研究香港问题专家认为，在香港由于长时期实行的重商主义，因此，对于培养科技人才，发展高科技的重视不够，当然，香港回归后有所改观。然而发展高科技的压力和动力仍然不足。尽管香港回归后的特区政府在 2000 年成立创新科技署，2011 年也成立了香港科技园发展公司，2012 年设立的资讯及科技局，但一直以来发展不尽如人意，高科技接力发展的后劲不足。因此，2015 年 11 月 20 日香港特区政府成立了创新及科技局，旨在推动与全世界最顶尖科研机构合作的机会；推动智能生产和研究发展适合香港为基地的工业，创造优质和多元的就业机会等统筹协调香港创科发展。这使新时期粤港澳科技合作有了广阔发展前景。梁振英在 2016 年施政报告中指出，为进一步鼓励由大学教育资助委员会资助的院校进行更多中游及应用研究，政府预留 20 亿港元予创科局，用投资收入资助院校进行研究。众所周知，香港世界级的各类专业人才众多，而改革开放以来粤港经贸联系活动密切，这为粤港科技合作提供了厚实新动能。早在 2004 年 5 月 17 日和 2005 年 10 月 6 日，中国科技部与香港、澳门特别行政区科技委员会签署协议，共同成立“内地与香港，内地与澳门科技合作委员会”。以加强香港澳门与内地在科技及其产业领域的交流和合作，促进香港澳门科技产业的调整、提高和整体经济的持续发展。2011 年 1 月 25 日，中药质量研究国家重点实验室在澳门正式成立。经过多年的建设发展，实验室内的高科技设备已达到世界先进水平，为推动中医药科研走向国际提供了有利基础条件。2011 年 3 月《粤澳合作框架协议》的签订，正式拉开了粤澳两地政府紧密合作的崭新序幕。同年 4 月，根据落实《粤澳合作框架协议》的要求，粤澳合作中医药科技产业园作为共同开发横琴的首个项目正式启动。并于 2011 年 11 月与横琴新区“珠海大横琴投资有限公司”组建“粤澳中医药科技产业园开发有限公司”，负责园区的建设、经营、运作及管理。这些充分说明粤澳科技合作具有一定的动力，并为未来继续加强合作提供了广阔空间。

（二）落实国家“十三五”规划中推出“大众创业、万众创新”的战略要求，推进粤港澳科技合作

众所周知，香港本身人多地少，特别是近年来随着香港经济整体发展，使香港本身赖于进一步发展的地理空间有所缩小，而一旦科研成果转化为产品以后，所需大量生产场所仅在香港则难于满足要求，这就需要依靠内地尤其是广东等地来提供，这成为新时期粤港科技合作发展中十分重要的基础条件。有资料显示，香港建立的科学园发展规划中，把医疗、机械人和智慧城市三条主线作为今后的发展方向。2016 年年初时任香港特首梁振英的《施政报告》中指出，要在东九龙试验建造首个“聪明城市”，利用年轻人的创意发展创新科技，已成为香港未来发展的重要战略。而国家“十三五”规划中推出“大众创业、万众创新”的要求，成为广东和香港在未来创新科技等方面的合作发展提供了重要的基础，特别是近年来广东深圳在无人机、机器人等方面取得了显著的成效，这就十分有利于深化粤港科技合作的深入开展。2016 年 4 月 17 日香港特别行政区行政长官梁振英到惠州考察港资企业发展情况时指出，惠州取得了很大的发展进步，希望港惠两地进一步加强交流合作特别是科技创新方面的合作，共同促进繁荣发展。

（三）建设粤港澳创新圈为科技创新平台，促进合作发展

在新时期面对全球科技快速发展带来的机遇与挑战，如何通过联合建设粤港澳创新圈作为科技创新平台，必然成为新时期三地发挥优势，整合资源，促进科技园区合作发展重要的内容。近年来，广东省实施《省属企业实施创新驱动战略　加快转型升级的指导意见》取得显著成效。据相关资料显示，截至 2015 年 8 月底，省属企业拥有国家级实验室、技术中心、博士后工作站等科研机构 22 个，省级科研机构 72 个，其他科研机构 54 个，拥有高新技术企业 42 个。近 5 年来，省属企业累计获得各类授权专利 1490 项，获颁国家或行业标准 96 项，获得国家级科技奖励 34 项，省部级科技奖励 414 项。广东 2016 年要新增高新技术企业 1000 家，使全省高新技术企业超过 2 万家，同时，珠三角国家自主创新示范区应发挥创新要素相对集聚的优势，通过加快建设高水平科技孵化育成体系，实施孵化器倍增计划，加大力度培育创新企业。打造国际一流的创新创业中心战略目标。以建设珠三角国家自主创新示范区、实施创新驱动发展战略的核心区广东省创新发展的强大引擎，重点开展高新区对高新区、孵化器对孵化器、不断提升创新驱动发展能力。广东省要求到2020年，大中型工业企业科技投入占主营业务收入的比重高于全省平均水平1个百分点以上，创新型骨干企业科技投入占主营业务收入的比重达到5%左右。建成一批行业领先的实验室、技术中心等科研机构，其中国家级50家、省级100家，高新技术企业数量超过200家。大力提升自主创新能力。建设高水平科学院，大学和重点学科的建设，要求实施国家重点实验室倍增计划，在广东建立国家实验室、新型研发机构总规模能够超过160家。香港科技园发展公司自2001年成立以来，通过15年来的发展，在包括电子、资讯及通信科技、绿色科技、生物医药、物料与精密工程等科技领域，为协助科技公司孕育意念、创新及发展，带领香港成为地区的创新及科技枢纽做出了重要贡献。但在新时期仍然存在继续发展的空间，正如香港科技园公司董事局主席罗范椒芬所说：“只要香港各界加强联系及齐心合作，每一个科创界的‘如果’便有机会变为社会及下一代的美好‘成果’。”因此，我们通过分析后认为，全面落实创新科技驱动战略。加大力度扶植战略型新兴企业发展。瞄准国际产业变革的方向，抢占产业制高点。通过充分运用粤港澳三地科技资源的优势，特别是科技资源的优势，建设具有区域特色的粤港澳科技创新圈地作为创新平台，促进三地科技合作发展，应当成为新时期促进粤港澳科技合作发展的重要内容。

（四）建议设立粤港澳科技协调发展委员会，促推合作发展

这主要是突出粤港澳三地科技发展在经济社会整体发展中的权重，通过落实更为切实的相关政策和措施，促进三地产业结构转型升级，推动粤港澳三地科技合作发展。当然，尽管在粤港澳合作框架协议以及泛珠三角（9+2）的合作发展协议中，也分别都赋予了相关三地开展科技合作内容的发展要求，然而，毕竟那些并不是其中重中之重的发展事项，因此，把粤港澳科技合作发展事项单列出来加大权重以大力推动发展，可能是切实可行的重要举措。尽管早在2003年和2004年，广东省与香港

澳门政府分别签订科技合作协议并成立了“粤港高新技术合作专责小组”和粤澳科技合作专责小组，但是发展仍不尽人意。事实上，早在2005年10月就成立的内地与澳门科技合作委员会，到2015年11月已经先后开了九次会议，并且进行卓有成效的运作活动就是很好的案例。为此，建议由广东、香港和澳门科技部门协调组成粤港澳科技协调发展委员会，通过建立类似联席会议制度，定期召开相关工作会议，落实粤港澳科技合作发展事宜。主要包括：结合三地科技发展的实际，制定一定时期（如五年或十年科技发展的要求）粤港澳科技专项合作发展规划；瞄准世界科技前沿发展态势合作重大科技项目的联合攻关；粤港澳科技人才的异地交流合作发展；粤港澳常态化科技项目成果的转化和应用；粤港澳科研合作发展基金会的设立与运作，以及粤港澳创新科技成果的发布和奖励等。总之，通过设立粤港澳科技协调发展委员会，开展三地创新科技领域全面合作，提升合作新水平，促进粤港澳科技合作的新发展。

（五）营造良好环境，促进粤港澳人才技术等紧密合作

最近，习近平总书记指出：“我们必须把创新作为引领发展的第一动力，把人才作为支撑发展的第一资源。”早在香港回归前的1997年年初，笔者曾作为主要成员参与国家科委（现为国家科技部）软科学研究计划项目“香港科技及高技术产业发展研究”的工作。该研究成果认为，香港回归后实施“一国两制”、港人治港、高度自治。香港经济的持续发展，必须依靠科技进步和发展高技术产业。建议香港制定和实施发展高技术产业的政策和措施，包括：以内地科技力量为依托；以粤港高技术产业合作为重点；以政府扶持为主要推动力。具体方面有：制定香港科技发展的长远规划；实施“内地—香港科技合作”政策、科技投入政策；人力资源政策；鼓励企业技术开发政策和设立高技术产业园区政策等。而香港回归以来，尽管与内地特别是与广东等的科技合作有所开展，但由于多种因素的制约，科技合作发展并不如意。众所周知，包括人才在内的人力资源，是推动科技创新的第一资源，也是推动科技发展的原动力。要想实现科技创新发展，就必须寻找和拓展这一新动能。粤港澳地域毗邻，在人才合作方面的地缘与人文优势明显。据伦敦高等教育研究机构QS公司公布的亚洲大学排名，2015年香港共有4家大学进入前十

名。在科技与金融方面，香港与澳门也具有独特的资源和优势。其中，充分运用国家赋予珠三角国家自主创新示范区里率先创新外国人才来粤工作就业管理、外籍高层次人才引进、外国人才分类管理等人才政策，以及其他科技创新先行先试政策，实现粤港澳区域人才的科学配置和合理流动。广东省在“十三五”规划中也提出，要建立和健全柔性人才引进机制。打造粤港澳创新创业人才高地。实际上，科技发展的竞争归根到底是人才的竞争，而新时期引进新的创业创新团队和领军人物是其中重中之重的核心内容。从 2016 年开始广东将以“人才绿卡”制度为基础，对符合条件的外籍人才及随行家属提供签证居留服务和通关便利措施。与此同时，联合港澳设立产学研创新联盟。鼓励粤港澳科技交流，科技人员允许办多次往返签注。促进粤港澳技术、人才、产业等创新资源深度融合，加快粤港科技创新走廊、深港创新圈建设。实际上，经过发展香港世界级的各类专业人才众多，而改革开放以来粤港经贸联系活动密切，因此，广东应该把握机遇，以日渐完善的创业创新环境及配套设施更好地吸引港澳地区的高层次人才来广东创业创新，更好地引入现代高科技成果与技术等。制定并实施相关政策措施扶持粤港澳青年人发展创新创业，通过三地科技人才交流合作，为青年人提供良好的创新创业发展新环境。把广东日益完善的创业创新环境，与香港澳门的人才技术金融资源等优势互补，创新粤港澳科技合作新融合机制，实现“一国两制”下互利互惠共赢发展新格局。